自 序

　　哲学的沉思总是难以回避存在问题。黑格尔曾指出:"哲学以思想、普遍者为内容,而内容就是整个的存在。"①当然,对存在的思与辨,可以从不同的维度展开。比较而言,20 世纪 80 年代与 90 年代,相应于哲学史领域的工作,我的研究更多地从历史之维涉及对存在的理解,自 20 世纪 90 年代后期开始,我关注之点则相对地侧重于理论的层面。具体地看,后者又有相异的指向:2002 年出版的《伦理与存在》,着重以人的伦理生活为视域,2005 年出版的《存在之维》②一书,则

---

　　① 〔德〕黑格尔:《哲学史讲演录》第 1 卷,贺麟、王太庆译,商务印书馆,1981 年,第 93 页。
　　② 为体现其中国哲学的背景,《存在之维》在收入《杨国荣著作集》(华东师范大学出版社,2009 年)时,易名为《道论》。

更多地关涉形而上的问题。

存在的追问所进一步指向的,是存在的意义问题。海德格尔曾认为,关于"存在意义"(meaning of being)的问题,是"一切问题的问题"。这一看法无疑注意到了存在意义问题的本原性。意义的问题本身体现于不同的领域。以人的存在和世界之"在"为所思的对象,意义的问题既在实然层面涉及世界之中何物存在,也在应然层面关乎人和世界应当如何存在。"何物存在"所蕴含的是对世界与人自身的认识问题,"应当如何存在"所关涉的则是如何变革世界和成就人自身的问题。以中国哲学的观念表述,存在意义的以上二重内涵,具体展开为成己与成物。

从哲学史上看,作为儒家经典之一的《中庸》已提出"成己"与"成物"的观念:"诚者,非自成己而已也;所以成物也。成己,仁也;成物,知也。性之德也,合外内之道也。"这里所说的"成己"主要指向自我的完善,它具体地表现为以仁道为根据塑造自我,从而体现了"仁"(所谓"仁也");"成物"在广义上既指成就他人,也涉及赞天地之化育,二者都以尽人之性与尽物之性为前提,其中包含对人与物的把握,从而体现了"知"(所谓"知也")。以诚为本,成己与成物既有不同侧重,又展开为一个统一的过程,所谓"合外内之道"。作为中国古典哲学的重要观念,上述思想无疑构成了本书讨论成己与成物的传统之源。不过,在儒学的视域中,成己与成物主要与内在德性的培养和外在道德秩序的建构相联系,本书则如前述,赋予成己与成物以认识世界与认识人自身、改变世界与改变人自身的历史内容。这一论域中的"成己"与"成物",包含着《中庸》等传统思想所无法容纳的哲学内涵。

以认识世界与认识人自身、变革世界与变革人自身为具体的历史内容,成己与成物的过程同时表现为意义和意义世界的生成过程。

作为人存在的基本方式,成己与成物既以意义和意义世界的如上生成为指向,又构成了意义生成的现实之源:无论是世界的敞开和自我的体认,抑或世界的变革和自我的成就,都展开于认识世界与认识自己、变革世界与变革自己的历史过程。不难看到,在成己与成物的历史展开中,存在意义的本原性(作为"一切问题的问题")得到了实质的体现。

在20世纪以来的哲学演进中,意义问题无疑构成了重要的论域。然而,对意义的理解往往又形成了不同的偏向。与所谓语言学的转向相应,意义问题往往被限于语言与逻辑之域,奥格登与理查兹在以"意义"本身为研究对象的《意义的意义》一书中,便将意义视为"语言的中心问题"。① 在分析哲学的系统中,对意义的研究,大致也体现了以上视域,其侧重之点在于对语言及其涵义的逻辑分析。从弗雷格、罗素、维特根斯坦,到赖尔、奥斯汀、蒯因、戴维森,等等,都不同程度地表现了这一特点。相对而言,现象学—解释学的传统,较多地涉及意义的观念(意识)之维和文本之域。在胡塞尔那里,意义首先关乎意向的赋予和意识的构造;海德格尔在关注意义与此在关系的同时,又突出了此在的生存性,对意义的理解亦相应地与个体生存过程中畏、烦等内在体验相联系;伽达默尔则趋向于沟通意义与文本,他固然亦注意到文本作者与文本解释者之间的互动,但这种相涉乃是通过文本而实现的。如何超越分析哲学与现象学的以上进路,从语言、观念(意识)、文本走向现实

① C.K. Ogden and I.A. Richards, *The Meaning of Meaning: A Study of the Influence of Language upon Thought and of the Science of Symbolism*, Routledge & Paul Ltd, 1952.

的存在本身？① 这里无疑需要以本体论、价值论和认识论的统一为视域，将意义置于更广的论域之中。以成己与成物为本源，意义既取得观念的形式，又体现于人化的实在。后者意味着通过人的实践活动使本然世界打上人的印记，并体现人的价值理想；前者（意义的观念形态）不仅表现为被认知或被理解的存在，而且通过评价而被赋予价值的内涵并具体化为不同形式的精神之境。在这里，意义世界的生成与成己、成物的过程展现了内在的统一性。

就我近年的哲学思考而言，如上所述，前此的《伦理与存在》与《存在之维》（《道论》）已从不同的层面体现了对人的存在与世界之"在"的关注。本书进一步以成己与成物为着重之点考察存在的意义以及意义世界的生成。无论是存在的思与辨，抑或存在意义的追问，都同时表现为扬弃语言辨析、意识还原等单向视域而回归哲学的本然形态。事实上，从本书的主题之中，既可以看到问题关注的前后延续，也不难注意到以具体、现实的存在为指向的哲学进路。

---

① 分析哲学固然亦对形而上学作种种辨析并相应地涉及存在问题，但在分析哲学的论域中，"存在"首先是语言中的存在。胡塞尔提出回到事物本身，不过，所谓事物本身，主要被视为对象在意向活动中的呈现。而且，尽管其早期以反心理主义为立场，但他的现象学最终所追求的，是通过先验还原达到纯粹意识。海德格尔以此在为基础本体论的对象，然而，在其视域中，此在的本真形态不同于共在中的"沉沦"，而更多地与畏、烦等内在体验相联系。不难看到，无论是分析哲学所指向的语言中的存在，抑或胡塞尔的事物本身和海德格尔的此在，都有别于具体、现实的存在。

导　论

　　人所面对的,既不是本然的存在,也非已完成的世界;以人观之,世界具有未完成的性质。这里所说的"世界",是相对于人而言的现实存在。本然的存在固然具有实在性,但对人来说,它却不一定具有现实性的品格。此所谓现实性,与进入知与行的领域、成为认识与实践的对象相联系,正是以此为前提,存在对人呈现出现实的意义。不难看到,在以上视域中,"现实性"具有生成的性质。如果将上述意义中的实在性与现实性分别理解为"既济"与"未济",那么,由本然走向现实的过程便表现为"既济"与"未济"的历史互动,而"未济"所展示的,则是世界的未完成性。① 儒家所谓

----

　　① "既济"与"未济"原为《易经》中最后两卦,(转下页)

"赞天地之化育",已从形而上的层面突出了现实世界的以上向度:"赞天地之化育"意味着世界非已然或既成,其完成离不开人的参与。与现实世界的非既成性相应的,是人自身的未完成性。人刚刚来到世间之时,在相当程度上还只是生物学意义上的存在,后者与自在的对象相近,也具有某种"本然"的性质。人的完成,在于扬弃这种本然性,逐渐走向自由的存在形态。这样,一方面,本然的存在通过融入人的知、行过程而呈现其现实的品格;另一方面,人也在"赞天地之化育"、参与现实世界的形成过程中确证自身的本质力量,二者作为同一过程的两个方面而呈现内在的一致性和统一性。

不难看到,在"赞天地之化育"的历史过程中,人与世界的关系具有二重性:一方面,人作为存在者而内在于这个世界;另一方面,人又作为存在的发问者和改变者而把这个世界作为自己认识、作用的对象。这种作用在总体上展开为一个"成己"与"成物"的过程。从哲学的层面看,"成己"与"成物"的具体内涵,也就是认识世界和认识自己、改变世界和改变自己。以本然世界的超越为内涵,"成己"与"成物"的过程同时指向意义世界。

"成物"首先涉及"物"。宽泛而言,"物"作为"遍举之"的"大共名"①,常指一般的"有"或存在。具体地看,"物"则可以区分为以下二重形态,即已经进入人的知行之域者与尚未进入此领域者。海德

（接上页）其中的"济"既表示对人所具有的积极意义,也有完成之意(虞翻:"济,成也。"见李鼎祚撰,王丰先点校:《周易集解》,中华书局,2016年,第384页。)。《易经》以"未济"为最后之卦,无疑在肯定世界向未来开放的同时,也将世界理解为一个未尽的过程(崔憬:"以未济终者,亦'物不可穷'也。"见李鼎祚撰,王丰先点校:《周易集解》,中华书局,2016年,第383页。)。这里借用"既济"与"未济",主要侧重于已然(既成)和未然(未完成)。

① 荀子:"故万物虽众,有时而欲遍举之,故谓之物。物也者,大共名也。"参见《荀子·正名》。

格尔在《何为物》一书中曾区分了"物"这一词所表示的不同对象,它包括:可触、可达到或可见者,亦即在手边的东西;处于这种或那种条件下,在世界中发生之事;康德所说的物自体。[①] 前二者与人相涉,后者则仍外在于知行之域。康德关于物自体的具体界定和理解这里可以暂不讨论,从成物的维度看,尚未进入知行之域者,也就是处于原初形态之物,它包含二重基本规定,即本然性与自在性。这里所说的"本然"主要相对于人化过程而言,在本然的形态下,"物"尚未与人相涉,其存在、变迁,都处于人的作用之外。与本然相关的"自在",则指向"物"自身的规定(首先是物理规定):"物"即使超越了本然形态,其自身的物理等规定依然"自在"。要而言之,此所谓"自在",主要表征物的实在性,这一意义上的"自在",是进入知行之域的存在与尚未进入知行之域的存在共同具有的规定。

物的以上规定,对应于"何为物"的追问。然而,"物"的追问并非限定于物本身,按海德格尔的理解,"何为物"的问题,总是引向"何为人"。[②] 尽管海德格尔并没有对二者的关联作出具体而清晰的阐述,但以上看法无疑触及了人与物关系的重要方面。从实质的层面看,"何为物"与"何为人"的相关性首先在于:"物"的意义惟有对人才敞开。事实上,前文提及的本然性和自在性作为"物"的不同规定,其意义都与人相涉:"物"的本然性相对于"物"的人化形态而言,"物"的自在性则展示了"物"对于人的独立性("物"的物理等规定不因取得人化形态而被消解)。广而言之,如后文将进一步论述的,无论在理解和认知的层面,抑或目的和价值之维,"物"的意义都是在人的知、

---

① M. Heidegger, *What is a Thing?* Translated by W.B. Barton, Jr. and. Vera Deutsch, Henry Regnery Company, 1967, p.5.

② Ibid., p.244.

行过程中呈现的。

在"物"与人的关联中,"事"是一个不可忽视的方面。这里所说的"事",大致包含二重涵义,从静态看,"事"可以视为进入知、行之域的"物";就动态言,"事"则可以理解为广义之行以及与知相联系的活动,所谓"事者,为也。"①前者涉及与人照面或内在于人的活动之中的事物,后者则可进一步引向事件、事情、事务,等等。在现代哲学中,事件往往被区分为心理事件与物理事件:某时某地火山喷发或地震,这是物理事件;某人在某时某地想象火山喷发或地震,则属心理事件。从成物的视域看,可以将事件区分为自然的事件与非自然的事件:洪水泛滥,是自然的事件;抗洪救灾,则是非自然的事件。② 与"物"相对的动态之"事",主要与后者(非自然的事件)相联系,"物"与人的联系,也是通过这一意义上的"事"而建立的:正是在"事"或知、行过程的展开中,"物"扬弃了本然形态而进入人化之域。

中国哲学很早已注意到"物"与"事"之间的联系。在谈到如何合于道时,《大学》指出:"物有本末,事有终始,知所先后,则近道矣。""物有本末"是从本体论上说,着重于"物"的存在形态或本体论结构;"事有终始"则是就人的活动而言,主要侧重于实践的秩序。在这里,"物"的本体论结构与"事"的实践秩序被视为相互关联的两个方面,而对这种结构和秩序的把握,则同时被理解为一个合乎道的过程。这种看法既展示了本体论的视域,又体现了实践的智慧,它从本原的

---

① 《韩非子·喻老》。又,《尔雅》以"勤"释"事",又以"劳"释"勤","勤"与"劳"都和人的活动、作用相联系,后者又作为广义的"行"进而与"知"交融或相涉。

② 如果把"事件"理解为人之所"作"结果,则需要将以上所说的"物理事件"与作为人之所"作"结果的严格意义上的"事件"区分开来:在进入人的知行领域、从而有别于人类出现以前的现象这一意义上,洪水泛滥可以视为广义的"现象",但却不同于作为人之所"作"结果的"事件"。

层面确认了"物"与"事"的统一。"事"与"物"的如上统一,在尔后的中国哲学中得到了更明确的肯定。郑玄在界说《大学》中的"物"时,便认为:"物,犹事也。"①这一界定一再为后起的哲学家所认同,朱熹在《大学章句》中,便上承了对物的如上界说。王阳明也认为:"物即事也。"②王夫之对此作了更深刻的阐释:"物,谓事也;事不成之谓无物。"③所谓"事不成"则无物,既指只有通过人的活动("为"),才能实现从"天之天"到"人之天"的转换(形成人化之物),④又意味着物的意义惟有在人的知、行活动中才可能呈现。在这里,《大学》从本体论结构与实践秩序上界定"物"与"事"的关系这一思路,无疑得到了进一步的展开。事实上,从《易传》的"开物成务",⑤到《考工记》的"智者创物,巧者述之",都可以看到将"物"置于人的活动中加以理解的进路:"务"属人之"事","成务"以人的作用和活动(人之所"为"、所"作")为具体内容,而物的变革(开物)则同时展开为成务的过程。与之一致,"创物"意味着按人的需要和理想成就相关之"物","述之"则是对这一过程的把握和承继、延续。不难看到,这里所体现的,是引物(本然对象)入事(人的活动)、以事开(创)物。相应于"物"与"事"的如上联结,"物"本身展示了本体论、价值论、认识论等多方面的内涵。

以引物入事、以事开(创)物为背景,成物的过程首先表现为扬弃

---

① 《礼记注·大学》。
② 王守仁:《传习录中》,《王阳明全集》,上海古籍出版社,1992 年,第 47 页。
③ 王夫之:《张子正蒙注·诚明》,《船山全书》第 12 册,岳麓书社,1996 年,第 115 页。
④ 关于"天之天"与"人之天"的区分,参见〔明〕王夫之:《诗广传·大雅》,《船山全书》第 3 册,岳麓书社,1996 年,第 463 页。
⑤ 《易传·系辞上》。

"物"的本然性。"物"的本然性属"天之天",成物则要求化"天之天"为"人之天",后者意味着使"物"由知、行领域之外,进入知、行领域之中,并进一步成为合乎人的需要的存在。当然,如前所述,这里应当注意本然性与自在性之别:本然形态的超越,并不意味着消解物的自在性。"物"由"天之天"(本然形态)走向"人之天"(广义的人化形态),主要表现为从与人无涉的存在形态转换为与人相涉的存在形态,在这一过程中,"物"的存在方式虽然发生了变化,但其物理、化学等性质并未随之消逝。深山中的清泉被加工为饮用水之后,其本然的形态(存在的方式)无疑发生了变化(由"天之天"成为"人之天"),然而,泉水的化学性质(由二个氢原子和一个氧原子所构成)、物理性质(如在 1 个标准大气压下,当温度处于摄氏零度与 100 度之间时,其形态为液体,等等),却并没有因此而消失或改变。"物"的以上性质既不依赖人之"行",也非依赖人之"知"(意识),作为一种自在或独立的品格,它所体现的,乃是"物"的实在性。

"物"与"事"(人的活动)的联结在扬弃"物"的本然性、存留其自在性的同时,又将"物"进一步引向了广义的人化世界。本然之物由"事"(人的活动)而成为人化的实在,这种人化的实在已打上了人的各种印记,从而成为属人的世界。当然,上述意义上的人化实在固然内含"属人"的性质,但同时又具有对象性的品格。相对于此,社会的实在更多地呈现了与人的内在关联。作为形成于人的知、行活动中的世界,社会实在的存在与作用,都无法与人相分离。人既建构社会实在,又以社会实在为自身存在的本体论前提,二者的以上互动既从一个方面展示了"物"与"事"的关联,又使这种关联超越了对象性而呈现为人的存在形态。

从"物"与"事"的统一这一视域看,人化的世界同时表现为"物—事"或"事—物"的世界。以"物—事"或"事—物"为具体的内容,人化的世界既非单纯的"事"外之"物",也不同于纯粹的"物"外之"事":单纯的"事"外之"物",仅仅表现为本然的存在;纯粹的"物"外之"事",则往往缺乏自在性或实在性。与"事—物"这一世界的存在形态相应,"成物"的过程具体表现为在知与行的历史展开中,通过"物"与"事"的互动,敞开世界的意义,并使之合乎人的价值理想。上述视域中的人化世界,同时也呈现为意义的世界,而"物—事"或"事—物"则构成了意义生成的本体论根据。

与成物相关的是成己。成物以认识和变革对象世界为内容,成己则以人自身的认识和成就为指向。对象世界的认识与变革涉及本然形态或"天之天"的扬弃,同样,人自身的认识和成就,也关乎从"天之天"到"人之天"的转换。如前所述,人刚降临世界之时,还只是生物学意义上的生命个体,在这一层面上,人在相当程度上仍表现为一种本然的存在。与成物的过程相近,成己首先意味着扬弃本然的存在形态,后者的实质内涵,便是赋予人以多样的社会品格,使之成为社会化的存在。孔子以仁为价值系统的核心,仁的涵义之一,便是克己复礼:"克己复礼为仁。"[①]克己涉及广义的自我转换,"礼"属于普遍的社会规范,所谓"复礼",也就是在行为方式上合乎普遍的社会规范,从而使人由"野"而"雅"、由前文明或自然意义上的本然之在转换为具有文明品格的社会存在。这一过程同时表现为"是其所不是":作为生命个体,人并非一开始便具有社会的品格,这种品格乃是在人的成己过程中不断获得、形成的。这里蕴含着人与动物之别:动物总是停留在本然形态("天之天"),从而只能"是其所是",人则能够超越"其所是"(扬弃本然形态或"天之天"),走向"其所不是"(获得社会的品格)。

---

① 《论语·颜渊》。

从扬弃本然的存在形态这一维度看,成己与成物无疑表现了相近的进路。不过,相应于"物"与"己"之别,二者又有着不同的价值内涵。作为知、行过程的具体展开,成物与成己诚然都涉及人的价值理想,但成物首先以合乎人的历史需要为指向:在化本然之物为人化实在的过程中,合乎人的价值理想与合乎人的历史需要,具有内在的一致性。在这里,"物"的意义,首先通过人以及人的需要而呈现,从而表现出某种外在性。相对于此,"己"表现为人自身的存在,成己并非旨在合乎人之外的需要,而是也以人自身的完成为目标,对人而言,它更多地体现了内在的意义。事实上,在成己的过程中,人既是意义的体现形态,又是追寻意义的主体;意义的生成,同时表现为意义主体的自我实现。

　　成己与成物所展示的价值走向,使之既不同于人与物的空泛互动,也有别于无现实内容的抽象变迁。就人的知、行活动而言,无价值承载的流变是空洞的,缺乏实质的意义。然而,另一方面,成己与成物并未预设某种绝对不变的终极目标。绝对不变的终极目标往往具有封闭或超验的性质,作为至矣、尽矣的对象,它在某种意义上如同物自体,永远存在于知和行无法达到的彼岸。以这种目标限定成己与成物,意味着将其引向另一重意义上的抽象性。从现实形态看,成己与成物既有其价值的指向,又展开为一个具体的过程,价值目标本身并非超验的对象,它总是在历史演进的过程中获得具体的品格,展现为具有现实内涵的理想形态;成己与成物的过程,同时也是这种价值理想不断生成并逐渐得到实现的过程。如果说,价值内容与价值目标的引入使成己与成物的展开扬弃了空泛性、抽象性,那么,过程性与历史性则使之避免了封闭化和超验化。

　　前文已论及,从形而上的层面看,人既是存在者,又是存在的发问者和改变者。就外在的表现形式而言,后者(对存在的发问与改变）主要表现为知与行的过程；就内在的实质指向而言，这一过程则具体展开为成己与成物。作为具有本体论意义的"在"世方式，成己与成物无疑构成了人的基本存在处境：当人作为存在的发问者和改变者而面对这个世界时，成己和成物便开始进入其存在境域。正是这种存在的处境，使人区别于其他的对象。从赞天地之化育，到成就自我，现实世界的生成和人自身的完成，都伴随着人对存在的发问和改变。可以说，离开了成己与成物的过程，人本身便失去了现实的品格，从而难以真实地"在"世。①

就现实的过程而言，成己与成物并非仅仅涉及作为个人的自我与作为对象的世界。自我不是孤立的个体，而是与他人共在并相互交往，这种共在和交往同样构成了人的存在处境。与此相联系，成就自我与成就他人并非彼此分离。一方面，自我的成就离不开与他人的互动；另一方面，在成就自我的同时，应当承认与尊重他人自我成就的权利和意愿，并进而"成人之美"。儒家在要求立己的同时，又主张"立人"，已注意到这一点。同样，从成物的过程看，对世界的作用不仅包括社会的变革，而且总是越出个体之域，展开为一个基于人我互动、群己统一的历史过程。《中庸》曾指出："唯天下至诚为能尽其性，能尽其性则能尽人之性，能尽人之性则能尽物之性，能尽物之性则可以赞天地之化育，可以赞天地之化育则可以与天地参矣。"在这里，成就世界（赞天地之化育）便表现为由己而及人的过程。事实上，

---

① 海德格尔曾提出存在的"急迫"问题，但对这种"急迫"的意义却未能作具体的历史分析（参见 M. Heidegger, *Contributions to Philosophy*, Translated by P. Emad and K. Maly, Indiana University Press, 1999）。事实上，如果从"急迫"的角度理解存在，那么，这种急迫性具体便体现在：人的现实存在唯有通过自身的知与行才可能，知与行的终结也就是现实存在的终结，而人的知、行过程的具体内容，则是成己与成物。

成物并非仅仅体现于人与物的关系,在人与物的关系之后,蕴含着人与人的关系。要而言之,无论是成己,抑或成物,都同时关联着广义上的成人并涉及主体间的互动。

作为人的基本存在处境,成己与成物展开于不同的方向。以世界的认识与变革为内容,成物表现为从人走向对象的过程。相对于成己的自我指向性,成物的如上趋向无疑呈现某种外在性的特点,在各种形式的科学主义中,以上特点一再被突出。与之相异,以成就自我为价值理想,成己的过程往往容易导向关注个体生存、沉浸于内向的精神追求,等等。海德格尔以此在为基础本体论的核心,并把个体的生存、自我本真形态的返归,作为此在的关切重心,而所谓本真形态,则与个体超越共在中的沉沦、通过烦和畏等精神体验而领悟自身存在的独特性和不可替代性等相联系,这种理解,便表现了强化成己的个体性之维与内在性之维的倾向。就其现实性而言,成己与成物并非彼此分离。对世界的认识与改变,离不开人自身存在境域的提升。同样,自我的成就,也无法限定于狭隘的生存过程或精神之域,惟有在认识与变革世界的过程中,成己才可能获得具体而丰富的内容。《中庸》以“合外内之道”解说成己与成物,似乎已有见于此。在成己与成物的如上统一中,一方面,成物过程的外在性得到了克服;另一方面,成己也避免了走向片面的生存过程和内向的自我体验。

以认识世界与认识自己、变革世界与变革自己为具体的历史内容,成己与成物的过程同时表现为意义和意义世界的生成过程:无论是世界的敞开和自我的体认,抑或世界的变革和自我的成就,都内在地指向意义的呈现和意义世界的生成。人既追问世界的意义,也追寻自身之“在”的意义;既以观念的方式把握世界和自我的意义,又通过实践过程赋予世界以多方面的意义,就此而言,似乎可以将人视为以意义为指向的存在。海德格尔曾认为,“关于‘存在意义’(meaning of being)的问题,是一切问题的问题。"①人对存在的追问,从根本上说也就是对存在意义的追问,这种追问不仅仅体现于语义或语言哲学的层面,而且具体地展开于认识论、本体论、价值论等领域。历史地看,哲学的演进过程中曾出现某些关注重心的变化,这些变化常常被概括为哲学的"转向",而在各种所谓哲学的"转向"之后,总是蕴含着不同的意义关切:不管是以认识论为侧重之点的哲学系统,还是主要指向本体论或价值论的哲学形态,都不难注意到其中内在的意义追问。从这方面看,"存在意义"的问题确乎具有本原性。②

存在意义问题的以上本原性,本身又植根于成己与成物这一人的基本存在处境。本然的存在不涉及意义的问题,意义的发生与人的存在过程无法分离:在人的知、行领域之外,对象仅仅是本体论上的"有"或"在",这种"有"或"在",尚未呈现具体的"意义"。唯有在成己与成物的历史展开中,本然之物才逐渐进入人的知、行之域,成为人认识与变革的对象,并由此呈现事实、价值等不同方面的意义。通过广义的知与行,人不断化本然之物为人化实在,后者在改变对象世界的同时,又推动着世界走向意义之域。与之相联系的是成就自我:以自身潜能的发展和自我的实现为形式,人既追问和领悟存在的意义,也赋予自身之"在"以内在的意义。正如成物的过程将世界引入意义之域一样,成己的过程也使人自身成为有意义的存在。概而

----

① M. Heidegger, *Contributions to Philosophy*, Translated by P. Emad and K. Maly, Indiana University Press, 1999, p.8.

② 在《形而上学导论》中,海德格尔曾将"为什么在者在而无反倒不在"视为形而上学的基本问题或最原始的问题(参见〔德〕海德格尔:《形而上学导论》,王庆节译,商务印书馆,1996 年,第 3—4 页),比较而言,他在 *Contributions to Philosophy* 中对存在意义的关注(参见上文),无疑更值得注意。事实上,更实质层面的哲学问题似乎应当是:为什么现实的存在与意义相涉,而非与意义无涉? 对这一问题的理解和回应,则离不开成己与成物的过程。

言之，成己与成物既敞开了世界，又在世界之上打上人的各种印记；意义的生成以成己与成物为现实之源，成己与成物的历史过程则指向不同形式的意义之域或意义世界。

将意义的生成与成己与成物的过程联系起来，不同于超验层面的意义关切。在超验的视域中，意义的根据往往被归之于某种终极的存在，意义的追寻也相应地被理解为与这种存在相联系的终极关切。然而，从现实的形态看，所谓终极存在，也就是以自身为原因并作为整体或统一体的具体存在，与之相联系的意义关切，则意味着在面向这种真实世界的过程中，不断超越有限与无限的张力，提升人自身的存在境域。这一过程乃是通过人的知行活动而不断实现的。在中国哲学中，道或天道曾呈现为终极意义上的存在，但中国哲学所理解的这种道或天道又并非疏离于人，所谓"道不远人"（《中庸》），便肯定了道所呈现的意义与人之"在"的内在关联，而性与天道的并提，以及将道与人都视为域中之大（《老子》），也从不同方面表明了这一点。以上观念蕴含如下涵义：终极存在（天道）的意义本身落实于人自身的存在过程。悬置人自身之在而关切、敬畏超验的存在，诚然可以给人以某种精神的安顿或思辨的满足，然而，由此展现的存在意义，往往未能体现人与世界的具体关系，从而无法避免抽象性。意义的现实内涵，形成于人的知行过程，后者的历史内容，则是成己与成物。就以上方面而言，成己与成物既构成了意义的现实之源，又将天道层面的终极关切具体化于人自身存在的历史过程。

作为历史过程，成己与成物首先涉及对世界与人自身的理解。无论是成就自我（成己），抑或成就世界（成物），都以把握真实的存在为前提。从知其实然的层面看，存在的意义就在于被理解或具有可理解性，这一层面的理解同时以认知为其内容。从"理解—认知"的维度看，意义涉及形式与实质两个方面。在形式层面上，意义与合乎逻辑相关,金岳霖便曾将形式逻辑的同一律视为意义所以可能的基本条件。同一律要求概念具有确定的涵义,在一定的论域中,某一概念即表示某种涵义,不能随意转换。广而言之,矛盾律、排中律都是意义所以可能的形式条件。在实质的方面,以上论域中的意义则主要关联事实之维的认知:以理解为指向,意义总是包含认知的内容。"理解—认知"层面的意义既发生和形成于成己与成物的过程之中,又是在这一过程中不断进入人的视域并为人所把握。

成就自我(成己)与成就世界(成物)不仅表现为对实然的把握,而且也展开为一个按人的目的和理想变革世界、变革自我的过程。以目的为关注之点,存在的意义也相应地呈现价值的内涵。就这一层面而言,所谓"有意义"主要便是指:从实现某种目的来看,相关的人、物或观念有积极的作用。反之,如果对于实现以上目的没有作用或价值,则它们便没有意义。以否定的方式来说,"螳臂当车"一般被视为无谓或无意义之举,并常被用以嘲笑一些人不自量力、试图阻止历史的某种演进趋势。就原始涵义言,"螳臂当车"之所以无意义,其原因主要就在于:对于"挡车"这一目的,"螳臂"没有实际的作用。这一层面的"意义",显然是就价值之维而言的,在此论域,所谓有意义就是有价值,无意义则是无价值。

以理解—认知之维与目的—价值之维为具体内容,意义涉及认识论、价值论、本体论等领域。然而,在现代哲学中,对意义的理解往往偏于一隅。以分析哲学而言,其意义理论所指向的,主要便限于语言与逻辑之域。相对于此,与现象学相联系的存在主义则在关注内在意识的同时,又侧重于将意义问题与人的生存及价值领域加以沟通。在其现实性上,意义既无法等同于语义,也难以仅仅归属于生存和价值之域:人与世界的多重关系,一开始便规定了意义表现形态的多重性。意义的这种多重形态,本身根源于成己与成物过程的多重向度：如前所述，以认识世界与改变世界、认识自己与改变自己为历史内容，成己与成物的过程本身包含本体论、认识论、价值论等多重维度。与之相应，基于成己与成物的意义追问，也展开为"是什么"、"意味着什么"、"应当成为什么"等不同的方面。"是什么"涉及认知—理解层面的意义，"意味着什么"侧重于存在所蕴含的价值意义，"应当成为什么"则进一步引导我们从有关世界和人自身实际存在形态的思考，转向"世界和人自身应该是什么"的关切，从而更多地呈现实践的意义。在这里，意义的多重内涵与成己和成物过程的多重向度具有内在的一致性。

要而言之，以成己与成物过程为内在之本、以本然对象与人化存在的分化为历史前提，意义不仅呈现为观念的形式，而且也体现于人化的实在。前者（意义的观念形态）既表现为被认知或被理解的存在，又通过评价而被赋予价值的内涵，并展开为不同形式的精神之境；后者意味着通过人的实践活动化"天之天"为"人之天"，并由此使本然之物打上人的印记、体现人的价值理想。意义的不同形态在人与世界的互动中彼此关联，并具体展现为多样的意义世界。作为成己与成物过程的历史产物，意义世界以人对存在（世界之在与人自身的存在）的理解、规定、作用为指向，在宽泛的意义上，可以将其视为进入人的知行之域、打上了人的印记并体现人的价值理想的存在，后者同时表现为观念形态与现实形态的统一。通过成就世界与成就自我的创造性活动，人在追寻意义的同时也不断建构多样形态的意义世界。

历史地看，对意义本质的理解往往存在多重片面趋向。就意义的形成而言，这种偏向表现为或者以意义为对象的自在规定，或者仅仅将意义建立于人的评价、自我理解或意识构造之上。前者忽视了意义的生成与人的认识和实践活动之间的关系，后者则将意义的生成主要限定于主体之域和意识的层面,对其基于成己与成物的现实根据未能予以充分的关注。

在价值的层面,意义问题上的偏向进一步表现为虚无主义与权威主义。虚无主义以意义的消解为特点,其根本问题在于否定人的创造性活动的内在价值,无视意义追寻与自由走向之间的历史联系。作为一种历史现象,虚无主义的发生,有其现实的社会根源。近代以来,随着商品经济的发展,"普遍的社会物质变换"逐渐被提到了突出的地位,由此形成的是人对"物的依赖性",后者与劳动的异化、商品拜物教等彼此相关。这种"物的依赖性"在赋予"物"以目的性规定的同时,也使目的本身成为外在的赋予:它不仅以外在之物为价值的根据,而且使外在之物成为人的目的之源。与价值根据和内在目的外在化相联系的,则是意义的失落,后者又进一步伴随着各种形式的虚无主义。尼采批评虚无主义将价值、目的建立在"另一个世界"之上,这一看法既注意到了传统价值体系与形而上学的联系,也在某种意义上涉及了虚无主义的以上历史根源。与上述前提相联系,虚无主义的克服一方面表现为价值和目的向现实基础的回归,另一方面又以意义的承诺、意义的维护和意义的追寻为指向。

与意义消解相反而相成的是意义强制,后一趋向在权威主义那里得到了具体的体现。如前所述,意义的生成、呈现和追寻,本质上具有开放的性质。以价值创造为历史内容,成己与成物的过程展开为多样的形态,生成于这一过程的意义,也呈现多重性,后者为价值的多样、自主选择提供了前提。意义的以上生成和呈现方式,从另一个侧面展现了成己与成物过程的自由内涵:知、行过程与意义生成的开放性,同时也表现了人的创造过程的自由向度。权威主义试图以独断的方式,将某种意义系统强加于人,显然不仅否定了意义生成的开放性,而且也终结了人的自由创造过程。可以看到,以意义消解为内涵的虚无主义和以意义强制为趋向的权威主义尽管表现形式各异,但在封闭走向自由之境的道路这一点上,又具有相通之处。

在成己与成物的过程中,一方面,本然对象不断化为属人的存在,人与世界相应地发生了各种形式的变化;另一方面,人对世界和人自身的理解、把握也随之发展,这种理解和把握逐渐凝而为知识和智慧。知识、智慧既内化为人性能力和精神世界,又进一步制约人作用于世界的过程。就成己、成物与知识、智慧的关系而言,二者呈现互动的形态:知识与智慧形成于成己与成物的过程,成己与成物的展开,又以知识与智慧及其转换形式为前提。

借用康德的提问方式,成己、成物以及意义世界的生成,内在地关乎"如何可能"的问题。"如何可能"所涉及的首先是根据与条件。从根据、条件看,在成己、成物以及意义世界的生成中,人性能力是不可忽视的方面。比较而言,康德在提出"普遍必然的知识何以可能"的问题时,更多地关注形式和逻辑的方面,他固然也涉及能力的问题,但是没有充分展开这方面的考察。同时,在涉及人性能力时,康德也常常主要从形式的方面入手。如他对直观的论述,便着重于时间和空间等先天形式,并以此作为直观所以可能的普遍条件。康德诚然强调"我思"的综合作用,但后者又与"先验的自我"和"经验的自我"的区分相联系。康德更为注重的是"先验的自我",而"先验的自我"在相当程度上又是一种先天的设定。同样,在实践理性中,康德也主要从道德行为的形式条件(普遍的道德律)等视域考虑问题。从总体上看,逻辑和形式的方面,是康德所侧重的主要对象。

作为成己与成物的内在条件,人性能力显然需要得到更多的关注。就存在的形态而言,人性能力具有本体论的品格:它无法与人分离而总是与人同在。与之相对,形式的、逻辑的东西既可以融入人的认识系统,也可以外在于人。从宽泛的意义上说,人性能力是人的本质力量在认识世界和认识自己、变革世界和变革自己这一过程中的体现。具体地看，它涉及"已知"与"能知"等多重方面。所谓"已知"，是指在类的历史过程中形成、积累起来的广义认识成果。一方面，人性能力总是奠基于广义的认识成果，其形成也与这种认识成果的内化、凝结相联系，否则便会流于空泛。另一方面，广义的认识成果若未能体现、落实于人性能力之中，亦往往只是一种可能的趋向，作为尚未被现实化的形式条件，它们缺乏内在的生命力。在成己与成物的过程中，以上两个方面总是彼此互动。同时，人性能力既有康德意义上形式、逻辑的方面，又涉及意识过程、精神活动，从而在一定意义上表现为逻辑与心理的统一。

从强调知识的普遍必然性出发，康德对内在于人的心理、意识等方面常常持疏离的态度。如前所述，他所注重的，更多的是先验形式以及这种形式的纯粹形态。然而，从先天的形式回到现实的作用，则逻辑与经验的界限便无法区分得那样泾渭分明。在这方面，马克思的看法无疑更值得注意。马克思曾比较了必然的领域（realm of necessity）与自由的领域（realm of freedom），并指出，只有在必然领域的彼岸，"以本身作为目的"的人类能力的发展才开始。这里特别应当关注的是"以本身作为目的"的人类能力这一提法，"以本身作为目的"或作为目的本身，意味着赋予人的能力以目的性规定，后者既有本体论意义，又包含价值论意蕴。从本体论的层面看，"以本身作为目的"表明人的能力与人自身之"在"难以分离：作为目的性规定，它融入于人的整个存在，并以不同于外在关系的形式体现了人的存在特征。从价值的层面看，"以本身作为目的"则表明人的能力不同于单纯的手段或工具，作为目的自身，它具有内在价值。质言之，在作为目的本身的人性能力中，人的本质力量得到了具体的体现。

以感性与理性、理性与非理性等统一为形式，能力融合于人的整个存在,呈现为具有人性意义的内在规定。在理性的层面,人性能力以逻辑思维为形式,以实然与应然、真与善的统一为实质的指向。对实然(真)的认知、对应然(善)的评价,同时又与目的合理性(正当性)的确认以及手段合理性(有效性)的把握彼此相关。这一过程既以知识的形成为内容,也以智慧的凝集、提升为题中之义,无论是真实世界的敞开,抑或当然之域的生成,都展示了理性能力的深沉力量。与理性或逻辑思维相辅相成的是想象、直觉、洞察等非理性的形式,后者的共同之点,在于以不同于一般理性或逻辑思维的方式,展示了人把握世界与人自身的内在力量。就想象而言,其特点首先表现为基于现实及既成的知识经验而又超越现实的存在形态及已有的知识经验,并由此敞开和发现更广的可能之域(包括事物及观念之间可能的联系)。以可能之域为指向,想象同时为创造性地把握世界提供了自由的空间。同样,通过扬弃程式化的思路、简缩习常的探索环节、转换思维的方式,直觉使人不为已有界域所限定,以非推论的方式达到对世界和人自身新的理解和领悟。与想象和直觉相联系的洞察,则基于对思维之"度"的创造性把握,进一步指向事物的本质规定或具有决定意义的方面,并赋予理解以整体性、贯通性的品格。在判断力中,人的能力得到了更为综合的体现。以理性、感知、想象、直觉、洞察等方面的交互作用以及分析、比较、推论、确定、决断等的统一为具体的存在形态,判断力涉及不同能力之间的交融,并指向观念形态与对象之间的关联。从成己与成物的视域看,人的能力既构成了说明世界与改变世界的前提,又表现为认识自我与改变自我的内在条件。

与内在的人性能力相关的是外在的规范系统。规范系统所指向的是应然,由"应然"的层面考察,则成己与成物过程既涉及应当做什么,也关乎应当如何做。"做什么"所追问的,是确立何种行动的目标或方向,"如何做"所关切的,则是怎样从行为方式上对人加以引导。与引导相反而相成的是限定或限制,后者主要以否定的方式规定"不应当"做某事或"不应当"以某种方式去做。引导与限定往往表现为同一原则的两个相关方面。作为一个历史过程,成己与成物不仅以人性能力为其内在条件,而且关联着多重形式的规范系统:一方面,知、行过程本身包含不同意义上的规范性,另一方面,这一过程中形成的知识与智慧,又通过外化为普遍的规范系统而进一步制约知、行过程。

以成己与成物为作用的对象,规范一方面与目的性规定相联系,从而隐含价值之维,另一方面又基于实然与必然,从而有其本体论的根据。对当然、必然、实然的认识,不仅构成了不同知识系统的具体内容,而且通过实践过程中的理性反思、德性自证而转识成智,取得智慧的形态。内含当然、必然、实然的知识与智慧进一步与人的价值取向、实践需要相融合,转换为或渗入于不同的规范系统,并从不同的层面引导成己与成物的过程。在宽泛的意义上,规范可以理解为规定与评价人的活动(doing)及存在(being)形态的普遍准则。存在形态涉及成就什么,规范在此具有导向的意义;活动或行动则首先指广义的实践过程,在引申的意义上,它也兼及意识活动(如认知、思维过程,等等)。规范系统既包括普遍层面的原则,如一般的价值原则,也涉及不同领域中的当然之则,并兼及制约认识过程的逻辑、概念系统。在行动之前和行动之中,规范主要通过引导或约束行动来对其加以调节;在行动发生之后,规范则更多地构成了评价这种行动的准则。规范的以上作用往往通过个体的理解、认同、接受、选择而实现,而个体的意识活动本身又受到规范的多方面制约。规范与个体内在意识的如上关系,从一个方面具体体现了心与理的统一。

如前所述,作为知识与智慧的内化形态,人性能力为成己与成物的过程提供了内在根据。相对于此,与知识以及智慧的外化相一致,规范系统更多地表现为成己与成物的外在条件。不难看到,基于知、行过程中形成的知识与智慧,人性能力与规范系统在本原的层面呈现了内在的统一。以意义世界的生成为指向,成己与成物的过程既本于内在的人性能力,又依乎外在的普遍规范。规范系统离开了人性能力,往往容易导向抽象化、形式化,从而失去现实的生命力;人性能力无规范系统的范导,则难以避免任意性、偶然性,并可能由此失去自觉的品格。在人性能力与规范系统的互动中,成己与成物的过程逐渐趋于创造性、个体性、现实性与程序性、普遍性、自觉性等统一,这种统一,同时也为意义世界的生成提供了具体的担保。

从观念的形态看,意义世界首先展示了存在的可理解性。以成己与成物过程的历史展开为背景,物之呈现与意之所向交互作用,世界则由此进入观念的领域并取得观念的形式。作为被认知与理解的对象,观念之域中的事物呈现为有意义的世界图景,后者分别与常识、科学、形而上等视域相联系。常识以对世界的感知、理解、认同等等为内容,它在某种程度上表现为对事物的有序安顿,扬弃世界对于人的异己性,从而使生活实践的常规形式成为可能。常识所展示的这种有序性既使世界呈现可理解的品格,也赋予它以内在的意义。与常识相对的是科学。以实验及数学方法等为手段,科学对世界的理解不同于单纯的现象直观,而更多地呈现实证性与理论化的特点,科学所显现的世界秩序也有别于日常经验中的常规性或非反常性:在数学的模型与符号的结构中,世界的有序性得到了不同于常识的独特体现。科学的世界图景在总体上指向的是经验领域的对象,与之具有不同侧重的是形上视域中的世界图景。较之科学以实证与经验的方式把握世界,形上的视域更多地与思辨的进路相联系。不过,在将世界理解为一种有序的系统这一点上,二者似乎又有相通之处。

意义的观念形态或观念形态的意义世界既表现为被认知或被理解的存在，也通过评价而被赋予价值的内涵。从把握世界的方式看，世界图景所显现的意义首先与"是什么"的追问相联系：尽管世界图景本身包含多方面的内涵，但作为人所理解的存在，它无疑更多地表现为在不同视域下，世界对人呈现为什么；从而，也更直接地对应于"是什么"的问题。事实上，世界被人理解为什么，从另一角度看也就是：在人看来，世界"是什么"。当然，这种确认，同时又以实在为其根据。与"是什么"相联系的是"意味着什么"，后者进一步将观念形态的意义世界引向价值之域。从伦理、政治、审美到宗教之域，意义世界多方面地渗入了价值的内涵。与价值意识的作用相联系，意义世界的生成既以对象的意义呈现为内容，又涉及主体的意义赋予：对象呈现为某种意义，与主体赋予对象以相关意义，本身表现为一个统一的过程。

从世界的敞开回到人的存在，关于对象意义的追问便进而转向对人自身存在意义的关切。当人反思为何而在时，他所关切的也就是其自身的存在意义。与存在意义自我追问相联系的，是不同形式的精神世界或精神境界。相应于人自身的反思、体悟、感受，等等，境界或精神世界所内含的意义不仅涉及对象，而且指向人自身之"在"。事实上，在境界或精神世界中，较之外在对象的理解和把握，关于人自身存在意义的思和悟，已开始成为更为主导的方面。① 就后者（对人自身存在意义的思和悟）而言，境界或精神世界的核心，集中体现于理想的追求与使命的意识。理想的追求以"人可以期望什么"或"人应当期望什么"为指向，使命的意识则展开为"人应当承担什么"

---

① 对存在意义的把握在广义上都涉及"悟"，而与存在意义的自我追寻相联系的"悟"，则更多地具有返身性并渗入于个体精神的升华过程。

的追问。以使命意识与理想追求为核心,人的境界在观念的层面体现了人之为人的本质规定,从而,这一意义上的境界,也可以理解为人性境界。

从成己与成物的维度看,广义的精神世界既包含人性境界,又涉及前文提及的人性能力。精神境界首先在价值、目的的层面上凸显了人作为德性主体的内在品格,而人性能力则更多地从价值创造的方面展示了人作为实践主体的存在意义。当然,尽管人性能力内在地体现了人的本质力量,但这并不意味着其现实作用及存在形态必然合乎人性发展的方向。正如在一定的历史时期,劳动的异化往往导致人本身的异化一样,人性能力也包含着异化为外在手段和工具的可能。另一方面,人性境界固然包含价值的内涵,但离开了人性能力及其在知行、过程中的具体展现,仅仅停留于观念性的层面,则精神世界也容易流于抽象、玄虚、空泛的精神受用或精神承诺。从哲学史上看,宋明时期的心性之学在某种程度上便表现出以上倾向,它所倡导的醇儒之境,往往未能与变革世界的现实能力相融合,而仅仅以内向的心性涵养和思辨体验为其内容,从而很难避免玄寂、虚泛的趋向。同样,如上所述,实践过程之中的能力如果缺乏德性的根据,也可能引向价值的歧途。就个体的存在而言,自由的人格既表现为价值目的意义上的德性主体,也呈现为价值创造意义上的实践主体,这种存在形态不同于抽象层面上知、情、意的会融,而是具体地展现为人性能力与精神境界的统一。后者从人自身存在这一向度,进一步赋予意义世界以深沉的价值内涵。

意义不仅通过认识和评价活动在观念的层面得到体现,而且基于实践过程而外化于现实的存在领域或实在的世界。作为意义的外化或现实化,这种形成于知、行过程的存在领域同时可以视为意义世界的现实形态或外在形态。后者既涵盖"人之天"或广义的为我之物,也以生活世界与社会实在为其现实内容。

现实形态的意义世界首先相对于本然的存在而言。如前所述,本然的存在尚未进入人的知行之域,其意义亦未向人敞开;现实形态的意义世界则已打上了人的印记,表现为不同层面的为我之物。作为外在于知行领域、尚未与人发生实际联系的存在形态,本然之物既未在观念层面构成有意义的对象,也没有在实践的层面获得现实的意义。抽象地看,人与本然世界都属"存在",从而并非绝对分离,但当本然世界尚处于知行领域之外时,二者更多地以相分而非相合的形式呈现。

以人对本然形态的敞开与变革为前提,存在首先呈现了现实性的品格。如前文所论,从人与存在的关系看,可以对"现实"与"实在"作一区分:本然的存在无疑具有实在性,但对人而言,它却并不具有现实性的品格。如果说,人自身乃是在"赞天地之化育"、参与现实世界的形成过程中确证其本质力量,那么,本然世界则通过融入人的知、行过程而呈现其现实的品格。事实上,二者具有内在的一致性和统一性。这一过程既通过人的本质力量的对象化而表现了人的独特存在方式,也改变了对象世界的存在形态。

人的世界当然并不仅仅表现为打上了人的印记或体现人的作用,在社会领域,它同时以合乎人性为其深沉内涵。宽泛而言,所谓合乎人性,意味着体现人不同于其他存在的普遍本质,而社会实在则构成了是否合乎人性或在何种程度上合乎人性的具体尺度或表征。就人的存在而言,社会实在的意义与是否合乎人性无疑难以分离。如果说,以人为核心构成了社会实在不同于对象世界的特点,那么,合乎人性则在更内在的层面赋予它以存在的意义。作为意义世界的内在规定,合乎人性可以从不同的层面加以理解。人性与社会性具有相通之处,合乎人性相应地意味着获得社会的品格或规定。人性的更实质、更内在的体现,涉及人的自由、人的潜能的多方面发展。自然仅仅与必然性和偶然性相关,唯有人才具有自由的要求与能力,社会实在是否以及在何种程度上合乎人性,与它是否以及在何种程度上体现走向自由的历史进程具有一致性。

意义世界的内在形态与外在形态并非互不相关。对观念形态或内在的意义世界的追求,可以使我们始终关注世界之在与人自身存在的意义,避免人的物化及存在的遗忘。如果忽视了意义世界的这一层面,那么,我们往往会仅仅面对一个异己的、纯粹物化的世界。另一方面,如果无视意义世界的外在形式或现实形态,则常常会悬置、忘却对现实世界的变革,而仅仅囿于抽象、玄虚的精神世界。

从哲学史上看,康德在理论理性的层面关注的问题主要涉及"是什么":普遍必然的知识所提供的首先是现象之域的世界图景。在实践领域(首先是道德领域),他所追问的则是"应当"如何的问题。康德曾提出四个哲学问题,第一个问题("我可以知道什么")与理论理性相关;第二个问题("我应当做什么")便涉及实践领域中的"应当"。① 然而,对于"应当"如何化为现实的问题,康德未能给予充分的关注。黑格尔认为"康德哲学是道德哲学",而道德哲学的特点就是限定于"应然"②,这一评论显然也注意到了康德哲学的以上趋向。如果说,在理论理性的领域,现象与物自体的划界,使康德无法真正解释从本然世界(物自体)到意义世界(知行之域中的世界图景)的转化,那么,仅仅执着"应当",则使之难以对价值理想(应然之境)如何

---

① 参见〔德〕康德:《逻辑学讲义》,许景行译,商务印书馆,1991 年,第15 页。

② 〔德〕黑格尔:《哲学史讲演录》第 2 卷,贺麟、王太庆译,商务印书馆,1981年,第43 页。

化为现实的意义世界这一问题,作出具体的理论说明。比较而言,黑格尔展示了更广的视域。他首先以绝对观念或绝对精神扬弃了现象与物自体的对峙,并相应地用思辨的方式克服了将现象之域的意义图景与超验领域的意义之境彼此分离的问题。在黑格尔那里,建立于绝对观念之上的思辨体系,以逻辑学、自然哲学、精神哲学为主干。逻辑具有超越、外在于人的意味,逻辑学所涉及的对象,也具有超越人的性质。自然则仅仅"预示精神",此时人尚未出场,人的精神也尚未到来,自然哲学所论的内容,相应地呈现"非人"的特点。然而,在其精神哲学中,黑格尔开始联系人自身的存在来考察世界。如所周知,黑格尔的精神哲学又分为主观精神、客观精神和绝对精神。主观精神以个体精神的演化为内容,所涉及的是个体意识和精神的发展过程;客观精神体现了精神的外化过程,其形态分别展开为法、道德和伦理,而伦理又具体化为家庭、市民社会和国家,这里实质上已涉及精神如何化为现实形态的问题。不过,此所谓现实主要侧重于社会的层面,对于前面提到的如何通过变革对象世界以达到人化的实在或建构现实的意义世界这一问题,黑格尔同样没能给予充分关注。同时,黑格尔基本上没有超出"以心(精神)观之"的进路,对现实的存在以及现实的知、行过程,未能加以真切地把握。这样,一方面,相对于康德,黑格尔注意到了存在的统一以及"应当"如何化为现实的问题;另一方面,在他那里,存在本身以及如何由应当走向现实的问题还主要停留在精神领域(包括他所说的客观精神)之中,这使其哲学系统在总体上无法摆脱思辨的性质。

就当代哲学而言,海德格尔一方面扬弃了黑格尔逻辑学中的超验形式,另一方面也越出了黑格尔自然哲学中"非人"的(人尚未出场)的视域。在某种意义上,他转换了黑格尔精神哲学的思辨形态,将精神哲学中的人理解为生存过程中的人,亦即把个体的生存意义放在较重要的位置。① 与之相应,海德格尔更为关注的是与人的这种生存意义相联系的内在层面的意义世界。从这方面看,黑格尔的精神哲学和海德格尔的存在哲学在思想衍化的脉络之中,似乎既具有差异,也存在前后的历史联系。事实上,如前所述,海德格尔将此在作为关注重心,把人的存在主要限定于个体生存之域,并以畏、烦等内在体验为此在的本真形态,本身既表现出不同于黑格尔思辨哲学的趋向,又在另一重意义上依然蕴含内在的思辨性。

维特根斯坦对意义世界同样给予了相当的关注,在其后期,更进一步强调人自身的活动在意义构成、理解中的作用,亦即将人的实践生活和意义的生成联系起来。然而,他同时似乎又主要把意义的世界仅仅限定于语义的世界。这一进路的逻辑后果之一,便是抽去了意义世界的价值内涵。尽管维特根斯坦并非完全忽略语言之外的其他问题(包括价值问题),但他对这些问题的考察,首先也是站在语言哲学的立场之上展开的。在广义的分析哲学中,以上趋向得到了更具体的体现。就总体而言,分析哲学家所关注的,主要是理解—认知层面的意义。他们固然也论及价值问题,但其所讨论的主要不是现实的价值关系。以广义的“好”(good)而言,分析哲学系统中的元伦理学便主要关心“好”这个词或概念表示什么涵义,而不是“什么是现实生活中好的东西”。同样,关于“善”(morally good),他们所感兴趣的也是“善”这一概念的内涵究竟是什么,或者说,我们在以“善”来指称某种行为时,这一概念表达什么涵义,对于“什么是善的现实形

---

① 海德格尔的以上进路似乎亦不同于胡塞尔。事实上,从胡塞尔的悬置存在到海德格尔的关注存在,其中不仅表现了方法论与本体论等不同的侧重,而且在思维趋向上也蕴含着深刻的差异。不过,如前文已提及、后文将进一步讨论的,海德格尔所理解的存在主要是“此在”,后者以个体内在的生存体验为本真的形态,在这一方面,仍不难看到其现象学的背景。

态"、"善的行为意味着什么"这一类问题,主流形态的分析哲学往往加以悬置。就以上方面而言,在追问理解—认知层面"意义"的同时,分析哲学对于目的—价值层面的意义,往往未能给予充分的关注。尽管分析哲学后来也开始讨论诸如正义这样一些涉及现实政治、伦理的问题,但其侧重之点依然主要在形式、程序等方面,这与后来分析哲学虽关注形而上学问题,但基本上仍限于形式层面的语义分析这一进路大体一致。以上趋向蕴含着意义追寻的单向之维,它同时与科学主义存在着某种相关性:科学主义所注重的首先是物化的、技术层面的问题,对于价值层面的存在意义、人的精神世界,等等,则未能予以必要的关切。

可以看到,传统的心性哲学和现代存在哲学的关切之点首先指向内在的(观念之域的)意义世界,现实形态的(作为人化实在的)意义世界似乎未能在实质的层面进入其视野。相对于此,科学主义、实证主义则较多地关注物化的外在世界,对于内在的意义世界则相对忽视。然而,作为具体的存在,人既化本然对象为人化实在,从而创造现实形态的意义世界并存在于其中,也一再追问自身的存在意义并指向内在的意义世界。从价值观上看,更为可取的进路在于扬弃意义世界的观念形态(内在形态)与现实形态(外在形态)之间的分离和对峙,不断在历史过程中走向二者的统一。

无论是表现为外在的人化实在,抑或呈现为内在的观念形态,意义世界都与人的存在难以分离。就意义世界与人之"在"的关系而言,个体或个人无疑是一个无法忽略的方面:所谓意义,首先敞开和呈现于具体的个体或个人。

海德格尔对此在的关注,似乎也注意到了这一点,尽管他将视域仅仅限定于此,多少又表现了内在的偏向。就成己与成物的具体过程而言,从化本然之物为人化实在,到世界图景和精神世界的形成,都离不开现实的个体。广而言之，个体的存在具有某种本体论上的优先性，成己与成物的过程，在不同意义上都涉及具体的个体。个体的这种优先性，既体现于形上之维，也展开于社会之域。

在本体论的层面，个体虽属于一定的类，但它本身却无法再个例化。个体的这种不可个例化以及它与专名或限定之名的关联，从不同的方面展示了个体的独特性或唯一性。个体在时空中的变动，使之不断形成特定的殊相。然而，个体同时又具有类的可归属性，这种类的可归属性，以个体包含类的普遍规定为其前提。内在于个体的普遍性可以理解为具体的共相，后者呈现双重意义：一方面，它使同一类之中的不同个体相互区别；另一方面，它又为个体在殊相的变化中保持自我同一提供了内在根据。

在以上视域中，个体首先呈现为物。然而，如前所述，面向物的追问难以离开关于人的沉思。在人的存在之域，个体以个人为具体的形态。个人既表现为身与心的统一，又展开为时间中的绵延同一，后者不仅涉及"形"（物理与生理）和"神"（心理与意识），而且以德性与人格的延续性、连续性为内容。作为"物"，个体常常被理解为"类"的殊相或个例，作为"人"，个体的存在则具有本体论上的一次性、不可重复性和价值论上的不可替代性。以物观之，类中之例的变化、生灭对类本身的存在并无实质的影响；以人观之，则每一个体（个人）都具有不可消逝性，都不应加以忽视。个体同时以目的性为其内在规定，并内含着独特的个性。个性既在本体论上展示了个人的独特品格，也在价值论上与目的性规定相融合而体现了个人的存在取向。个性的生成与发展过程，同时以个体（个人）与社会的互动为其历史内容。综合起来，个人的以上内涵具体地表现为个体性与总体性的统一。

个人的统一不仅仅涉及身心等关系，在更广的意义上，它同时关乎个人的同一性问题(personal identity)。以成己(成就自我)为视域,个人的自我同一显然无法回避:成己的基本前提是自我的绵延同一。从历时性上看,如果昨日之"我"非今日之"我",明日之"我"也不同于昨日与今日之"我",则自我的成就便失去了根据;就共时性而言,如果个体仅仅分化为不同的社会角色,而缺乏内在的统一性,则自我的成就同样难以落实。就其现实性而言,个体虽经历时间上的变迁并承担不同的社会角色,但在形、神、社会关系、生活实践等方面仍保持绵延同一,表现为同一个"我"。个体这种自我同一的意义,首先在于从本体论和价值论的层面,为成己的过程提供了背景。正是以个体的上述绵延同一为本,成己不仅展开为一个具有统一主体的过程,而且其延续性也由此获得了内在的担保。

成就自我(成己)作为个体内在价值的真正实现,与"自由个性"的发展相联系。以社会的衍化为视域,自由个性首先表现为超越人的依赖关系。按马克思的理解,社会发展的"最初形式"以人的依赖性为其特点。在这种依赖关系中,个体往往归属于他人或外在的社会系统(包括等级结构),缺乏真实的个性与自主品格。通过超越人的依赖关系而达到人的自主性与独立性,构成了自由个性发展的重要方面。与人的依赖性前后相关的,是物的依赖性。前者(人的依赖性)蕴含着对人的个体性、自主性的消解,后者(物的依赖性)则意味着通过人的工具化或物化而掩蔽人的目的性规定和内在价值。在超越人的依赖性的同时,自由个性同时要求扬弃物的依赖性,这种扬弃的实质涵义,就在于确认人的内在价值、肯定人的目的性规定。

以自由个性为指向的成己过程,从价值内涵与历史衍化等方面具体展示了个体的存在意义。如果说,目的性等规定主要从人不同于物等方面突显了个体的价值意义,那么,与个人的全面发展相联系的自由个性,则赋予这种意义以更为具体的历史内蕴。以扬弃人的依赖性与物的依赖性为前提,自由的个性既体现了人的目的性规定,又折射了社会的历史演进,个体存在的意义由此获得了更为深广的价值内涵与历史意蕴。意义在历史过程中的如上生成,进一步从个体存在的层面表现了意义世界的历史之维与价值向度。

自由的个性以及人性能力、内在境界,都较为直接地牵连着自我的空间或个人的领域,后者在更广意义上涉及个体之域与公共领域的关系。作为个体,人具有内在的精神世界和个体性的领域,作为社会的存在,人则同时置身于经济、政治、法律、文化等不同的公共领域或公共空间。历史地看,一些哲学家将注意的重心主要指向公共空间或公共领域,另一些哲学家则较多地关注个人的内在领域。这样的情形在当代哲学界依然可见。以人为历史主体,成己与成物在社会领域的展开,总是多方面地关乎个体之域与公共领域。就其现实形态而言,成己与成物的过程离不开多样的社会资源,资源的获取、占有、分配则涉及社会正义。和成己与成物的统一相应,公共领域与个体领域并非彼此隔绝,自我实现与社会正义也呈现相互交融的性质。从社会的衍化看,正义本身具有历史性,并将随着历史的演化而被超越。以社会资源和物质财富的增长为历史前提,人的存在价值的真正实现,具体地表现为人的自由发展,后者既以成就自我为内容,又以成就世界为指向。在每个人的自由发展与一切人的自由发展中,成己与成物作为意义世界的生成过程,其历史内涵也得到了充分的展现。

第一章
成己与成物视域中的意义

以认识世界与认识自我、变革世界与成就自我为具体的历史内容,成己与成物的过程同时表现为意义和意义世界的生成过程。本然世界不存在意义的问题,意义与人无法分离。人既追问世界的意义,也探寻自身的存在意义,意义的发生也相应地本于人之"在"。本书的导言已提及,以人的存在以及人与世界的关系为视域,意义的内涵或意义的"意义"涉及"是什么"、"意味着什么"、"应当成为什么"诸问题。"是什么"具体指向何物存在与如何存在(事物以何种形态存在),其中既关联着事物的呈现,也涉及人的意向性活动。"意味着什么"以存在的价值意义为其内涵①,就对象而言,它所追问的

①　在日常的语义层面,"意味着什么"(what does (转下页)

是事物是否合乎人的需要和理想以及在何种程度上合乎人的需要和理想,这种需要或理想既涉及物质生活层面的生存过程,也关乎社会领域及精神生活之域的知与行。就人自身而言,"意味着什么"所指向的则是人自身的存在意义:人究竟为何而在? 人的存在意义或人生意义的确认总是以人的价值目的和价值理想为根据,当人的生存过程与一定的价值目的或价值理想一致时,生活便显得富有意义;反之,如果缺乏价值目标或远离价值目标,则人生容易给人以无意义之感。

以事实层面的规定为指向,"是什么"首先与认知过程相联系,"意味着什么"则以价值关系及属性为内容,从而关涉评价过程。认知与评价所展示和确认的意义,具有观念的形态。相对于此,"应当成为什么"则更多地呈现出实践的意义。后者(实践的意义)既体现于对象应如何"在",也表现在人自身应如何"在"。就对象而言,"应当成为什么"意味着通过人的实践活动化"天之天"为"人之天",从而使观念层面的价值意义获得现实的形态;就人自身而言,"应当成为什么"则意味着在现实的知、行过程中走向理想的存在形态,不断实现人生的意义。

从事实的认知到价值的评价,从认识世界与变革世界到认识自我与变革自我,从语言的描述到语言的表达,意义关乎不同的领域。澄明意义的"意义",难以仅仅囿于意义内涵的逻辑辨析,它在更本原的层面涉及意义的生成过程。以成己与成物(认识世界与变革世界、认识自我与变革自我)的历史展开为现实之源,意义生成并呈现于人

(接上页) it mean)既涉及事实之维的"是什么",也指具有何种价值意义。本书所说的"意味着什么"则主要相对于"是什么"而言,其内涵也相应地与"具有何种价值意义"相联系。

与世界的互动过程。通过成就世界与成就自我的创造性活动,人在追寻意义的同时,也不断赋予意义世界以具体的历史内涵。

一　何　为　意　义

作为人不同于物的存在方式,成己与成物的过程既敞开了世界,又在世界之上打上人的各种印记,由此形成了不同形式的意义之域。宽泛而言,意义之域也就是进入人的知、行领域的存在形态,它可以表现为具体的实在,也可以取得观念的形式。与意义之域相对的是非意义之域。这里需要对非意义(non-meaning)与无意义(meaningless)作一区分。无意义本身是意义之域的现象,它或者表现为无法理解意义上的"无意义",或者呈现为无价值意义上的"无意义",这种"无意义"乃是相对于意义之域中的"有意义"形态而言,是意义之域中的"无意义"。与之不同,"非意义"本质上不属于意义之域,它可以广义地理解为尚未进入人的知、行领域的存在。作为还未与人照面的对象,这一类的存在还处于意义领域之外,关于它们,既不发生意义的问题,也不发生无意义的问题。

在当代哲学中,海德格尔对意义与"此在"的关系作了较多的考察。按他的理解,"意义是此在的一种生存性(existential)品格,而不是附着于存在(beings)的属性(这种属性隐藏于存在之后,或作为两端之域浮荡于某处)"[①]。这里的此在首先指个体的存在,生存性则与个体的生存活动相关。与之相对的存在属性,主要表现为对象性的规定,它外在于人的存在过程而蕴含于对象之中。对海德格尔而言,

---

① 参见 M. Heidegger, *Being and Time*, State University of New York Press, 1996, p.142。

意义并不是单纯的对象性规定,它本质上发生于个体的存在过程。个体的存在过程同时又被理解为一个筹划或规划(project)的过程,筹划或规划以人的自我设定、自我实现为指向,它意味着通过人的生存活动化可能的存在为现实的存在。正是以此为视域,海德格尔进一步将意义与人的筹划活动联系起来,并强调筹划就在于敞开可能性。①

　　海德格尔的以上看法,无疑已注意到意义的发生无法离开人自身之"在"。不过,如上所述,海德格尔所理解的人,主要是作为此在的个体,与之相关的人之"在",则首先是个体的生存。事实上,前文提及的此在的"生存性",便以个体的生存为内容。对意义与个体生存的这种关联,海德格尔并不讳言,在他看来,意义现象即"植根于此在的生存结构"。② 从成己与成物的维度看,个体的生存所涉及的,主要是成己之域。同时,成己的过程包含与认识自己和成就自己相关的多重内容,个体的生存仅仅是其中的一个方面,将关注之点指向个体生存,意味着把意义主要限定于单向度的成己过程。更需提及的是,在海德格尔那里,与现象学的哲学背景及突出此在的生存性相应,意义的问题往往与个体生存过程中畏、烦等内在体验相联系,从而在实质上更多地涉及观念之域。如后文将进一步讨论的,从现实的层面看,人的存在境域不仅以成己(认识自己与成就自己)为指向,而且展开为一个广义的成物(认识世界与变革世界)过程,后者既体现了人的实践品格,也在更深和更广的层面构成了意义的现实之源和历史根据。海德格尔由此在的生存理解意义的"意义"诚然有见于

---

① 参见 M. Heidegger, *Being and Time*, State University of New York Press, 1996, p.298。

② Ibid., p.143.

意义的生成与此在的相关性,但同时又将成物(认识世界与变革世界)的过程置于视野之外,并着重强调了与畏、烦等内在体验相涉的观念之维,从而未能真切地把握意义的生成与人的存在之间的现实关系。

意义之域中的意义,其自身的"意义"究竟是什么? 对成己与成物过程的具体分析,无疑可以提供解决以上问题的内在线索。如上所述,成己与成物以认识世界和认识自己、改变世界和改变自己为具体的历史内容,这一过程首先涉及对世界与人自身的理解:不仅认识世界与认识自我以理解世界与人自身为题中之义,而且对世界与人自身的变革,也无法离开对人与世界的理解。无论是成就自我(成己),抑或成就世界(成物),都以把握真实的存在为前提。对真实存在的这种切入,具体表现为知其实然,后者同时包含着对现实存在的理解。从知其实然的层面看,存在的意义就在于被理解或具有可理解性。对于缺乏古生物学知识的人来说,远古生物的化石就没有与古生物相联系的意义:尽管它们在与人相遇时,已进入了人的知、行之域,从而获得了某种不同于本然存在的"意义",但在不能从古生物的角度理解这些化石的人那里,其"意义"仅仅表现为某种形态的石块,这一层面的"意义",显然并不是化石所真正内含的意义。化石作为一种特定的存在,其内在的意义乃是通过人的理解而得到呈现,这种理解活动本身又归属于认识世界的过程。可以看到,在知其实然或理解的层面上,意义主要涉及"是什么"的追问,而以"何物存在"、"如何存在"等问题为指向,意义本身也获得了认知的内容。

就逻辑或形式的视域而言,理解层面的意义,同时表现为可思议性;后者的基本前提,在于合乎逻辑的法则。这里所说的逻辑法则,首先是同一律。金岳霖曾指出,同一律是"意义的可能底最基本的条件"。① 同一律要求概念具有确定的涵义,在一定的论域中,某一概念即表示某种涵义,不能随意转换。如"父"即指父,而不能同时指子,"教师"便表示教师,而不能同时意谓学生。违反了同一律,概念便会混乱,意义也无从确立,在此背景下既无法对相关对象和问题展开思议,也难以对其加以理解。与之相联系的是遵循矛盾律或排除逻辑矛盾:"思议底限制,就是矛盾。是矛盾的就是不可思议的。"② 同一律肯定的是 A=A,矛盾律强调的则是 A 不能同时又是非 A。唯有排除了逻辑矛盾,观念才有意义,思议和理解也才成为可能。如果说,事实层面的认知主要从实质之维展示了意义的内涵,那么,作为理解与思议所以可能的必要条件,合乎逻辑更多地从形式的维度,规定了观念之域的意义。质言之,在形式的层面,有意义意味着合乎逻辑,从而可以理解;无意义则表明有悖逻辑的规则,从而难以理解。

在日常的表述中,可以进一步看到理解—认知层面的意义与逻辑形式的以上关联。"植物生长需要阳光和水",这是有意义的陈述,因为它不仅包含认知内容,而且表述方式为逻辑规则所允许,从而具有可理解性。然而,"白昼比水更重",这一陈述则无意义,因为它既没有提供实质的认知内容,又对"白昼"和"水"这两种分属不同类的对象作了不合逻辑的联结,从而无法理解。当然,在特定的语境中,某些表述虽然缺乏狭义的逻辑联系,但在经过转换之后,仍可以展示出意义。以上述语句而言,如果用白昼隐喻包含正面价值的事物、水隐喻具有负面价值(如沉沦)的现象,则两者便在指涉价值这一层面,呈现类的相通性,并由此获得了可比性,从而,相关的表述也具有了某种意义。以下表述与之类似:人固有一死,或重于泰山,或轻于鸿

---

① 金岳霖:《知识论》,商务印书馆,1983 年,第 414 页。
② 同上,第 416 页。

毛。"死"本来与生命相关(表现为生命的终结),泰山与鸿毛则属有别于生死的另一类现象,但在价值隐喻的层面,上述对象却又表现出类的相通性,而用泰山和鸿毛分别隐喻死的不同价值内涵,也展现出特定的意义。需要指出的是,在以上情形中,一方面,广义的逻辑法则依然制约着表述过程,价值的意蕴中也相应地渗入了可理解的认知内涵;另一方面,这里的隐喻,首先表现为通过语言运用方式的转换以表达某种价值观念,与之相联系的意义,也更多地涉及下文将进一步讨论的价值之域。在艺术作品(如诗)之中,往往可以看到类似的意义现象。

成就自我(成己)与成就世界(成物)不仅仅表现为对实然的把握,而且展开为一个按人的目的和理想变革世界、变革自我的过程。人与其他事物的差异之一,在于他既是一种存在,又不仅仅"存在着",既居住在这个世界,又不仅仅是世界的栖居者。人总是不满足于世界的既成形态,在面对实然的同时,人又不断将视域指向当然。当然的形态也就是理想的形态,它基于对实然的理解,又渗入了人的目的,后者包含着广义的价值关切。以目的为关注之点,存在的意义也相应地呈现价值的内涵:从成己与成物的目的性之维看,有意义就在于有价值。以杯水去灭车薪之火,常常被视为无意义之举,这种无意义,并不在于它无法理解,而主要是指:相对于灭车薪之火这一目的而言,杯水并无真正的价值或作用。同样,螳臂当车,也往往被用来说明无谓之举或无意义之举,这里的"无谓"或"无意义",其内涵也就是:较之特定的目的(如阻挡车辆的前进),螳臂并没有任何实质的或积极的价值。引申而言,以上论域中的意义,同时涉及作用、功能,等等,与之相关的有意义,宽泛地看也就在于对成己与成物过程所具有的价值、作用或功能。不难看到,上述层面的意义主要相应于"意味着什么"的追问,而目的—价值则构成了其实质的内容。

目的—价值层面的意义,同时可以从更广的层面加以理解。以道德领域而言,道德既是人存在的方式,同时也为人自身的存在提供了某种担保。在社会演进的历史过程中,通过共同的伦理理想、价值原则、行为规范、评价准则,等等,道德从一个侧面提供了将社会成员凝聚起来的内在力量。这里,道德的作用不仅仅表现为使人在自然层面的生物规定及社会层面的经济、政治等规定之外,另外获得伦理的规定,它的更深刻的本体论意义在于:通过扬弃社会的无序性与分离性,从一个方面为存在价值的实现提供根据和担保。与之相联系,道德领域中"善"的意义从根本上说便在于对人的存在价值的肯定,后者既表现为主体对自身存在价值的确认,也表现为主体间对存在价值的相互尊重和肯定①,这种确认和肯定从不同的方面体现了人的目的性品格:唯有体现了人的这种目的性规定,行为才具有道德的意义或具有正面的道德意义。以上视域中的意义,从另一方面展现了意义的价值之维。

价值层面的无意义,往往表现为荒谬。加缪曾以有关西西弗的希腊神话,对这种无意义或荒谬作了形象的说明。西西弗触犯了众神,诸神为了惩罚西西弗,责令他把一块巨石推上山顶,巨石因自身的重量,又从山顶上滚落下去。西西弗再次推上去,巨石则再次落下,如此周而复始,循环往复。作为人的行为,西西弗的以上活动,可以视为一种无谓之举:它不断重复,但永远无法达到预定的目的,这种对实现特定的目的没有任何价值或效用的活动,便缺乏实质的意义。当加缪把西西弗称为"荒谬的英雄"时,他事实上也将西西弗的

---

① 参见杨国荣:《伦理与存在——道德哲学研究》第二章,华东师范大学出版社,2009 年。

上述无意义之举,视为荒谬的存在形态。① 以荒谬的形式呈现的无意义,无疑从否定的方面,突显了价值层面的意义与目的性活动之间的关系。

成就自我(成己)与成就世界(成物)的过程,总是涉及不同的对象以及人自身的多样活动,后者(外在对象与人的活动)又与成己及成物的过程形成了多重形态的关系,这种关系往往呈现肯定或否定的性质。当外在对象与人的活动构成了成己及成物的积极条件时,二者的关系即具有肯定的性质,反之,则关系便具有否定性。成己与成物过程的以上特点,也规定了意义的不同向度。通常所说的有意义与无意义,便分别体现了意义的肯定之维与否定之维。如上所述,从能否理解的角度看,有意义意味着可理解,无意义则表明不可理解,前者具有肯定的性质,后者则表现为对意义的否定。在认识的领域中,当某一命题被证伪时,其意义无疑具有否定的性质,反之,被证实的命题,则呈现了肯定的意义。同样,在价值之维,意义也有肯定与否定之分。以收获为目标、并且最后确有所获的耕作(劳动),是一种有意义的活动,无所事事地打发日子,则是对时间的无意义消耗,这里的意义具有价值的内涵,而其中的有意义与无意义则分别表现了意义的肯定性质与否定性质。与价值意义的肯定性与否定性相联系的,是正面的或积极的意义与负面的或消极的意义。在变革世界的实践中,外在的对象对于这一过程可以呈现积极或正面的价值意义,也可以呈现相反的意义。同一现象,对于不同条件之下的人类活动,常常呈现不同的价值意义,如持续的大雨对人的抗洪活动来说,无疑具有负面的意义,但对于抗旱斗争则呈现正面的意义。在这里,

① 参见〔法〕加缪:《西西弗的神话》,杜小真译,生活·读书·新知三联书店,1987年,第157页。

价值意义的不同性质,与人变革世界(成物)的活动,显然难以分离。

意义的呈现具有相对性。这不仅在于意义总是相对于成就自我(成己)与成就世界(成物)的过程而言,而且在于意义的生成具有条件性。在理解—认知这一维度上,意义的生成和呈现,本身以一定的知识背景为前提。对于缺乏数学知识的人来说,数学的符号、公式便没有意义或没有作为数学知识系统的意义。在这里,需要对可理解性与实际的理解作一区分:在数学的知识系统形成之后,数学符号和数学的公式便具有可理解性,但对它们的实际理解,则以具备一定的数学知识为条件,只有当这些符号与公式被实际地理解时,它们才会呈现为有意义的形态。

同样,目的—价值层面的意义,也具有相对性的一面。人的知、行过程展开于不同的历史时期和社会背景,处于不同历史时期与社会背景的知、行主体,其价值目的、价值取向也往往各不相同。同一现象,对于具有不同价值立场的主体,每每呈现不同的意义。以20世纪20年代发生于湖南的农民运动为例,对维护传统秩序的乡绅来说,它主要呈现负面的意义,所谓"糟得很",就是对这种意义性质的判断;对旨在变革既成秩序的志士而言,这种运动则呈现正面的意义,所谓"好得很",便是对这一性质的认定。

意义的相对性同时也表现为意义呈现的个体差异。马克思曾指出:"任何一个对象对我的意义(它只是对那个与它相适应的感觉说来才有意义)都以我的感觉所及的程度为限。"①某一存在形态,如一首歌,一种景物,等等,可能对某一特定个体具有特殊的怀旧意义;生活中的某一个人或某一种物对相关个体所具有的意义,也许超过其

---

① 〔德〕马克思:《1844年经济学哲学手稿》,人民出版社,1985年,第82—83页。

他的人与物,如此等等。这里的意义,同时带有个体的意味。① 广而言之,语言的运用也涉及个体性的"意味",这种意味往往渗入了个体的情感、意向,它既涉及弗雷格所提到的语言附加,②也与语言在交往及实践过程中的具体运用相联系。言说者所表达的所谓"言外之意",倾听者所听出的"弦外之音",便常常表现为某种特定的意味。

不难看到,在以上情景中,意义的呈现过程,包含着新的意义的生成与既成意义形态之间的互动。一方面,意义的每一次呈现,都同时表现为新的意义的生成;另一方面,这种生成又以既成的意义形态为出发点或背景。从过程的视域看,意义的呈现和生成与意义的既成形态很难彼此分离。人总是在知与行、成己与成物的过程中面对外部对象,知与行、成己与成物的展开过程中所形成的知识系统、价值观念,等等,构成了一定的意义形态或意义世界;当外部对象呈现于人之前时,人事实上已经处于这种意义形态或意义世界之中,后者既构成了意义呈现和生成的前提,又以不同的方式规定或影响着意义的内涵和性质。在理解—认知的层面,是否拥有一定领域中的知识系统,往往制约着相关的现象、事物是否呈现意义以及呈现何种意义;在目的—价值的层面,已有的价值观念和价值理想,则影响着人对外部现象所呈现意义的评价。

当然,既成意义形态的对人的制约以及意义呈现与个体存在的相关性,并不意味着意义完全缺乏普遍的、确定的内容。金岳霖在谈到呈现时,曾区分了与个体相涉的"观"和与类相涉的"观"。对象的

———————————

① 诺齐克曾将这类意义称之为"作为个人意味、重要性、价值、紧要性的意义",参见 R.Nozick, *Philosophical Explanations*, Clarendon Press, 1981, p.574。

② 参见〔德〕弗雷格:《弗雷格哲学论著选辑》,王路译,商务印书馆,1994年,第 119 页。

呈现同时意味着对象为人所"观",在此意义上,"呈现总是有观的"。在金岳霖看来,个体之"观"与特定的感知者相联系,具有主观性;类之"观"则是某一类的个体所共有之观,从而具有客观性。相应于"类"观的这种呈现,也就是认识论上的所与。① 金岳霖所说的呈现和所与,主要涉及感知层面的意义。广而言之,人对世界的把握和世界对人所呈现的意义,往往在更普遍的维度表现出二重性:作为意义主体的人,既是特定的个体,又是社会(类)中的成员,前者使之具有金岳霖所说的"个体观",由此呈现的对象意义,每每展示出个体的差异;后者则赋予人以"类观",与之相联系的意义呈现,相应地包含普遍的内涵。在人与世界的关联中,感知具有初始的、直接的性质,感知过程中"个体观"与"类观"的交融,同时也从本原的层面,规定了意义呈现中个体性与普遍性、相对性与确定性的统一。从另一方面看,意义的相对性,常常与具有不同知识背景、价值立场的主体对存在的不同理解、体验相联系。然而,存在与人的知、行过程的关系并不仅仅以相对性为品格,它同时也具有普遍的、确定的一面,后者同时制约着形成于这一过程的意义,并使意义无论在理解—认知的层面,抑或目的—价值的层面,都不同程度地呈现其普遍性、确定性。以理解而言,数学的公式、符号对于缺乏数学知识的特定个体而言固然没有意义,但这些符号与公式在具有数学知识的人之中,却呈现普遍的意义。同样,在价值关系上,一定时期某种历史现象对于具有不同价值立场的具体个体而言诚然呈现不同的价值意义,但我们仍可以通过考察这种现象与人类走向自由这一总的历史趋向之间的关系,评价其内在意义,这一视域中的意义已超越了特定个体的价值立场,具有普遍的性质。

---

① 参见金岳霖:《知识论》,商务印书馆,1983 年,第 472—476 页。

作为意义的二重基本形态,与理解—认知相联系的意义和与目的—价值相联系的意义并不是以互不相关的形式存在。成己与成物以认识自己与认识世界为题中之义,后者表现为广义的认识过程,而在广义的认识过程中,认知与评价无法彼此相分。认知与评价的相关性,也从一个方面规定了理解—认知层面的意义与目的—价值层面的意义之间的关联。以审美领域音乐的欣赏而言,旋律、乐曲对某一个体是否呈现审美的意义,与个体是否具有欣赏音乐的能力相联系,"对于没有音乐感的耳朵说来,最美的音乐也毫无意义"①。所谓有"音乐感的耳朵"或具有欣赏音乐的能力,便包含对音乐的理解。然而,另一方面,审美的过程(包括音乐的欣赏)又与人的审美趣味相联系,后者更多地涉及价值意义。孔子曾闻韶乐而三月不知肉味,之所以如此,是因为韶乐合乎其审美的价值标准。与此同时,孔子又一再要求"放郑声",后者源于郑声与其审美价值标准的冲突。不难注意到,韶乐与郑声这两种音乐对孔子所呈现的,是不同的审美意义,这种不同既涉及对二者的理解,也关乎内在的价值立场,而意义的理解之维与意义的价值之维在这里则彼此交融。

　　在神秘主义那里,以上关联也以独特的方式得到了体现。神秘主义以拒斥分析性的知识、强调不可分的统一等为特点,②它所追求的,首先是个体性的体验、领悟、感受,后者同时构成了其意义之域。从外在的方面看,神秘主义的这一类体验、领悟、感受似乎超乎理解,其意义也仿佛缺乏认知的内容。如何看待以上视域中的"意义"? 这一问题可以从两重角度加以考察。首先,被神秘主义归入知识领域

---

① 〔德〕马克思:《1844 年经济学哲学手稿》,人民出版社,1985 年,第 82 页。

② 参见 Bertrand Russel, *Mysticism and Logic*, Doubleday & Company, Inc., 1957, pp.8－11。

之外或不可理解的现象,本身可以成为解释的对象:宗教之域的神秘体验,可以作为广义的宗教经验加以研究和解释,形而上学的大全、一体等观念,则可以成为哲学分析的对象,如此等等。在以上解释过程中,神秘主义以及它所关注的各种现象不仅可以用合乎逻辑的形式加以表述,而且也同时作为一种独特的解释对象而获得了认知内容。另一方面,从神秘主义者自身的体验过程看,他们所具有的独特体验,常常与他们的精神追求、终极关切相联系,而当这种体验能够满足以上精神需要时,呈现神秘主义形式的体验本身便对他们展示出某种意义。如果说,在前一种背景(以神秘主义为考察对象)下,神秘主义蕴含了某种理解——认知层面的意义,那么,在后一种情况(以神秘主义者自身体验为指向)下,神秘主义则更多地呈现了目的——价值层面的意义。作为相互关联的两个方面,以上二者每每同时渗入于同一神秘主义系统之中。

中国哲学对"象"的理解,更具体地展示了意义的理解之维与意义的价值之维的相关性。"象"的思想首先体现于《易经》:在《易经》的卦象中,"象"的观念便得到了较为集中的表达。以爻的组合为形式,卦象表现为一种符号。作为符号,卦象既包含多方面的涵义,又有自身的特点,并在不同的层面体现双重品格:一方面,卦象有形有象,不同于一般的抽象概念而呈现为特定的感性形态,另一方面,它又以普遍的方式表征不同的存在,并通过综合的形态(易)"弥纶天地之道"①;一方面,卦象指向并象征具体的事与物,所谓"拟诸形容,象其物宜,是故谓之象",另一方面,它又内含义与理,并被规定为表示普遍之意的符号形式,所谓"圣人立象以尽意"②;一方面,卦象由爻所

————————————

① 《易传·系辞上》。
② 同上。

构成,而爻的数、位都按一定的秩序排列,从而,卦象也都具有相对的确定性;另一方面,通过改变卦象中的任何一个爻或爻位,卦象本身便可以转换(由某一卦象转换为另一卦象),从而,卦象也呈现流动性或可变动性;一方面,卦象作为一种由爻构成的特定符号,不同于一般的语言,另一方面,它又与语言紧密相关:不仅每一卦名通过语言而表示,而且对卦象中各爻的说明(爻辞),也总是借助语言而展开。要而言之,作为内含意义的符号系统,以卦象为形式的"象"在总体上表现为特殊与普遍、形象与观念、静与动、语言与非语言的统一。如果由此作更内在的考察,便可进一步注意到,在以上统一之后,内含着更深层的意蕴。《易经》本与占卜相关,占卜则涉及人的行为与对象世界的关系(包括对行为结果的预测)。对《易经》而言,卦象总是关联外部世界,并表征着不同的事与物:"变化者,进退之象也,刚柔者,昼夜之象也。"①这里所说的"变化"意谓爻象的变化,"进退"则指自然与社会领域的变迁,"刚"与"柔"分别表示阳爻(刚)与阴爻(柔),昼夜则是自然的现象。然而,另一方面,与人的行为相联系,卦象又关乎吉凶:"圣人设卦观象系辞焉,而明吉凶。"②吉凶属价值领域的现象:"吉"与"凶"分别表示正面或肯定性的价值与负面或否定性的价值;以象明吉凶,意味着赋予卦象以价值的意义。如果说,对自然和社会现象的表征包含着认知—理解层面的内容,那么,明吉凶所展示的则是价值意蕴,这样,《易经》中的"象"作为符号系统便既包含认知—理解之维的意义,也渗入了目的—价值之维的意义。不难看到,"象"所内含的二重维度,从一个具体的方面表明,认知—理解之维的意义与目的—价值之维的意义在人的知、行过程中无法截然分离。

---

① 《易传·系辞上》。
② 同上。

从更深层的视域看,作为成己与成物的实质内容,认识世界与认识自己、改变世界与改变自己的过程既包含对世界与人自身的理解,也与价值意义的实现相联系。如前所述,理解或认知之维的意义,首先与"是什么"的问题相联系,"是什么"的具体内容涉及事物的规定和性质、事物之间的关系、符号的内涵,等等。价值层面的意义所追问的,则是"意味着什么",作为价值的问题,"意味着什么"的具体内容涉及广义上的利与害、善与恶、美与丑,等等。宽泛而言,"是什么"的问题本于实然,"意味着什么"的问题则往往引向当然,而在成就自我(成己)与成就世界(成物)的过程中,实然与当然无法彼此分离。按其实质的内容,成己与成物既以基于实然而形成当然为指向(现实所提供的可能与人的价值目的相结合而形成理想),又展开为一个化当然(理想)为实然(现实)的过程,当然或理想既体现了人的需要和目的,又以现实的存在(实然)为根据。同时,自我的成就与世界的变革不仅涉及"应当"(应当做什么),而且关联着"如何"(如何做)。如果说,作为发展目标的"应当"更多地体现了价值的要求,那么,与实践的具体展开相联系的"如何"则离不开对现实存在形态的理解和认知。不难看到,以成就自我(成己)与成就世界(成物)为指向,"是什么"与"意味着什么"、"应当"与"如何"呈现了内在的相关性。"是什么"展示的是理解—认知层面的意义,"意味着什么"所蕴含的,则是目的—价值层面的意义,正是实践过程中以上方面的彼此相关,构成了意义的理解之维与价值之维相互关联的现实根据。

二　符号、价值与意义

以理解—认知之维与目的—价值之维为具体内容,意义有不同的表现形态。在理解这一层面,意义首先与广义的符号相联系,并以符号的涵义为其存在形态;在价值的层面,意义则内在于人化的存在之中,并以观念形态的意义世界和现实形态的意义世界为主要的表现形式。

宽泛而言,符号可以区分为语言与非语言二重形式,从理解的层面看,语言显然具有更基本的性质。也许正是有见于此,杜威认为:"语言是抚育一切意义的母亲。"①关于何为语言的意义这一问题,存在着不同的看法,这些不同的看法,在某种意义上体现了语言意义本身的多方面性。从词源上看,西语中涉及言说的词往往与照亮、显示等相联系。约翰·麦奎利曾对此作了追溯:"希腊语的'说'(*phemi*)与'显示'、'照亮'(*phaino*)有联系,所以与'光'(*phos*)也有联系。拉丁语的'说'(*dicere*)与希腊语的 *deknumi* 和德语的 *zeigen* 同源,都有'显示'的意思,而这三个词都可以追溯到古印欧语系的词根 *di*,它表示'光亮'或'照耀'。"②显示、照亮,意味着从人的视域之外进入人的视域之中,在此意义上,语言的运用与认识世界的过程无疑具有一致性。

语言的出现与人的知、行过程无法分离。历史地看,正是人的知、行过程的演进和展开,为语言的形成和发展提供了动力和本原。对语言意义的考察,不能离开这一基本事实。以人的知、行过程为本,语言的作用具体表现为描述(description)、表达(expression)、规定(prescription)。③

---

① 〔美〕杜威:《经验与自然》,傅统先译,江苏教育出版社,2005年,第121页。

② 〔英〕约翰·麦奎利:《神学的语言与逻辑》,钟庆译,四川人民出版社,1992年,第54—55页。

③ 从更广的视域看,语言的作用还包括激发(stimulation),其特点在于启迪或引发某种思维或意识活动,这种激发可以体现于认识之域(触发直觉、想象、洞见等),也可以表现在道德实践、审美活动之中(唤起道德意识或引发审美经验)。奥格登与理查兹所谓语词可以"引起某种情感和态度"(参见后文),也涉及语言的这种激发作用。当然,从语言的运用方式来看,其特点则主要展开于上述三个方面(描述、表达、规定)。事实上,其中语言的每一种运用方式,都可能在现实的交往过程中形成某种激发作用。

描述以事物的自身规定为指向,在这一层面,语言的意义体现于如其所是地把握实然,在诸如"这是一棵树"的简单描述中,已经蕴含了语言的如上意义。表达以人的内在观念、态度、意愿、情感等为内容,这一层面的语言意义渗入了对已然(包括既成的现象和行为)的态度和立场,在"这棵树真美"这一类的表达中,即已渗入语言的此种意义。规定则既基于实然与已然,又以实然与已然的改变为目标,与之相关的意义包含着应然的要求,在类似"这棵树应当保护"(不准砍伐)这样的规定中,语言的以上意义便得到了具体的展示。如果说,描述与"是什么"的追问具有逻辑的联系、表达更直接地关乎"意味着什么",那么,规定则涉及"应当成为什么"。不难注意到,语言的如上意义与"意义"的本原形态具有内在的联系,二者都植根于世界之"在"与人的存在过程。

就语词而言,其意义首先涉及指称或所指,如"泰山"这一语词的意义,就在于它所指称的相关对象(泰山)。尽管不能将语言的意义仅仅归结为指称,也不能把语词与所指的关系理解为简单的对应关系,但以指称或所指规定语词的意义,无疑从一个方面折射了语言与现实之间的联系。这里我们需要区分语词对所指的直接指称与间接指称。当我们以"书"指称书架上某一本书时,我们所指称的这本书首先呈现为某种为直观所及的特定的形态,如精装(或平装)、一定的厚度等,而以上语境中"书"这一词直接指向的,也是该书的以上直观特征。但同时,上述对象(那本特定的"书")同时又包含书之为书的其他规定,如一定数量的文字、论述某种思想或学说,等等,这些规定虽然非直观所及,却构成了该书内在具有的规定;当我们用"书"指称该对象时,"书"这一语词同时也以间接的方式,指称了以上所有相关规定。如果说,与直接指称相联系的语词意义呈现直接的形态,那么,间接指称下的语词意义,则具有间接的性质。语词的直接指称与间接指称以及与之相应的直接意义与间接意义，从不同的方面表现了语词意义与对象的联系，并为语词和概念具体地把握现实对象提供了可能。①

当然，语词与对象的以上关系，并不意味着凡语词都必然指称或表示现实的存在，名与实在之间也可以具有某种距离，人们常常列举的"飞马"、"金山"，便似乎没有直接对应的指称对象。但这并不表明语词缺乏现实的根据。就词的构成而言，"飞马"、"金山"是对"飞（翼）"与"马"、"金"与"山"的组合，分别地看，"飞（翼）"与"马"、"金"与"山"都是现实地存在，从而，尽管"飞马"、"金山"之名无实际的对应物，但其形成显然并非完全与现实存在无涉。广而言之，"飞马"、"金山"同时也表示了事物可能的存在方式：它们不同于"黑的白"、"方的圆"之类的表述，不涉及逻辑矛盾，从逻辑上说，凡不包含逻辑矛盾者，都属可能的存在。可能世界的涵义较现实更广（在逻辑上，现实存在只是可能世界的一种形态），与可能的存在形态相应，"飞马"、"金山"等名亦有其广义的本体论根据。

语言的意义不仅体现于语词和所指关系，而且关乎达到所指的方式，后者同时也就是被表达事物的给定方式。如所周知，弗雷格曾区分了指称与涵义，指称以语言符号的所指为内容，涵义则体现于这种所指（对象）的符号表达方式。同一个所指，往往可以由不同的语

---

① 从理论上看，确认语词的间接指称意义，同时有助于回应怀疑论的责难。怀疑论往往根据语词涵义的有限性与对象规定的丰富性之间的差异，对语词以及概念能否有效指称对象提出质疑。如庄子便认为："可以言论者，物之粗也；可以意致者，物之精也。言之所不能论，意之所不能察致者，不期精粗焉。"（《庄子·秋水》）依此，则语词所及，仅为物之"粗"（外在的规定），"不期精粗"者，则非语词所能把握。这一看法的内在问题，在于仅仅肯定语词的直接指称，而未能充分注意语词的间接指称功能及其意义。

言符号来表达,从而,其指称相同,但涵义却可以不一样。如"晨星"与"暮星"的指称相同(都指金星),但作为表达同一对象的不同符号,其涵义则彼此相异。如果说,指称首先指向语言符号(语词)与对象的认识关系,那么,涵义则更多地涉及人把握或表达对象的方式。前者所侧重的问题是人用语言符号把握了什么,后者所关联的问题,则是人以何种符号形式或以何种表达方式来把握对象。

通过指称以把握对象,体现的主要是语言的描述性功能。如前所述,在描述对象的同时,语言的作用还体现于人自身(自我)的表达。这里所说的表达,涉及情感、意愿、态度、立场,等等。奥格登与理查兹曾区分了语词的符号用法与语词的情感用法。语词的符号用法表现为陈述,语词的情感用法则主要在于"表达或引起某种情感和态度"。① 所谓"引起",可以视为自我的"表达"在倾听者之中所产生的结果,在此意义上,"表达"构成了语词的情感用法之更基本的方面。以表达为形式,语言的意义更多地与内在意向的外在展现相联系。当人的情感、意愿、态度、立场仅仅以内在意向为存在形态时,往往无法为人所理解或为人所知,然而,在它们被语言表达出来后,便获得了可以理解的形式,而从语言的层面看,这些情感、意愿、态度、立场,等等,便构成了语言形式所蕴含的意义。

当然,表达侧重于内在意向的展现,并不意味着它与描述所涉及的事实完全无关。对这一点,一些哲学家似乎未能予以充分的关注。以道德哲学中的情感主义而言,他们在指出道德语言具有表达意义的同时,往往忽视了这种语言蕴含的另一方面意义。如艾耶尔便认

---

① C.K. Ogden and I. A. Richards, *The Meaning of Meaning: A Study of the Influence of Language upon Thought and of the Science of Symbolism*, Routledge & Paul Ltd, 1952, p.149.

为,当我说某种行为是对的或错的时,"我仅仅是表达了某种道德情感",例如,当我说"你偷钱是错的"时,我不过是以一种特别的愤怒声调,表达了对"你偷了钱"那一行为的态度。① 在以上看法中,道德语言的表达意义与描述意义似乎完全彼此排斥。事实上,"你偷钱的行为是错的"这一语句尽管首先表达了言说者的态度与立场,但其中也包含某种描述内容。首先,作为评价对象的"你偷钱"这一行为是已经发生的事实,它相应地表明了上述语句的事实指向性。同时,将"偷钱"与"错"联系起来(以"错"这一谓词来规定"偷钱"的行为),也并非如艾耶尔所说的,是单纯的情感表达或特殊的语气,而是对一定历史时期制度事实的确认(偷钱具有不正当的性质,是一定财产关系和财产所有制中的一种社会化、制度化的事实),艾耶尔将以上语句仅仅视为情感的宣泄,既忽视了语言运用的具体社会历史背景,也对语言的描述意义与表达意义作了不适当的分离。

表达与指称或描述的以上联系同时也表明,它无法完全撇开现实的内容。事实上,当人们以表达的方式展示自己的情感、意愿、态度、立场时,这些表达形式总是具有现实的指向性,并内在地渗入了对相关存在的看法,这种看法首先涉及评价。情感、意愿、态度、立场以爱憎或悲欢、认同或拒斥、向往或抵制、赞成或反对等为具体的内容,而在这些意向与态度的背后,则是对相关对象的价值评价:喜爱、认同、向往、赞成与憎恨、拒斥、抵制、反对分别以确认相关对象的正面价值性质或负面价值性质为前提。从语言的表达形式看,评价所指向的,是人的需要、目的与相关对象的关系,其意义具体展现为"意味着什么"。相应于表达与指称(或描述)的如上联系,评价意义上的

① 参见 A. J. Ayer, *Language*, *Truth*, *and Logic*, Dover Publication, 1952, pp.107–108。

"意味着什么"与认知意义上的"是什么",并非彼此隔绝。中国哲学很早已注意到这一点,《吕氏春秋》便曾对名言的特点作了如下概述:"言尽理而得失利害定矣。"①这里的"尽理"属认知之域,"得失利害"则是评价层面的内容。在《吕氏春秋》看来,名言在认知意义上"尽理"的同时,也涉及对"得失利害"等价值规定的评价。

评价与规范往往难以相分:语言的评价意义与规范意义存在着内在的相关性。当我们以评价的方式确认某种存在形态或行为是好的或具有正面的价值意义时,这种确认同时也意味着我们应当选择相关的行为或达到相关的存在形态。奥斯汀提出"以言行事"、黑尔(Hare)肯定道德语言对行为的指导意义,等等,已从不同的方面注意到语言的规范作用。相对于描述和表达,语言的以上规范性,体现的是前文所说的规定功能。以"应当成为什么"的追问为指向,语言在现实生活中的规定或规范意义,在更深的层面涉及对世界的变革。孔子曾提出了正名之说:"名不正则言不顺,言不顺则事不成,事不成则礼乐不兴。"②这里的"名",是指与某种体制或规范系统相联系的名称,正名,则要求行为方式合乎"名"所表示的体制及规范系统。同一意义上的所谓"君君、臣臣、父父、子子"③,便是指君、臣、父、子都应遵循相关名称所体现的规范。值得注意的是,孔子将这一正名的过程与"成事"及"兴礼乐"联系起来。"事"泛指人的实践活动,"礼乐"则包括政治、文化的制度,通过正名而达到"成事"、"兴礼乐",相应地意味着肯定"名"在政治文化体制建构中的作用。在相近的意义上,《易传》强调:"鼓天下之动者存乎辞。"④"辞"以名言为其形式,认为

---

① 《吕氏春秋·开春》。
② 《论语·子路》。
③ 《论语·颜渊》。
④ 《易传·系辞上》。

"辞"可以"鼓天下之动",同时也蕴含着对名言作用的肯定。王夫之对此作了进一步的解释和发挥:"辞,所以显器而鼓天下之动,使勉于治器也。"①"显器",侧重于对实然或外部世界的描述和说明,"治器",则意味着从"当然"出发来规定、变革外部世界。以辞"显器"与以辞"治器"的统一,在不同层面上涉及了名言与现实的关系。不难看到,语言的以上规定或规范意义,进一步将语言与人的实践活动联系起来。

莫里斯在研究指号(sign)意义时,曾区分了语义学(semantics)、语用学(pragmatics)和语形学(syntactics)。语义学研究的是指号与指号所涉及的对象之间的关系,语用学研究的是指号和解释者之间的关系,语形学研究的则是不同指号之间的关系。② 莫里斯所说的指号包括语言,从语言的层面看,以上区分无疑注意到了语言意义的不同侧面,并为语言意义的研究展示了多重维度。不过,它同时似乎又表现了一种趋向,即把语义、语形与人分离开来,仅仅在语用的层面,肯定语言意义与人的关联。而且,即使在这一层面,也单纯地从解释的角度规定意义与人的关系。事实上,就其现实形态而言,无论在语用的层面,抑或语形或语义之维,语言意义的生成,都无法离开人的知、行过程。诚然,从语义看,语言符号的内涵涉及符号与对象的关系,同时,以不同的名分别地把握不同的对象,也有其本体论的根据:通过不同的名将对象区分开来,从而超越混沌的形态,是以对象之间本身存在内在的差异为前提的;唯有事物本身具有可分性,以名辨物才成为可能。然而,以何种符号来指称或表示对象,则

① 王夫之:《周易外传》卷五,《船山全书》第 1 册,岳麓书社,1996 年,第 1029 页。

② 参见 Charles Morris, *Foundation of the Theory of Signs*, University of Chicago Press, 1938。

是在变革世界(成物)与变革自我(成己)的历史过程中约定的。同时,也正是在这一过程的历史展开中,语言符号与所指对象的关系逐渐确定化、稳定化,并取得了巴尔特所谓"自然化"的性质。① 在这里,语义的生成显然不仅仅涉及符号与对象的关系,而是具体展开为符号、对象与人的知、行过程之间的互动。进而言之,符号与它所指称的对象之间的联系,本身也是在人的知、行过程中建立起来的。就语言符号之间的关系(语形之维)而言,其意义诚然首先涉及与指称相对的涵义,然而,从实质的层面看,语言符号在涵义上的差异,与人的存在同样难以分离。以前文提及的"暮星"与"晨星"来说,二者涵义的差异,唯有对作为"类"的人及其活动才有意义:同一对象(金星)之获得"晨星"和"暮星"的不同涵义,在相当程度上乃是基于人的生活实践,包括人类在相当长的历史时期中日出(晨)而作、日入(暮)而息的劳动和生活方式。最后,语言符号和解释者之间的关系(语用之维),更直接地表现了语言意义与人的不可分离性。当然,二者的这种相关,并不仅仅囿于解释,事实上,解释本身总是发生、展开于更广意义上的知、行过程,并以人与世界在不同条件下的交互作用为具体背景。当后期维特根斯坦肯定语词的意义在于运用时,他无疑也注意到了语言符号的意义与人的生活、实践过程之间的联系。

以上所讨论的语言符号首先涉及语词。从认识论上看,单纯的语词往往无法表示知识,如仅仅说出"马",并不表明获得了具体的知识,唯有形成"这是马"或"马是动物"等陈述,才意味着对事物有所知。维特根斯坦已明确肯定了这一点:"只有命题才有意义;只有在

---

① 〔法〕罗兰·巴尔特:《符号学原理》,王东亮等译,生活·读书·新知三联书店,1999 年,第 42 页。

命题的前后联系中,名称才有意义。"①在语言形式上,命题或判断具体表现为语句或句子。语词往往以"分"、"定"为特点,语句则将不同的词联结起来;语词所指称的是不同的对象,而作为语句内涵的命题则指向对象之间或观念之间的联系。与语词的意义有其现实的根据一样,语句所蕴含的语词联结,也只有本于现实的关系,才能获得真实的意义,而从根本上说,这种现实的关系又是在变革世界(成物)与变革自我(成己)的过程中呈现、敞开和形成的。同时,语句的意义表现为命题,与同一所指可以用不同的语词表示一样,命题也可以由不同的语句来表达。弗雷格已注意到,相对于命题,语句往往有各种附加的成分,这种附加包括情感、态度,等等,语句的这种附加使语句意义的呈现变得更为复杂。就其略去了各种外在的附加而言,命题似乎可以视为语句的逻辑抽象,与之相对,语句则表现为命题的现实存在形态:离开了语句,命题便无法表达。作为思想及意义实际的存在方式,语句的情感、态度等附加同时也表明,在现实形态上,语言意义的生成、理解,与人的存在及其活动难以分离。

语词和语句都属广义的语言符号。与语言符号相对的是非语言符号,后者又可以区分为人工符号与非人工符号。人工符号是人直接创造的符号,语言在广义上也可归入人工符号。从非语言的层面看,人工符号涉及更宽泛的领域,从交通信号到电码、化学符号,从体态或身姿符号(所谓"肢体语言",如面部表情、手势等)、艺术符号(如绘画、雕塑、音乐、舞蹈等)到建筑符号,等等,人工符号涵盖人类认识和实践活动的各个方面。从其起源看,不同形式的人工符号最

---

① 维特根斯坦:《逻辑哲学论》3·3,商务印书馆,1985 年,第 32 页,译文据英译本作了改动。参见 L. Wittgenstein, *Tractatus Logico-Philosophicus*, Translated by C.K. Ogden, Dover Publication, Inc., 1999, p.39。

终产生于认识世界与认识自己、变革世界与成就自我的历史过程,其意义也生成于这一过程。以交通信号而言,作为保证道路畅通、维护城市交通秩序的手段,它是交通工具、城市道路发展到一定历史阶段的产物,对其符号意义(如红灯意味着停止行驶或行走,绿灯意味着可以行驶或行走)的理解,则以教育、生活实践为其前提。

人工符号之外,尚有非人工符号,这种非人工符号也可以视为自然符号。月晕而风,础润而雨,这里的"月晕"(月球周围出现光环)、"础润"(基石润湿),便是一种自然的符号,二者的意义分别与"起风"、"下雨"相联系。又如通常所说的"一叶知秋",它所涉及的是"一叶"与"秋天"的关系,其中的"一叶"作为秋天的象征,也表现为一种自然的符号。此外,因火而起的"烟"、作为疾病征兆的体温,等等,都属自然的符号。除了这些较为简单的符号形态外,还有更为复杂的自然符号,如化石。作为远古生物的表征,化石不同于文物,文物作为人的创造物可以视为人工符号,化石则是表示古生物的自然符号。在引申的意义上,自然符号还包括具有象征作用的自然物,如雪往往被视为象征纯洁的自然符号,花作为自然符号则常常表征美。

从形式的层面看,自然符号似乎仅仅展现为自然对象之间的关系,无论是月与风、础(基石)与雨,抑或树叶与秋天、化石与古生物,相关的两个方面首先都表现为自然的存在。这是不是表明自然符号的意义与人无涉,从而完全是"自然"的?回答显然是否定的。就自然对象本身而言,其间固然也存在种种的关系,但这种关系首先具有自在的性质。自然对象之呈现为有意义的符号,与人的知、行过程以及与之相关的理解和解释难以分离。就上文提及的月与风、础(基石)与雨,以及树叶与秋天、化石与古生物等关系而言,这里无疑内含着自然层面的因果之维:月晕是因光线折射于高空中的卷云或卷层云的冰晶而形成的,月晕的出现,表明天空出现卷云或卷层云,后者与风的形成又有某种联系;础润意味着空气的湿度较大,而空气湿度的增加与降雨则存在着因果关联。同样,树叶的泛黄或飘落,与秋天的气候条件之间也具有因果的关系,古生物化石则由古生物体与地质环境、气候等的交互作用而形成。然而,当带光环的月球(月晕)、潮湿的基石(础润)、泛黄或飘落的树叶、生物化石作为有意义的自然符号而呈现时,它们与它们所表征的现象之间,已不仅仅限于自然层面的因果关系,而是同时进入人与对象之间的认识或解释关系。作为单纯的自然对象,带光环之月、湿润之石本身只是存在着的自然之物或发生着的自然现象,并没有处于意义的领域;正是人的知、行过程,将自然的对象引入了意义的领域,并使之成为有意义的符号。不难看到,在上述自然符号与它们所表示的现象或事物之间,事实上已渗入了某种推论、解释关系:月晕之提示风、础润之预告雨、化石之表征古生物,等等,这些意义关系的形成,都涉及认识层面的推论和解释。离开了人的知、行过程以及与之相联系的推论、解释,自然符号的意义便既难以生成,也无法理解。

自然符号意义的生成与人的知、行过程的相关性,在自然符号与语言的联系中得到了进一步的展示。如前所述,符号在广义上可以区分为语言符号与非语言符号,而在二者之中,语言符号又构成了更基本的方面。事实上,以非语言形式存在的符号,其意义往往要通过语言才能呈现和理解。巴尔特已注意到了这一点,在他看来,"感知某物所要表达的意义,不可避免地要借助语言的分解",因为"所有的符号系统都与语言纠缠不清"。① 在非语言的人工符号系统中,符号常常只有在翻译或转换为语言之后,才成为有意义的符号,并获得理

---

① 〔法〕罗兰·巴尔特:《符号学原理》,王东亮等译,生活·读书·新知三联书店,1999 年,前言第 2—3 页。

解。同样,自然符号意义的呈现和理解,也无法离开语言。不仅在月晕而风、础润而雨、化石对古生物的表征等具有推论关系的符号呈现中,语言构成了意义呈现与理解的条件,而且在诸如以花象征美、以雪象征纯洁等符号活动中,也内含着"花"、"雪"、"美"、"纯洁"等语言的运用。语言对自然符号的渗入,从另一方面表现了人把握世界的活动对于意义生成的本原性。

前文已论及,与符号相关的意义,主要指向理解。从理解这一层看,意义的形成与呈现在逻辑上基于存在的可理解性。存在的可理解性涉及其根据或原因:事物的存在若无根据或原因,便无法理解。上述之点既包含本体论的内涵,也具有认识论的意义:从本体论上说,任何事物的存在都有其根据或原因;就认识论而言,对事物的理解以事物的根据或原因所提供的可理解性为前提。海德格尔曾将"无物无故(nothing is without reason)"规定为理性原理或理由律(the principle of reason),这里的"故"既是本体论意义上的原因或根据,又涉及推论和解释中的理由。按海德格尔之见,以上原理所说的是:"每一事物当且仅当被确定无疑地确立为可理解的认识对象时,它才能被认为是存在的。"①认识对象的确立涉及认识过程,"被认为存在"则包含着本体论的确认,二者的相关,意味着从本体论与认识论的交融中,将对象的理解与人的认识过程联系起来。要而言之,在本体论的层面,不存在"无缘无故"的事物;就认识论而言,事物若"无缘无故",则无法理解。从意义的理解向度看,理性原理或理由律无疑为意义的生成提供了本体论和认识论的根据。戴维森(Davidson)在谈到行动的构成及行动的解释时,也涉及了以上问题。在他看来,

---

① 参见 M. Heidegger, *The Principle of Reason*, Indiana University Press, 1996, p.3, P.120。

"理由(reason)使行动理性化(rationalizes the action)。"①所谓行动的理性化,既指对行动的合理论证(justification),也意味着行动本身可以按理性的方式加以理解或解释。尽管戴维森在此并未以意义为直接的关注之点,但以上看法同时也从人的实践(行动)这一层面,肯定了意义的理解之维与理由的联系。

以上所论,主要是以符号的方式所呈现的意义,其内涵首先涉及理解和认知。相对于符号系统的意义所侧重的理解之维,与人的目的相联系的意义,更多地指向价值之域。如前所述,从成己与成物的目的性之维看,有意义与有价值具有一致性;与之相应,这一层面的意义形态和价值形态也无法分离。符号总是代表着其他事物,用胡塞尔的话来表述,即:"符号都是某种东西的符号。"②符号的这一特征,使其意义也往往指向自身(符号)之外。与之有所不同,价值层面的意义,则首先和人自身的存在相联系,并内在于人的存在过程之中。作为成己与成物过程的主体,人对价值意义的追求,同时也表现为一个自我肯定的过程。

宽泛而言,在价值领域,意义既可以表现为观念的形态,也可以通过人化实在的形态来呈现。在观念的层面,意义的内涵首先以真善美为内涵。真既与敞开真实的世界相联系,也体现于伦理实践的过程,前者通过提供真实的世界图景而展示了其价值的意义,后者则以形成真诚的德性为指向。善在广义上表现为价值理想的实现,其观念形态则既体现于道德理想,也展开为更广意义上变革世界的规范系统。美形成于人的本质力量的对象化过程,在合规律性与合目

① D. Davidson, *Essays on Actions and Events*, Clarendon Press, 1982, p.3.

② 〔德〕胡塞尔:《逻辑研究》第二卷,倪梁康译,上海译文出版社,1998年,第26页。

的性的统一中,审美的理想扬弃了自然的人化与人的自然化之间的张力,为人的价值创造提供了观念的引导,而其内在的价值意义也呈现于这一过程。

在成己与成物的过程中,世界意义的追问与人自身存在意义的关切总是相互关联。当人思考为何而在时,他所关切的也就是其自身的存在意义。与存在意义的自我追问相联系的,是不同形式的精神世界或精神境界。以内在的反思、体悟、感受等为形式,境界或精神世界所内含的意义不仅涉及对象,而且指向人自身之"在"。事实上,如后文将进一步论述的,在境界或精神世界中,较之外在对象的理解和把握,对人自身存在意义的思和悟,已开始成为更为主导的方面。就后者(对人自身存在意义的思和悟)而言,境界或精神世界的核心,集中体现于理想的追求与使命的意识。理想的追求以"人可以期望什么"或"人应当期望什么"为指向,使命的意识则展开为"人应当承担什么"的追问。以使命意识与责任意识为核心,人的境界在观念的层面体现了人之为人的本质规定,它同时也使观念层面的价值意义得到了内在的展现。

价值意义既通过评价活动在观念的层面得到体现,又基于广义的实践过程而外化于现实的存在领域或实在的世界。作为意义的外化或现实化,这种形成于知、行过程的存在领域同时可以视为价值意义的现实形态或外在形态。后者既涵盖为我之物,也以生活世界与社会体制等为其现实内容,这些存在形态在总体上可以视为广义的人化实在。

以人化实在的方式呈现的意义形态首先是相对于尚未进入知、行之域的存在而言。知、行领域之外的对象具有本然的性质,以人化实在为内容的意义形态则已打上了人的印记,表现为不同层面的为我之物。用中国哲学的概念来表述,本然之物也就是所谓"天之天",

作为外在于知行领域、尚未与人发生实际联系的存在形态,它既未在观念层面构成有意义的对象,也没有在实践的层面获得现实的意义。抽象地看,人与本然之物都属"存在",从而并非绝然分离,但当本然之物处于知行领域之外,从而尚未与人照面时,它与人的关系更多地呈现相分而非相合的形态。通过化自在之物为为我之物,人开始在本然世界之上打上自己的印记,而本然存在则由此获得了价值的意义。

可以看到,意义既涉及语言与非语言的符号,并以可理解性为其内涵,又与人的目的和理想相联系,并包含价值的意蕴。从现实的形态看,无论在符号之维,抑或价值之域,意义都既有相对确定的呈现形式,又内在于一定的系统并通过系统之中相关方面的彼此联系而形成具体规定。以语言而言,不同的语词无疑有其相对确定的涵义,然而,语词在实际的运用中,又并非孤立地呈现其意义,它总是与其他语词、语句彼此相关,并在这种关联中获得其具体内涵。进而言之,语词、语句所表达的概念、命题,也与一定理论系统中其他的概念、命题相互关联,其意义也唯有在这种联系中才能具体呈现并被把握,认识论及语言学中的整体论(holism)已注意到这一点。同样,价值之域中的观念、原则,等等,其意义的呈现,也无法离开一定的价值系统。历史地看,儒家在先秦已提出"仁"的观念,并以此为核心的价值原则。然而,要把握"仁"的内在意义,便不能仅仅限定于这一观念本身。事实上,在儒家那里,"仁"的观念同时涉及天与人、仁与礼、仁与孝悌等关系:就天人之辩而言,仁意味着肯定人具有不同于自然对象的内在价值;从仁与礼的关系看,仁既构成了礼的实质规定,又以礼为其外在形式;在仁与孝悌的关系上,仁展示了其伦理之源及根据(孝悌为仁之本),如此等等。正是通过以上价值系统,"仁"呈现了其多方面的意义,也唯有基于以上系统,才能理解"仁"的丰富内涵。意义之内在并呈现于一定的系统,与世界本身及人的知、行活动的多方面性难以分离：不妨说，意义的系统性或关系品格，便植根于存在自身的系统性及知行、过程的具体性。

就更广的视域而言，如前所述，理解层面的意义与价值之维的意义在变革世界（成物）与变革自我（成己）的过程中并非彼此分离，与之相联系，以符号形式展现的意义形态与具有价值内涵的意义形态，也呈现内在的相关性。一方面，无论是语言符号，抑或非语言符号，都往往包含着价值的意蕴，以语言而言，语词对人所具有的意味，语句的情感等负载，都渗入了价值的内涵，非语言的符号如国旗、文物、历史的建筑，等等，也都内含价值的意蕴。另一方面，价值形态所蕴含的意义也难以完全与符号相分离：以观念为形态的价值意义每每通过语言等形式表现出来，实在形态（人化实在）的价值意义，则常常取得表征人的本质力量的符号形式。同时，内含于价值形态的意义，其呈现也往往离不开理解，狄尔泰已指出了这一点："任何一种无法理解的东西，都不可能具有意义或者价值。"①就以上方面而言，意义的不同形态与意义本身一样，具有互融、交错的特点。事实上，同一意义形态（包括符号、观念系统、人化实在等），往往可以呈现不同的意义内涵：在认知关系中，其意义主要与可理解性相联系；在评价关系中，其意义则更多地包含价值内涵。作为成己与成物的相关方面，二者既有不同维度，又彼此交融。

三　二重趋向及其限度

以上考察表明，意义尽管有不同的维度和存在形态，但其生成和

① 〔德〕威廉·狄尔泰：《历史中的意义》，艾彦、逸飞译，中国城市出版社，2002年，第143页。

呈现都与成己、成物的过程难以分离。如何理解意义与人的这种联系？这一问题既涉及意义本身的"意义"，也关联着更广视域中人的存在意义，而在以上两个方面，都存在着不同的偏向。探究意义的意义，需要对此作进一步的考察。

意义的存在，与意义的呈现方式往往无法相分。然而，一些哲学家在讨论意义问题时，每每未能充分地关注意义的以上性质。对他们而言，意义似乎可以仅仅表现为对象的内在规定。在这方面，波兰尼的看法具有一定的代表性。在与泊劳斯切合著的《意义》（*Meaning*）一书中，波兰尼从不同的方面对意义作了考察。在他看来，不仅人，而且一切"有生命之物，不管是个体还是类，都指向意义"。① 进而言之，意义不仅是所有的生物所追求的对象，而且内在于我们所知的一切事物之中："我们有理由说，我们所知的一切事物都充满意义，而完全不是荒谬的，尽管我们有时未能把握这些意义。"② 根据以上理解，意义似乎构成了事物自在的规定：不管事物是否进入人的知、行之域，也无论这些事物是否已为人所把握，它们都有不变的意义。这一看法对意义生成与成己和成物过程之间的内在关联，显然未能给予充分的注意。事实上，对象固然有其自在的规定，然而，这种规定之获得意义的形式或以意义的方式呈现出来，总是无法离开认识世界与变革世界（成物）、认识自己与成就自我（成己）的过程：如前所述，事物之成为意义之域的存在，以事物进入知、行过程为前提。从理论上看，波兰尼强调意义的自在性，与扬弃意义主观性的要求相联系，这一点，从其如下所述中便不难看到："如果我们相信宇

① Michael Polanyi and Harry Prosch, *Meaning*, University of Chicago Press, 1975, p.178.

② Ibid., p.179.

宙之中存在着旨在达到意义的普遍运动,那么,我们就不会将人所获得的任何种类的意义仅仅归结为主观的或私人的。"①然而,尽管扬弃主观性不失为一种合理的意向,但试图通过意义的自在化和泛化来达到这一点,其进路显然又有自身的偏向。从实质的层面看,把意义理解为对象性的规定,意味着将意义从存在于知行过程的真实关系中抽象出来,从而使之失去现实的前提和基础。这种缺乏现实品格的"意义",显然很难说已经真正扬弃了主观性。尽管波兰尼在另一些场合也注意到了意义与人的存在之间的联系,②但他的以上看法无疑包含自身的问题。

与强调意义的自在性相对,另一些哲学系统将关注之点更多地指向意义与人的相关性。这里首先可以一提的是实用主义。在意义之域,实用主义的特点在于将意义问题与人的存在及其活动联系起来。在谈到事物的观念时,实用主义的早期代表人物皮尔士曾指出:"我们关于任何事物的观念就是我们关于它的可感知效果的观念。"③这里所说的"可感知效果",便涉及人的活动及其结果。皮尔士以"硬"这一有关事物属性的概念为例,对此作了解说:"我们称一事物为'硬',其意思是什么?显然,这是指它不会被其他东西划破。与其他的属性一样,这一属性的全部概念,就在于其可设想的效果。"④事物能否被划破,是通过人的活动而了解的,划破或不划破,则都表现

① Michael Polanyi and Harry Prosch, *Meaning*, University of Chicago Press, 1975, p.182.

② 如在谈到语言时,波兰尼便肯定了人对语言符号的整合、关注在语言意义生成中的作用。(参见 Michael Polanyi, *Knowing and Being: Essays by Michael Polanyi*, Edited by Marjorie Grene, The University of Chicago Press, 1969)

③ Charles S. Peirce, How to Make Our Ideas Clear, in *Charles S. Peirce Selected Writing*, Dover Publications, INC., 1958, p.124.

④ Ibid.

为人的活动的结果,而在皮尔士看来,"硬"这一概念的意义,便形成于这一过程。当然,在肯定意义源自人的存在及其活动的这一前提之下,实用主义的不同人物又有不同的理论侧重。相对于皮尔士之注重行动结果的可感知性,詹姆士和杜威似乎更突出意义与人的生活实践、生活需要的关联,以真理为例,其意义在詹姆士看来便在于能够提供"一种有价值的引导作用"①,这种作用首先便表现为对人的各种需要的满足。就其肯定意义与人的实践活动的联系而言,实用主义无疑扬弃了将意义视为自在或形态本然规定的观念。不过,在对意义作如上理解的过程中,实用主义似乎又过于囿于价值评价之维,对事实认知层面的意义则未能给予必要的关注。更进一步看,在"以人观之"的同时,实用主义对意义与现实世界之间的联系,往往也缺乏充分的把握。

从另一个方面对意义与人的相关性加以肯定的,是以伽达默尔为代表的哲学解释学。解释学所考察的,首先是理解问题。从宽泛的层面看,理解既涉及人的存在,也关乎文本的解释。以文本的解释而言,解释学强调意义并不是一种自在的系统,而是形成于文本、作者与读者(解释者)之间的互动,这种互动具体展开为读者与作者之间的对话:正是在发问与回应的过程中,文本的意义不断呈现并得到理解。这一看法既注意到不同主体的互动对理解过程的意义,又在确认解释者主导作用的同时,肯定了理解过程的创造性,避免了将意义仅仅归结为自在的、不变的对象。由突出意义的生成性,解释学又指出了解释的历史之维,并进一步将历史中的实在与历史理解中的实在沟通起来,把理解视为效果历史事件。伽达默尔对此作了如下

---

① 〔美〕威廉·詹姆士:《实用主义》,陈羽纶、孙瑞禾译,商务印书馆,1979年,第105页。

阐述:"真正的历史对象根本就不是对象,而是自己和他者的统一体,或一种关系,在这种关系中同时存在着历史的实在性以及历史理解的实在。一种名副其实的诠释学必须在理解本身中显示历史的实在性。因此我就把所需要的这样一种东西称之为'效果历史'(Wirkungsgeschichte)。理解按其本性乃是一种效果历史事件。"①这里既涉及理解与解释的历史性,又在强化"历史理解"的同时,将理解主体(解释者)的作用放在某种优先的地位:"效果历史"同时也是主体理解的产物。与此相联系,从文本的解释看,尽管解释学肯定了理解的对话性质,但在文本的具体解释中,对话往往既以解释者向文本和作者提出问题为形式,又展现为解释者自身在文本中寻找答案。作者作为对话的另一方,主要以所提供的文本参与对话,其自身则处于不在场的状态,后者使之在某种意义上表现为缺席的对话者。对话过程中这种实质上的不对称,也从另一个方面突出了理解者的主导性。同时,就对话本身而言,伽达默尔常常将其与游戏联系起来:"人与人之间的对话所具有的许多因素都指出了理解和游戏的一般结构",②而"游戏最突出的意义就是自我表现"。③ 相应于此,通过对话而理解文本,也具有自我理解的性质:"理解一个文本就是使自己在某种对话中理解自己。"④此外,解释学曾提出了文本理解中"视域融合",后者固然试图超越理解中的单向视界,达到读者与作者二重

---

① 〔德〕汉斯-格奥尔格·伽达默尔:《真理与方法》,洪汉鼎译,上海译文出版社,1992 年,第 384—385 页。

② 〔德〕汉斯-格奥尔格·伽达默尔:《哲学解释学》,夏镇平、宋建平译,上海译文出版社,1994 年,第 55 页。

③ 〔德〕汉斯-伽达默尔:《真理与方法》,洪汉鼎译,上海译文出版社,1992年,第 139 页。

④ 〔德〕汉斯-格奥尔格·伽达默尔:《哲学解释学》,夏镇平、宋建平译,上海译文出版社,1994 年,第 56 页。

视域的交融,但这种融合同时又以理解者的"前见"为前提,并在逻辑上首先基于解释者对作者和文本的同情理解。从以上方面看,解释学固然有见于意义理解的互动性、创造性和历史性,但又表现出某种过分强化主体(解释者)作用的倾向。

对主体作用的这种强化,在胡塞尔的现象学中表现得更为明显。就思想的流变而言,伽达默尔的解释学源头本身便可以追溯到胡塞尔的现象学。当然,胡塞尔的理论兴趣,首先与意向活动相联系。从注重意向性的基本立场出发,胡塞尔在《逻辑研究》中主要将意义与意识的赋予联系起来。以言说而言,其中包含告知的意向,但在胡塞尔看来,"只有当听者也理解说者的意向时,这种告知才成为可能。并且听者之所以能理解说者,是因为他把说者看作是一个人,这个人不只是在发出声音,而是在和他说话,因而这个人同时在进行着赋予意义的行为"①。广而言之,意之所向,按胡塞尔的理解也表现为一个意义赋予的过程,在这里,意义的形成与意向的活动呈现了某种一致性。到后期,胡塞尔将注意重心较多地放到了意识的构造活动。在现象学的论域中,意义涉及意识对象,而在胡塞尔看来,这种对象本身是被构成的:"在广义上,一个对象——'不论它是否是现实的'——是在某种意识关联体中'被构成的'。"②意识的这种构造以存在的悬置为逻辑前提:当对象的存在问题被悬置以后,其呈现便主要涉及意识本身的构造。与对象的被构造性相应的,是意义的被"规定"性:"在任何意向对象中和在它的必然中心中,都不可能失去统一点,即纯可规定的 X。没有'某物'又没有'规定的内容',也

---

① 〔德〕胡塞尔:《逻辑研究》第二卷,倪梁康译,上海译文出版社,1998 年,第 35 页。

② 〔德〕胡塞尔:《纯粹现象学通论》,〔荷〕舒曼编,李幼蒸译,商务印书馆,1992 年,第 327—328 页。

就没有'意义'。"①这里的 X，是指有待规定的"意义载体"，这一载体本来空无内容，它通过意识的规定而获得了内容，意义则由此而生成。对 X 的以上规定，具有某种综合的性质："纯粹自我目光射线在分化为多条射线时，达到成为综合统一体的 X。"②纯粹自我在胡塞尔那里也就是纯粹意识，与综合相联系的"规定"，则具有构造的性质。按照以上解释，意义主要便表现为意识或纯粹意识的构造物。尽管在胡塞尔那里，上述看法似乎同时包含意义与对象一致的观念，但如前所述，对象本身又被看作是意识关联体中的"被构成"物，因而意义与对象的一致，在总体上并没有超出意识构造之域。

与胡塞尔相近，卡西尔也对意义形成过程的构造之维予以了相当的关注。在哲学上，卡西尔以注重符号为特点，他曾将人定义为"符号的动物"。③ 作为新康德主义者，卡西尔同时又深受康德哲学的影响，而在康德哲学所内含的调节原理（regulative principle）与构造原理（constitutive principle）中，卡西尔更为侧重后者。由此出发，卡西尔反复地强调精神的创造作用。以"实在"而言，其意义在卡西尔看来便本于精神的这种创造。在《符号形式的哲学》中，卡西尔对此作了明确的阐述："只有通过精神的创造，我们才能看到我们所说的'实在'，也只有通过精神的创造，我们才能拥有实在：因为精神所能达到的最客观的真理，最终就在于它自身的活动形式。"④这里所说的精神创造，以精神的建构或构造为其实质的内涵，对卡西尔而言，实在或

---

① 〔德〕胡塞尔：《纯粹现象学通论》，〔荷〕舒曼编，李幼蒸译，商务印书馆，1992 年，第 318—319 页。

② 同上，第 319 页。

③ 〔德〕卡西尔：《人论》，甘阳译，上海译文出版社，2004 年，第 37 页。

④ Eenst Cassier, *The Philosophy of Symbolic Forms*, vol. I, Yale University Press, p.111.

世界的意义,即形成于精神自身的构造活动。类似的关系也存在于价值的领域。按卡西尔的看法,符号形式是意义表达和理解所以可能的条件,而符号形式本身又基于人的创造,作为价值领域之一的审美之域,便具体地表现了这一点:"在可感知的世界中,审美形式的概念之所以可能,只是因为我们自己创造了符号的基本要素。"①要而言之,人通过创造符号形式而构造意义。

较之仅仅将意义视为对象的自在规定,胡塞尔与卡西尔对意义的以上理解,无疑既注意到了意义与人的关联,也有见于人的意识和精神活动在意义形成中的作用。就意义的生成过程而言,确实不难看到意义赋予和意义构造的活动:宽泛而言,意向性是事物呈现所以可能的前提,意之不在,对事物往往视而不见、听而不闻,事物本身则因之而无法向人呈现。从符号的层面看,对象之获得相关意义,以进入人的知行之域为前提,在这一过程中,不仅意义的形成与表达,而且意义的理解,都包含着人的创造性活动。同样,与目的指向相联系的价值意义,其生成也离不开成就自我与成就世界的过程:价值意义的形成和展示,与人的评价活动及实践层面的价值创造无法相分。然而,另一方面,知、行过程中事物的呈现又赋予意向性活动以现实的内容,从而使之不同于空泛的意识之流而具有实质的指向。② 以人

---

① Eenst Cassier, *The Philosophy of Symbolic Forms*, vol. I, Yale University Press, p.88.

② 布伦坦诺在谈到意向性(intention)时曾指出,意向的特点在于"指涉内容(reference to content)、指向对象(direction to an object)"。广而言之,"每一种精神现象都将某种东西作为对象包含于自身。在表述中,有某种东西被表述;在判断中,有某种东西被肯定或否定;在爱中,有被爱者;在恨中,有被恨者;在欲望中,有欲望指向的对象;如此等等。"(F. Brentano, *Psychology from an Empirical Standpoint*, Translated by C Rancurello, D. B. Terrell, and Linda. C. McAlister, Humanities Press, 1973, p.88)这里已注意到意向总是涉及相关的内容和对象,而非空洞无物的意识之流。

与存在的现实关系为本体论和认识论的前提,人将事物理解为什么与事物对人呈现为什么,往往具有彼此交错的特点。胡塞尔的意义赋予说和意义构造论以及卡西尔的精神创造说在肯定意义生成过程中人的作用的同时,似乎又忽视了意义的现实根据。这不仅在于他们将意义的生成主要限定于意识或精神的活动,而未能关注更广意义上的实践过程,而且表现在对存在的悬置(胡塞尔)和实在的抽象化(卡西尔),这种悬置与抽象化多少将意义理解为人的单向赋予或构造的产物,并使意义的生成远离了现实的世界而仅仅面对"被构成"或被"创造"的对象。①

以意义为对象的自在规定与仅仅将意义建立于人的评价、自我理解或意识构造之上,表现了对意义理解的二重偏向。从理论上看,前者忽视了意义的生成与人的认识和实践活动之间的关系,后者则将意义的生成主要限定于主体之域和意识的层面,对其现实根据未能予以充分关注。事实上,在知、行过程的历史展开中,事物的呈现与意义的赋予、事实的认知与价值的评价、对象的存在与人的创造活动总是彼此相关,从符号—理解层面的指称,到价值之域的评价,从认识世界和认识自我到变革世界与变革自我,意义的生成过程都基于人与对象的现实联系和历史互动。以单向度的视域规定意义,显然无法达到对意义的真实理解。

四 意义的承诺与意义生成的开放性

从逻辑上看,意义的自在论与意义的构造论尽管对意义的理解各有所偏,但在承诺和确认意义这一点上又有相通之处:它们对意义

---

① 胡塞尔晚年提出的生活世界理论,对以上偏向似乎有所扬弃。

的解释,都以肯定意义的存在为前提。这里的意义既包括理解之维,也关涉价值之域。与之相对的另一种立场,是对意义的消解和否定。在解构主义、后现代主义以及各种形式的虚无主义那里,便不难看到后一趋向。

就现代思想的演进而言,在反本质主义、解构逻各斯中心、告别理性①等旗帜下,对理性的贬抑以及对意义追求的质疑似乎已浸浸然成为一种时代思潮。与之相随的是意义的消解和失落,在后结构主义或解构主义那里,这一趋向取得了较为典型的形式。解构主义以不确定性为关注的目标:拆解现存的结构,放弃逻辑的整合,拒绝任何确定的解释,简言之,不断地超越给定的视域(horizon),否定已达到的意义,但又永远不承诺新的意义世界。德里达以延异(différance)概念,集中表达了如上意向。延异的含义之一是差异,它意味着文本与作者的意图之间有一个意义空间,作者所写的内容已不限于其本来意图,因此,理解应超越、突破原来的结构,揭示文本中超出作者所赋予的意义。延异的另一含义是推迟(推延),即意义的呈现总是被推延(文本之意不限于作者写作时所赋予者,其意义乃是在尔后不断扩展),因此对文本的理解应不断超出、否定现在的解释。② 总之,解构强调的是理解过程的不确定性,而在强化这一点的同时,它亦在相当程度封闭了走向意义世界的道路。这种看法带有某种相对主义倾向,它从一个方面表现了所谓后现代主义的理论特征。

对意义的消解,在虚无主义那里得到了进一步的体现。按海德格尔的考查,"虚无主义"一词的哲学使用可能开始于 18 世纪末的雅

---

① 当代科学哲学家费耶阿本德的代表性著作之一,即以《告别理性》(*Farewell to Reason*)为题。

② 参见 J. Derrida, Différance, in *Margins of Philosophy*, The Harrerester press, 1982。

可比,后来"虚无主义"这一概念经由屠格涅夫而得到流行。① 当然,在雅可比与屠格涅夫那里,虚无主义的哲学内涵尚未得到具体阐发。真正从哲学层面对虚无主义作深入考察的,是尼采。在《权力意志》等著作中,尼采一再将虚无主义作为论题,并从不同方面加以阐释。关于虚无主义的内在意蕴,尼采曾以自设问答的方式,作过简要的界说:"虚无主义意味着什么?——意味着最高价值自行贬值。没有目的。没有对目的的回答。"②这里首先指出了虚无主义与价值的联系,价值问题又进一步涉及目的。如前所述,与目的相关的是价值层面的意义,无目的,表明缺乏价值层面的意义。以目的缺失、价值贬值为具体内涵,虚无主义首先表现为意义的失落:"哲学虚无主义者坚信,一切现象都是无意义的和徒劳无益的。"③

　　尼采从价值、目的之维分析虚无主义的内在意蕴,无疑把握了其根本的方面。由此出发,尼采进一步追溯了虚无主义的根源。如上所述,依尼采的理解,虚无主义以最高价值自行贬落为其特点,与之相关的问题是:最高价值何以会自行贬落? 这里便涉及价值本身的根据。按尼采的考察,最高的价值往往与所谓"真实的世界"相联系,这种"真实的世界"也就是"形而上学的世界",在柏拉图所预设的超验共相(理念)那里,这种形而上学世界便取得了较为典型的形态。作为被设定的"真实"存在,形而上学的世界同时被视为价值的终极根据。然而,这种所谓"真实的世界"本质上具有虚构的性质,以此为价值的根据,意味着将价值系统建立在虚构的基础之上。不难看到,

---

① 参见〔德〕海德格尔:《尼采》,孙周兴译,商务印书馆,2002 年,第 669 页。
② 〔德〕弗里德里希·尼采:《权力意志——重估一切价值的尝试》,张念东、凌素心译,商务印书馆,1991 年,第 280 页。
③ 同上,第 427 页。

这里内在地蕴含着虚无主义之源:当价值根据的虚幻性被揭示之后,建立在其上的价值系统便失去了存在的依据。随之而起的,便是虚无主义的观念:"一旦人们明白了,臆造这个世界仅仅是为了心理上的需要,明白了人根本不应该这样做的时候,就形成了虚无主义的最后形式。这种形式本身含有对形而上学世界的非信仰——它摒弃了对真实世界的信仰。""当价值的来龙去脉业已澄清之际,宇宙在我们眼里也就失去了价值,变成了'无意义的'了。"①

意义的承诺同时涉及目的:在价值的层面,如前所述,意义总是相对于目的而言。然而,与价值根据的形而上化相应,目的也往往被理解为超验存在的外在赋予。以西方文化的演进为背景,这种外在赋予首先与基督教的传统相联系。在基督教的视域和语境中,上帝不仅自身表现为终极的目的,而且赋予人以存在的目的:人的生存过程,都以上帝为指向,其存在的全部意义,都相应地由上帝的意志来规定。随着形而上学世界的崩落,从外部赋予目的这一形式也开始受到质疑,而虚无主义则是其逻辑的结果:"虚无主义的'目的'问题,是从以往的习惯出发的。由于这些习惯的原因,目的似乎成了外界提出来的、赋予的、要求的了。"虚无主义在否定"真实的世界"的同时,也否定了以上"神圣的思维方式"。②

以上两个方面虽有不同侧重,但并非互不相关。从本质的方面看,二者的共同之点在于预设两个世界。如前所述,以形而上的世界为价值的根据,其前提是"真实世界"与非真实的世界之分;同样,将目的规定为外在的赋予,也以设定人自身存在之外的超验世界或超

---

① 〔德〕尼采:《权力意志——重估一切价值的尝试》,张念东、凌素心译,商务印书馆,1991年,第425—426页,第427页。

② 同上,第276、277页。

越世界为出发点。不难看到,二个世界的根本之点,在于现实的世界与"另一个世界"之分。按尼采的考察,在哲学、宗教等不同领域,"另一个世界"有不同的表现形式:"哲学家虚构了一个理性的世界,在适于发挥理性和逻辑功能的地方,——这就是真实世界的来源。""宗教家杜撰了一个'神性'世界——这是'非自然化的、反自然的'世界的源出。"①这里所说的"理性的世界"对应于作为价值根据的"形而上学的世界","神性的世界"的则对应于作为目的之源的超验或超越的世界。二者的存在形态虽然有所不同,但在将世界二重化、虚构"另一个世界"这一点上,又有相通之处。在尼采看来,作为虚构之物,"另一个世界"既缺乏实在性,也不合乎人的意愿:"'另一个世界'如上所述,它乃是个非存在、非生命、非生命意愿的象征……"②以这种虚构的"另一个世界"作为价值、目的之依据,一开始便潜含了虚无主义的根源:一旦超验的存在走向终结,建立于其上的整个价值系统便随之颠覆。当尼采指出"上帝死了"时,③他同时也揭示了:在"另一个世界"终结之后,传统价值系统的基石也不复存在。

尼采的以上考察似乎已经注意到,意义问题既涉及价值领域,也关乎本体论视域。如前文所论及的,虚无主义的内在特点,在于通过否定存在的价值与目的而消解意义,而对目的与价值的否定,又与这种目的与价值本身基于虚构的世界相联系:当目的和价值的根据不是内在于现实的存在而是被置于"另一个世界"时,其真实性便将受到质疑。在这里,价值的虚幻性与存在的虚构性无疑相互关联:本体论上虚构"另一个世界"逻辑地导向了价值论上否定存在的意义。

---

① 〔德〕尼采:《权力意志——重估一切价值的尝试》,张念东、凌素心译,商务印书馆,1991年,第471页。

② 同上,第471页。

③ 参见 F. Nietzsche, *The Gay Science*, Random House, 1974, p.181。

就尼采本人而言,其哲学立场似乎具有二重性。一方面,由指出传统价值体系以形而上的虚幻世界为根据,尼采进一步对这种价值系统本身加以批评和否定,并由此主张重估一切价值,从而表现出某种虚无主义的倾向,对此,尼采自己直言不讳:他一再承认自己是个虚无主义者。① 另一方面,他又区分消极的虚无主义和积极的虚无主义,认为前者的特点在于精神权力的下降和没落,后者则象征着精神权力的提高,与之相联系,其虚无主义内含着如下意向,即通过否定传统的价值系统和重估一切价值以重建新的价值体系。不难注意到,后者已渗入了某种克服虚无主义的要求。不过,从理论上看,尼采并未能真正克服虚无主义。如前所述,虚无主义的根源之一在于从外部赋予存在以意义,尼采固然对外在的目的提出了种种质疑和批评,然而,在拒斥外在目的的同时,他又将"超人"视为目的:"'人类'不是目的,超人才是目的!"②所谓"超人",也就是尼采所预设的超越人类的存在,按其实质,这种存在仍具有超验的性质。这样,以超人为目的,便意味着以一种超验的存在取代另一种超验的存在,从而依然将价值奠基于虚幻的基础之上。同时,在终极的层面,尼采又将生命的存在视为无意义的永恒轮回:"原来的生命乃是无目的、无意义的,却是无可避免地轮回着,没有终结,直至虚无,即'永恒的轮回'。"③这种永恒的轮回类似西西弗周而复始地推巨石上山,它表明:生命存在仅仅是一种缺乏意义的循环。从上述方面看,尼采在追溯虚无主义根源的同时,自身最终也陷于虚无主义。

从消解意义的层面看,虚无主义的倾向当然不仅仅体现于尼采

---

① 〔德〕尼采:《权力意志——重估一切价值的尝试》,张念东、凌素心译,商务印书馆,1991 年,第 246、373 页。

② 同上,第 137 页。

③ 同上,第 622 页。

的哲学立场,它具有更为多样的表现形式。在反叛理性的旗帜下,非理性的情意表达往往压倒了理性的意义理解;在对确定性的否定中,意义的追求一再被推向边缘,从科学研究中的"怎么都行",到人生取向中的存在先于本质,意义都失去了其确定的内容;在反形而上学的口号中,经验证实与逻辑形式(重言式)之外的意义,都受到了无情的拒斥;在科学主义的视野下,人在被物化的同时,也失去了其内在的存在意义;在悬置存在、走向纯粹意识的现象学进路中,人的现实存在及其意义也在相当程度上被"悬置"了;在"畏"的体验和存在的焦虑中,人生过程更多地展示了有限和绝望之维;在"人之消失"的悲凉断言或"人死了吗"的冷峻追问中①,人则似乎进一步被推向虚无②,如此等等。此外尚有对文明演进、历史发展、文化延续的内在意义,以及民族、社会、政治共同体的存在价值等的怀疑。同时,随着社会历史的不断变革,既成的价值系统与变迁的社会之间的张力,也总是以不同的形式突显出来,与之相联系的则往往是价值的迷惘和意义的失落。以上种种趋向尽管表现形式各不相同,但就其以意义的消解或怀疑取代意义的追求而言,似乎都在不同程度上内含着虚无主义的取向。

上述历史现象表明,虚无主义已从不同的方面,逐渐渗入社会的精神、观念之域,从而成为现时代需要加以正视的问题。历史地看,虚无主义的发生,有其现实的社会根源。近代以来,随着市场经济的发展,"普遍的社会物质变换"逐渐被提到了突出的地位,由此形成的

---

① 参见〔法〕米歇尔·福柯:《词与物》,莫伟民译,上海三联书店,2002年,第446页;〔法〕米歇尔·福柯:《福柯集》,杜小真编选,远东出版社,1998年,第78—83页。

② 《词与物》全书即以如下文字结尾:"人将被抹去,如同大海边沙地上的一张脸。"(《词与物》,第506页)

是人对"物的依赖性"，①后者与劳动的异化、商品拜物教等彼此相关。这种"物的依赖性"在赋予"物"以目的性规定的同时，也使目的本身成为外在的赋予：它不仅以外在之物为价值的全部根据，而且使外在之物成为人的目的之源。与价值根据和内在目的外在化相联系的，则是意义的失落，后者则进一步伴随着各种形式的虚无主义。尼采批评将价值、目的建立在"另一个世界"之上，既涉及传统价值体系与形而上学的联系，也在某种意义上折射了虚无主义的以上历史根源。

如何克服虚无主义？以前文所对虚无主义根源的分析为背景，这里首先无疑应当从超验的存在、对物的外在依赖，回归现实的世界，并由此将价值的根据，建立在人与世界的真实关系之上，避免以各种形式的外在赋予来设定人的目的。唯有当价值与目的回归现实的基础之时，价值层面的意义才能获得自身的根据。当然，这将是一个与人自身全面发展相联系的漫长历史过程。从意义与理性的关系看，这里又涉及对理性的合理定位：在疏离理性或反理性的背景之下，意义的承诺往往难以真正实现；从尼采到解构主义，意义的消解都伴随着对理性的疏离或质疑。可以看到，虚无主义的克服既表现为价值和目的向现实基础的回归，又以意义的承诺、意义的维护和意义的追寻为指向。

以意义的消解为特点的虚无主义更多地侧重于否定，与之相对的另一种趋向，则表现为对意义的外在强化或意义的强制。在传统的社会中，意义的外在强化或强制往往以权威主义为其存在形态。在确立正统意识形态的主导或支配地位的同时，权威主义常常将与

---

① 参见〔德〕马克思：《1857—1858 经济学手稿》，《马克思恩格斯全集》第30 卷，人民出版社，1995 年，第 107 页。

之相关的观念宣布为绝对真理或最高的价值原则,并要求人们无条件地接受这种观念系统。这一进路在相当程度上表现为意义的强制赋予:它在实质上是以外在强加的方式,把某种意义系统安置于人。意义的这种强制或强加,意味着限制乃至剥夺人们自主地创造、选择、接受不同的意义系统。自汉代开始,传统社会要求"罢黜百家,独尊儒术",亦即仅仅将儒学的观念和学说规定为正当的意义系统,从而使之成为人们可以合法选择的唯一对象,这种立场在某种意义上便可以视为权威主义形态之下的意义强制。20世纪的法西斯主义通过各种方式,向人们强行灌输纳粹思想,亦表现了类似的倾向。

意义的如上强化或强制,也体现于认识世界与变革世界的广义过程,从认识领域与价值领域不同形式的独断论中,便不难看到这一点。独断论将认识过程或价值领域中的某种观念、理论、原则视为绝对真理,无视或否定与之相对的观念、理论、原则所具有的正面意义,其中也蕴含着将相关的意义系统独断地赋予社会共同体的趋向。在现时代,尽管权威主义在形式上似乎渐渐退隐,然而,上述的意义强制或意义强加却远未匿迹。从国际社会中赋予某种人权观念以唯一正当的形式,并以此否定对人权的任何其他向度的理解,到视某种民主模式为放之四海而皆准的形态,由此拒斥所有其他可能的民主政治体制;从推崇单一的价值体系,到以某种伦理原则或规范为普世伦理;从礼赞西方文化,将其完全理想化,到维护历史道统,拒绝对传统的任何批评,等等,所有这些主张虽然不一定都以权威主义为形式,但其内在立场却都不同程度地包含着意义强制或意义强加的权威主义趋向。这种权威主义的趋向与虚无主义尽管表现为两个极端,但在实质上又似乎相反而相成:如果说,虚无主义表现为意义的消解,那么,权威主义则以意义的异化为深层的内涵。

历史地看,意义的消解与意义的强制、意义的退隐与意义的异化相互共在以及与之相联系的虚无主义与权威主义(独断论)的并存,与现时代中相对性的突显与普遍性的强化彼此交错这一历史格局,无疑难以分离。一方面,经济全球化的历史趋向,使普遍性的关注成为内在的潜流,从全球正义,到普世伦理;从大众文化中审美趣味的趋同,到生态和环境的共同关切;从经济上的彼此依存、同盛共衰,到安全领域的休戚相关,等等,都从不同方面体现了以上历史走向。与存在的普遍之维日渐突出相应,追求普遍的价值观念逐渐成为重要的伦理、社会、文化和政治景观。另一方面,科学、伦理、宗教、文化等领域中的确定性(certainty)追求逐渐为确定性的质疑所取代,特定群体(如女性、少数族群等)的自我认同和权利意识越来越走向自觉,全球化过程中彼此相遇的不同民族在文化传统上的差异日益突显,语言游戏等哲学观念一再对绝对性加以消解,如此等等,这些现象背后所蕴含的,是各种形式的相对主义趋向。抽象的普遍主义与相对主义的如上交融,无疑构成了虚无主义与权威主义(独断论)并存的思想之源和社会背景。事实上,抽象的普遍主义与权威主义(独断论)、相对主义和虚无主义,本身便存在着理论与历史的联系,对虚无主义和权威主义(独断论)的克服,在逻辑上以扬弃抽象的普遍主义和相对主义为其前提。

意义生成并呈现于人的知、行活动。以认识世界与认识自己、变革世界与成就自我的历史展开为前提,世界与人自身的存在呈现为意义的形态。作为意义生成的前提,人的知、行活动本质上表现为一个创造的过程:正是在成己与成物的创造性过程中,人既不断敞开真实的世界,又使之呈现多方面的意义,人自身也在这一过程中走向自由之境。虚无主义对意义的消解,其根本的问题就在于否定人的创造性活动的内在价值,无视意义追寻与自由走向之间的历史联系。意义的生成、呈现和追寻,同时具有开放的性质。以价值创造为历史内容,成己与成物(认识世界与认识自己、变革世界与成就自我)的过程展开为多样的形态,生成于这一过程的意义,也同样呈现多重性,后者为价值的多样、自主选择提供了前提。意义的以上生成和呈现方式,从另一个侧面展现了成己与成物过程的自由内涵:知、行过程与意义生成的开放性,同时也表现了成就世界与成就自我过程的自由向度。相对于此,权威主义试图以独断的方式,将某种意义系统强加于人,这不仅否定了意义生成的开放性,而且也终结了人的自由创造过程。可以看到,以意义消解为内涵的虚无主义和以意义强制为趋向的权威主义尽管表现形式各异,但在悖离人的自由创造和自由走向这一点上,又具有相通之处。

以认识世界与改变世界、认识自己与改变自己为指向,成己与成物内在地展开为一个寻求意义的过程。如果说,在理解—认知层面与目的—价值之维对意义的双重承诺使成己与成物同时表现为意义世界的生成过程,那么,对虚无主义和权威主义的克服与扬弃,则既意味着确认这一过程的价值创造性质,也赋予意义世界的建构以走向自由之境的历史内涵。

第二章

人性能力与意义世界

　　以意义世界的生成为指向,成己与成物展开于人的整个存在过程。作为人存在的基本方式,这一过程如何可能?"如何可能"所涉及的首先是根据与条件。从内在的根据、条件来看,在成己、成物和意义世界的生成中,人自身的能力无疑构成了不可忽视的方面。与智慧相近,人的能力既有其日常的寓意,也包含哲学的内涵。在日常的语境中,正如智慧每每被视为聪颖、才智的近义词一样,能力往往被理解为解决认识或实践过程中具体问题的才干。从哲学的层面看,智慧不同于经验领域的具体知识而更多地以性与天道的沉思为内容;同样,能力也有别于特定的才干而更深沉地体现于成己与成物的过程。作为人的内在规定,能力涉及多重方面。就其不同于外在的手段而体现了人的本质力量、不同于抽象的逻辑形式而融合于人的存在过程并与人同"在"而言,它既具有认识论的意义,也渗入了本体论与价值论的内涵,从而可以名之为"人性能力"。

一 成己与成物过程中的人性能力

宽泛而言,所谓能力,首先是指人在广义的知、行过程中所展示的现实力量,它体现于成己与成物的各个方面,表现为人把握和变革世界、把握和变革人自身的不同功能和作用。以现实的知、行活动为指向,人的能力既渗入于能知与所知的交互作用,也呈现于具体的实践过程;知、行过程所达到的深度与广度,总是相应于人的不同能力。可以看到,在其现实性上,人的能力构成了认识世界与改变世界(成物)、认识自我与改变自我(成己)所以可能的内在条件。[①] 人的这种能力不同于外在的形式,它始终与人同在并融入于人的整个存在形态,从而构成了具有本体论意义的规定。以"人性"规定人的这种能力,既在于它体现了人的本质力量,也以其所内含的本体论性质为根据。总起来,所谓人性能力,可以理解为内在于人(与人同在)的本质力量,这种本质力量既是成己与成物所以可能的前提,又在成己与成

---

① 当代一些哲学家也已对人的能力有所关注,如麦克道威尔(John McDowell)便从认识过程的角度,强调了概念能力(conceptual capacity)的作用,认为:"只有在我们所具有的概念能力的实现(actualization)过程中,对象才可能进入我们的视域。"(John McDowell, *Having the World in View*, Harvard University Press, 2009, p. 43)概念能力可以视为人的能力的一种具体表现形式,概念能力的实现则涉及人的能力在认识过程中的实际运用。尽管麦克道威尔的侧重之点首先在于肯定经验活动中包含概念性的内容,但以上看法同时也从一个方面注意到了人性能力及其现实作用是广义之知所以可能的前提。

物的过程中得到现实确证。①

　　与成己与成物的过程性相联系,人性能力本身也具有生成的性质,后者涉及已有的知识背景、思维方式与人性能力之间的互动。能力并不仅仅是一种抽象的心理或意识属性,它总是基于业已达到的认识境域,并受一定思维方式的制约。无论就把握世界的方面而言,抑或从变革世界的维度看,能知都无法离开已知(广义的认识成果)②。质言之,已有认识成果、思维方式的把握,是形成、提升人性能力的必要条件。后者从一个侧面体现了人性能力的社会性质。另一方面,认识成果及思维方式如果离开了实际的运用过程,往往仅呈现可能的形态;正是在本于人性能力的知、行过程中,思维方法、认识成果获得了现实的生命和意义。可以看到,人性能力既以已有的认识成果、思维方式为其前提,又赋予后者以现实的品格和具体的生命。

　　从哲学史上看,亚里士多德曾区分了理论、实践、生产或制作

---

　　①　李泽厚在近年的答问中,亦曾提及"人性能力",不过,他对人性能力的理解,似乎主要限于实践理性,其"人性能力"的提法,也主要表现为对康德实践理性的概括。事实上,李泽厚明确地将"人性能力"区别于认识能力与审美能力,从以下答问中,便不难看到这一点:"康德称之为先验实践理性。我称之为以'理性凝聚'为特征的'人性能力',它区别于理性内化(认识)和理性融化(审美)。"(李泽厚:《李泽厚近年答问录》,天津社会科学院出版社,2006 年,第 213 页)尽管后来李泽厚的提法有所变化,肯定人性能力包括"理性内构"、"理性凝聚"、"理性融合",但一方面,其侧重之点仍主要在伦理之域:他从"人性能力"、"人性情感"、"善恶观念"角度谈道德,便表明了这一点;另一方面,又主要将人性能力与理性联系起来。(参见李泽厚:《关于〈有关伦理学的答问〉的补充说明》,《哲学动态》,2009 年第 11 期)对人性能力的以上规定,似乎过狭。我对人性能力所作的是广义理解,它与我在《哲学何为》(参见《社会科学》2006 年第 1 期)一文中所谈到的能力大体一致。

　　②　这里的"已知"既涉及认知层面的知识经验,也包括评价层面的价值认识,所谓"广义的认识成果",便包含以上两个方面。

(productive）等不同的思想与知识形态。① 在知识的这种区分之后，实质上是能力的区分：知识的以上分类即相应于人的不同能力。事实上，亚里士多德在《尼可马科伦理学》中，已将人的能力与人的知、行过程结合起来。② 同时，亚里士多德对德性（aréte）给予特别的关注，在他那里，德性不仅仅是狭义上的道德品格，而是首先表现为具有本体论意义的存在规定，作为知、行过程的内在条件，人的能力同时被赋予某种德性的意义，并相应地获得了本体论的性质。

近代哲学家在关注认识过程的同时，对与之相关的人类能力也作了多方面的考察。从莱布尼茨到洛克，从斯宾洛莎到休谟，人类理解（human understanding）成为这一时期哲学家讨论的中心论题之一。这里的人类理解，既与知识形态相联系，也涉及达到一定知识形态的认识能力，事实上，在人类理解这一论题下，哲学家确乎从不同的立场、视域出发，对人的认识能力作了具体的审察。这种考察注意到了认识的发生离不开一定的内在条件，而后者（内在条件）又在不同的意义上与人自身的存在联系在一起，所谓人类理解（human understanding），便强调了"理解"与人之"在"的关联。当然，在关注人类理解能力的同时，近代哲学家又主要限定于"知"这一领域③，并往往分别突出了感

---

① 参见 Aristotle, Metaphysics, 1025b25, *The Basic Works of Aristotle*, Random House, 1941, p.778。

② 参见 Aristotle, Nicomachean Ethics, 1181b10, *The Basic Works of Aristotle*, Random House, 1941, p.1112。

③ 尽管从某些方面看，近代一些哲学家似乎也注意到人的能力与人的活动之关联，如维柯在谈到人的能力时，便将其与"德性转化为行动"的过程联系起来。（参见〔意〕维柯：《论意大利最古老的智慧》，张小勇译，上海三联书店，2006年，第64页）然而，这里的"行动"首先涉及感知、想象等活动。维柯在对以上观点作进一步的解释时，便指出："灵魂是一种德性，视是一种活动，而看的感觉是一种能力。"这一类活动似仍未超出广义之知。（同上，第65页）

知、理性等特定的方面,从而在二重意义上对人性能力作了狭隘的理解。

　　较之洛克、休谟等对人类理解的研究,康德从更广的侧面考察了普遍必然的知识何以可能的条件,不过,从总体上看,相对于洛克、休谟等联系人的意识活动探讨知识的发生过程,康德所着重的,是逻辑、先天层面的条件,如时空的直观形式、纯粹知性范畴,等等,对实质意义上的人性能力,他似乎未给予充分注意。康德固然也谈到直观、统觉、想象以及伦理学上的自我立法,但对这些认识和伦理环节,他所注意的首先也是其先天的、形式的条件。以统觉而言,这种活动本来与思维过程("我思")相联系,具有综合的性质,但康德同时区分了经验自我与先验自我,而作为统觉或"我思"主体的先验自我,则被赋予先天、普遍的形式。同样,对于直观,康德更多地关注其所以可能的普遍时空形式。想象力在康德那里似乎呈现更为复杂的形态。如后文将论及的,从某些方面看,康德也将想象力理解为人的认识功能,肯定想象是"心灵的基本能力之一"①,但他同时又强调,想象的综合是一切可能知识的"纯粹形式"②。与此相一致,康德进一步把想象力与图式或图型联系起来。③ 图型既有"形"的一面,从而与感性相关;又内含普遍的结构,从而具有先天的、逻辑的意义,后者从另一个方面突显了想象力的形式之维。在道德实践领域,康德诚然肯定了主体能够自我立法,但这种立法同时又以克服、净化各种经验情感、感性偏向(inclination)为前提,作为立法主体的善良意志在实质上表现为理性化的意志,后者同样首先被赋予形式的意义。形式与实质、

------

① Kant, *Critique of Pure Reason*, Translated by N. K. Smith, St. Martin's Press, 1965, p.146.

② Ibid., p.143.

③ Ibid., pp.182 - 183.

先验与经验的划界,构成了康德哲学的特点之一。对康德而言,从实质层面考察人性能力,似乎便意味着限于或陷入经验之域,难以达到先验意义上的普遍必然。①

从抽象的逻辑回到具体的现实、从形式的结构回到实质的存在过程,人性能力便是无法回避的问题。在这方面,马克思的有关看法无疑更为值得注意。马克思曾区分了必然的领域(realm of necessity)与自由的领域(realm of freedom),并指出,"只有在这个领域(指必然的领域——引者)的彼岸,以本身作为目的的人类能力的发展,真正的自由领域,方才开始。"②这里特别应当关注的是"以本身作为目的的人类能力"(human capacity which is an end itself)这一提法③,作为目的本身,意味着赋予人的能力以目的性规定,后者既有本体论意义,又包含价值论意蕴。从本体论的层面看,"以本身作为目的"表明人的能力与人自身之"在"难以分离:作为目的性规定,它融入于人的整个存在,并以不同于外在关系的形式体现了人的存在特征;从价值的层面看,"以本身作为目的"则表明人的能力不同于单纯的手段或工具,作为目的自身,它具有内在价值。质言之,在作为目的本身的人性能力中,人的本质力量得到具体的体现。

当然,能力对工具性的扬弃,并不意味着它与工具性的活动没有联系。历史地看,人的能力的形成,与人制造并运用工具的活动难以

---

①　当然,如后文将指出的,在总体上侧重划界的同时,康德也涉及了人性能力的某些方面,而且,其考察往往不乏洞见。同时,康德晚年的遗著中也提及知识与人的能力之间的联系(参见 Kant, *Opus Postumum*, Cambridge University Press, 1993, p.230),不过,这方面的思想在康德那里似乎没有得到充分的展开。

②　〔德〕马克思:《资本论》第 3 卷,人民出版社,1996 年,第 963 页。

③　这一表述又译为"作为目的本身的人类能力"(参见《马克思恩格斯全集》第 25 卷,人民出版社,1974 年,第 926—927 页),后者似乎涵义更明晰。

分离。事实上,正是在制造与运用工具的过程中,人才逐渐获得了不同于动物的能力,并展示了其内在的本质力量。从人类的历史演进看,人的能力的发展,也离不开以上过程的发展。作为一种具有综合意义的活动,工具的制造与运用涉及多重方面,它既促进了人的逻辑思维、想象、直观等能力的发展,并相应地提升了人得其真(认识对象)、明其善(价值评价)等能力,也深刻地影响着人变革世界的实践活动:它在推进实践过程向深度和广度展开的同时,也实质性地提升了人自身的实践能力。

可以看到,作为成己与成物所以可能的内在条件,人性能力既不同于抽象的逻辑或先验形式,也有别于单纯的意识或心理功能。以自身为目的,它体现了本体论规定与价值内涵的统一,这种统一同时在更深沉的意义上表明,人性能力既构成了认识世界与改变世界(成物)、认识自我与改变自我(成己)的前提,也从一个方面赋予这一过程以方向性:当马克思把作为目的本身的"人类能力的发展"与"真正的自由领域"联系起来时,无疑将"人类能力的发展"同时视为认识世界与改变世界(成物)、认识自我与改变自我(成己)的内在规定。

二　多　重　形　式

人性能力的具体形态,可以从不同的方面加以区分。以真善美为指向,人性能力涉及认识、道德、审美等领域。与可以认识什么(what can I know)相联系的是认识能力,后者体现于知什么(knowing that)、知如何(knowing how),等等。与应当做什么(what ought I to do)相关联的是道德实践的能力,后者既展开于道德选择、道德评价等过程,也内在于自觉、自愿、自然相统一的道德行为。相应于合目的性与合规律性的统一,则是审美能力,后者体现于美的创造和判断。从成己与成物的视域看,与上述领域相关的人性能力具体地展现于成就自我与成就世界的广义实践过程,并表现为不同的作用方式及多样的形态,以下着重从后一方面(人性能力的多样形态)作一具体的分析。

(一)理性

关于理性及理性的能力,存在着不同的看法。宽泛而言,在形式的层面,理性以逻辑思维为主要形态,当康德将知性(understanding)理解为"思维"的能力以及"概念的能力"时,侧重的也是这一面①。从实质的方面看,理性则以真与善为指向。作为以上二者的统一,理性能力既体现于意识(精神)活动,也作用于实践过程。

从逻辑思维的层面看,理性的要求首先体现在思维过程应始终保持思想的自我同一。具体而言,思维过程中的概念、论题和语境,都应前后一致、同一,无论是概念,抑或论题和语境,若在同一思维过程中前后不同一或不一致,则将导致思维的混乱,从而难以引出合理的结论。与思想的同一相联系的是思想的无矛盾,这里的矛盾是就形式逻辑的意义而言,其基本要求包括:对两个相互矛盾的命题,既不能同时加以肯定,也不能同时加以否定(二者不能同真,亦不能同假)。如果不承认以上原则,则思维过程势必前后相左、彼此牴牾,从而无法形成正确的思想。在这里,理性的能力具体表现为在思维过程中保持思想的同一,避免逻辑的

━━━━━━━━━━━━━━━━

① 康德区分了感性、知性与理性。相对于感性与知性的"理性"涉及超验的领域,与这里所讨论的"理性"涵义不尽相同。就其实质的内涵而言,他所说的"知性"与此处的"理性"有相通之处。(参见 Kant, *Critique of Pure Reason*, Translated by N. K. Smith, St. Martin's Press, 1965, p.93, p.147)

矛盾。

　　理性在形式层面的另一基本要求在于：形成或接受某种观念，都必须有根据或理由。毫无根据的判断，往往仅仅是情感的表达，而难以视为理性的活动；没有理由的确信，则常常表现为盲从，从而同样缺乏理性的品格。无论是无根据地引出某种结论，抑或无理由地相信或肯定某种观念，都与理性的原则相冲突。从正面看，基于一定的根据或理由而引出、接受某种观念，同时表现为一个正确性或正当性的论证（justification）过程，而依据以上原则及程序进行思维，则从另一个方面展示了理性的能力。①

　　在实质的层面，理性的能力进一步体现于认知、评价、实践的各个环节。就认知过程而言，对实然的把握构成了理性的重要向度，后者具体地展开为真实地认识世界与人自身。作为成物与成己的内在条件，理性的能力在这里表现为通过分析与综合、归纳与演绎、逻辑推论与辩证思维等的统一，逐渐提供世界的真实图景。与得其真相应的是求其善，后者首先体现于评价过程。以人的合理需要为关注之点，评价意味着基于利与害、善与恶的判定，以确认、选择广义的价值形态（the good）。尽管利与害、善与恶的内涵有其历史性和相对性，但在接受和肯定一定评判原则的前提下，唯有择善而去恶，才可视为理性的行为；反之，知其有害或不善而依然执意加以选择，则具有非理性的性质。诺齐克已注意到这一点，在谈到理性的本质时，他

　　───────────────

　　① 继康德之后，黑格尔进一步对理性与知性作了区分。他所理解的知性主要以形式与内容、普遍与特殊等规定的分离为特点，并相应地呈现抽象的形态，理性则意味着扬弃知性思维的分离性、抽象性，表现为形式与内容、普遍与特殊等规定的统一，从而呈现具体的形态。（参见〔德〕黑格尔：《精神哲学》，杨祖陶译，人民出版社，2006 年，第 294—295 页）以具体性为指向，这一视域中的理性在引申的意义上与辩证思维的能力相联系。

特别将其与利益期待联系起来。① 不难看到,认知意义上的得其真与评价意义上的求其善,构成了同一理性的两个方面,理性的能力则具体表现为在得其实然(真)的同时,又求其应然(善)。

以上两个方面的统一,在实践的层面进一步指向目的与手段(包括方式、程序等)的关系。作为实践过程的基本环节,目的与手段都存在合理与否的问题,当然,二者所涉及的合理或合理性又有不同的内涵。目的的形成,以人的需要、欲求以及现实所提供的可能为根据,是否把握、体现人的合理需要和欲求,直接制约着目的的正当性。从实质的层面看,唯有合乎人走向自由的存在形态这一历史趋向,需要和欲求才具有合理的性质,后者同时为目的的正当性提供了担保。不难注意到,在此,目的的合理性取得了正当性的形式。相对于此,手段的意义主要体现在如何实现目的,其合理性则相应地表现为如何以有效的方式,保证目的的实现。② 质言之,手段的合理性首先在

---

① 诺齐克提出了二条理性规则,其一:"如果另一具有更高可信值的陈述与 h(某一陈述)不相容,则不要相信 h。"其二:"只有当相信 h 所可望获得的利益不少于不相信 h 所可望获得利益时,才相信 h。"("Do not believe h if some alternative statement incompatible with h has a higher credibility value than h goes." "Believe h only if the expected utility of believing h is not less than the expected utility of having no belief about h." 参见 R. Nozick, *The Nature of Rationality*, Princeton University Press, 1993, p.85, p.86) 如果说规则一主要与认识论及逻辑学相关,那么,规则二则更多地涉及理性的价值内涵。这些规则是否充分地把握了理性的意义,当然可以进一步讨论,但它肯定理性不限于狭义的认知和逻辑关系,而是兼涉价值之域,则似不无所见。

② 亚里士多德在谈到德性与实践智慧的关系时,曾指出:"德性使我们指向正确的目标,实践智慧则使我们选择正确的手段。""德性确定目的,实践理性则引导我们做实现目的之事。"(Aristotle, *Nicomachean Ethics*, 1144a5, 1145a5, *The Basic Works of Aristotle*, Random House, 1941, p.1034, p.1036) 在实质的意义上,广义的理性似乎同时涉及以上两个方面。

于其有效性。如果说，正当性首先表现为善的追求，那么，有效性则以相关背景、关系的正确把握（得其真）为前提，以目的的正当性与手段的有效性为指向，理性进一步展示了真与善的统一。

作为实践过程中相互关联的环节，手段的合理性（有效性）与目的的合理性（正当性）表现为同一理性的两个方面。由此，我们亦可看到，所谓工具理性与价值理性之分，只具有相对的意义。诚然，理性可以从工具或目的等不同的维度加以分析和理解，但如果将二者视为彼此并行或相互分离的方面，则在逻辑上将导致肢解统一的理性，在实践上则将引向分裂的存在形态，后者（存在的分裂）具体表现为：或者执着抽象的目的王国，或者以过程（手段）为全部内容（过程或手段就是一切）。在近代以来的人本主义和科学主义那里，我们多少可以看到以上二重偏向。理性的完整形态，与认知和评价的统一（广义的认识过程）具有一致性：如前所述，目的的正当性与手段的有效性，本身与得其真的认知过程和求其善的评价过程难以分离。理性的能力则体现在：基于认知与评价的统一，为双重意义上的合理性（目的的正当性与手段的有效性）提供担保。

从哲学史上看，不同背景的哲学家或哲学系统，往往主要突出了理性的某一方面。以中国古典哲学中的理学而言，通过区分德性之知与见闻之知，理学的主流常常更多地关注于目的层面的合理性：德性之知以价值意义上的内圣与外王为指向。对理学而言，成物与成己首先就在于确认以上价值目的。与疏离见闻之知相应，在肯定和强调目的之维的合理性与正当性的同时，理学对如何通过经世治国的具体实践过程达到以上价值目的每每未能给予充分的注意和考察。相对于理学的以上视域，休谟表现出另一重趋向。从经验论的立场出发，休谟着重将理性与情感区分开来，在他看来，较之情感，理性总是处于从属的地位："理性是完全没有主动力的，永远不能阻止或产生任何行为或感情。"①由此,休谟进而视理性为情感的附庸:"理性是并且也应该是情感的奴隶。"②按其本义,奴隶具有工具、手段的意义,其作用仅仅在于供人使用、驱使,以理性为情感的奴隶,相应地意味着主要将理性与手段联系起来。在理学家与休谟的以上理解中,理性或囿于目的之域,或被等同于手段,近代以来所谓价值理性与工具理性的分离,在某种意义上以更普遍的形态显现了这种对峙。

以逻辑思维为表现形态,以实然与应然、真与善的统一为实质的指向,理性的作用体现于成己与成物的整个过程。对实然(真)的认知、对应然(善)的评价,同时又与目的合理性(正当性)的确认以及手段合理性(有效性)的把握彼此相关。这一过程既以知识的形成为内容,也以智慧的凝集、提升为题中之义。无论是真实世界的敞开,抑或当然之域的生成,都展示了理性能力的深沉力量。

(二)感知与体验

在逻辑思维的形态下,理性能力更直接地涉及广义的"心"。作为具体的存在,人不仅仅内含"心"的规定,而且以"身"为存在方式,与身相应的是感知与体验。较之理性作用与"心"的切近联系,以感知与体验为形式的人性能力更多地表现为身与心的统一,后者使更具体地切入对象世界与理解人自身成为可能。

感知可以看作是人与世界联系的直接通道。作为把握世界的方式,感知的作用离不开与"身"相关的感官:它首先表现为因"感"而知。这里的"感"既以"身"(感官)为出发点,又表现为人与世界之间基于"身"的相互作用。从广义上看,感官并不限于"身",与工具的制

---

① 〔英〕休谟:《人性论》,关文运译,商务印书馆,1980 年,第 497—498 页。
② 同上,第 453 页。

作及其发展相应,人的感官往往可以得到不同形式的"延伸"。光学仪器(如望远镜、显微镜等)可以延伸人的视觉器官;各种测声、辨味的电子设施可以延伸人的听觉、味觉器官,如此等等。这样,尽管在自然形态下,人的视觉、听觉、嗅觉能力不如某些动物(如鹰、犬),但通过工具对感官的延伸,人却可以比鹰看得更远、可以辨别犬无法分辨之声和味。

感知的更内在形式,与理性相联系。从存在形态看,身与心作为人的相关方面,并非彼此分离,与之相关联的感知与理性,同样也非相互对峙。人的感知不同于动物的更深刻之点,在于其不仅仅依赖感官,而是以不同的形式受到理性的制约。从日常的知觉,到科学的观察,都可以看到理性对感性的渗入。以日常的知觉而言,当我们形成"这是红色"、"那是圆形"等判断时,其中的"红"、"圆"已不限于特定的对象而包含普遍的规定,后者同时涉及理性之域。现象学提出本质直观和范畴直观,在某种意义上也已注意到这一点。与普遍规定相联系的这种"观",已非仅仅是运用感官的感性之"看",而是表现为渗入于感性之中的理性之"观"或理性的直观,后者交融着概括、推论、归类等理性作用。事实上,在感性直观与理性直观之间,并没有截然相分的界限:正如语词往往同时包含直接指称与间接指称(既指称对象当下呈现的形态,也指称作为具体存在的整个对象)一样①,直观也往往蕴含双重之"观"。同样,科学研究中的观察,也无法完全隔绝于理论,由此形成的观察陈述,则相应地总是不同程度地融入了某种理论的内容。

感知的以上特点既从一个方面为心与物、心与理的联系提供了前提,也使其自身能够真实地走向世界。世界本身是多样而具体的,

---

① 参见本书第一章第二节。

真实地把握世界,需要肯定并再现其多方面的、丰富的规定,通过与世界的直接相遇,感知获得并接纳了世界的这种丰富性。在感性的光辉中,特殊性、多样性作为世界的真实规定而得到确认,而世界本身也以多样、具体的形态得到呈现。同时,就人自身而言,在感知的活动中,身与心也开始扬弃分离与对峙,相互交融、彼此互动。作为人性能力的体现形式,感知既从感性的层面敞开统一的世界,也展示了人自身的整体性。

与感知相联系的是体验。感知往往呈现经验的形态,它所面对的也相应地主要是感性的对象,体验则涉及更广的领域,与个体内在的精神世界也有着更切近的联系。当然,这并不意味着体验仅仅是空泛的心理感受,作为人性能力的体现,体验总是基于人的生活经验与社会阅历,并在体现人的以往经历的同时,折射人的社会历史背景。进而言之,以理解和领悟世界的意义与人自身的意义为实质的指向,体验同时包含认识论、本体论、价值观念、审美趣味等多方面的内容。从对象世界的沉思,到存在意义的追寻,体验展开于人"在"世的具体过程。

体验包含认知,但又不限于认知。狭义上的认知以事实为对象,体验则同时指向价值,其内容涉及主体的意愿、价值的关怀、情感的认同、存在的感受,等等。作为把握和感受世界与人自身的方式,体验首先与"身"或"体"(躯体)相联系,并相应地很难和个体的特定存在分离。《淮南子》在谈到圣人与道的关系时曾指出:"故圣人之道,宽而栗,严而温,柔而直,猛而仁。太刚则折,太柔则卷,圣人正在刚柔之间,乃得道之本。积阴则沉,积阳则飞,阴阳相接,乃能成和。夫绳之为度也,可卷而伸也,引而伸之,可直而晞。故圣人以身体之。"①

---

① 刘安编,何宁撰:《淮南子集释·氾论训》,中华书局,1998 年,第 934 页。

这里的"体"意味着体验或体认,"身"则表征着个体的具体存在,"以身体之",表明对道的把握总是渗入了某种体验,而这一过程又无法离开基于"身"的具体存在。日常语言中所谓"切身体会",也十分形象地表达了以上关系。按其本来形态,"身"既具有个体性,又呈现感性的规定,以道为指向的体验,则包含着普遍的内涵与理性的品格;体验与"身"的不可分离,使之在实质的层面表现为个体与普遍、感性与理性的统一。

在"以身体之"等形式下,体验往往具有返身性的特点。孟子曾提出"尽心"之说:"尽其心者,知其性也;知其性,则知天矣。"① 尽心是指向自我的过程,"天"在这里则是一种形上的原理,包括道德原则的超验根据。在孟子看来,对形上之天的把握,并不是一个向外追求的过程,它更多地借助于自身的体悟。同样,朱熹也肯定为学工夫的返身性:"不可只把做面前物事看了,须是向自身上体认教分明。"② 以仁义礼智而言,"如何是礼?如何是智?须是着身己体认得"。③ 仁义礼智属广义的道德规范,按朱熹的理解,欲具体地把握其内涵,便离不开以反求诸己为特点的体验。这些看法已注意到:体验并非仅仅是对象性的辨析,它与主体自身的情意认同、价值关怀、人生追求等等无法分离。所谓反求诸己,也就是以主体自身的整个精神世界为理解的背景,从而超越单向的对象性认知。

进而言之,在返身的形式下,个体并非简单地接受外在的意见、观念,也非着重于知识的外在传递。体验的返身性、切己性最后落实

① 《孟子·尽心上》。

② 朱熹:《朱子语类》卷八,《朱子全书》第 14 册,上海古籍出版社、安徽教育出版社,2002 年,第 272 页。

③ 朱熹:《朱子语类》卷十一,《朱子全书》第 14 册,上海古籍出版社、安徽教育出版社,2002 年,第 338 页。

于个体自身的理解、领悟和感受："反求诸己"总是逻辑地导向"实有诸己"。体验既是一种活动，也涉及认识的成果。朱熹在谈到体认时，曾指出："体认省察，一毫不可放过。理明学至，件件是自家物事。"①件件是自家物事，意味着通过返身体验，相关的认识已融入于自我的精神世界，成为实有诸己的内容。由个体的体验而达到的精神形态，同时赋予体验以自我意识与反思意识的内涵。自我意识不仅以个体自身为指向，而且包含自觉之维；反思则意味着拒斥无批判的盲从。以自我意识与反思意识为内在规定，体验不仅体现了与"身"的联系，而且在更深刻的意义上展示了自觉的批判意识。

"反求诸己"与"实有诸己"相互关联，使体验不同于抽象的概念或逻辑系统。事实上，体验的返身性、切己性，既将体验与人的整个生命融合在一起，也使之无法与人的生活、实践过程相分离。伽达默尔已注意到这一点，在他看来，"每一个体验都是由生活的延续性中产生，并且同时与其自身生命的整体相联"②。与生命存在的融合，使体验扬弃了抽象、外在的形式；与生活过程的联系，则既使体验获得了现实之源，也使之呈现过程性。以生命存在与生活过程的统一为本体论的背景，体验超越了静态的形式，展开为一个在生活、实践过程中不断领悟存在意义的过程。

作为把握世界与人自身的独特方式，体验同时从一个方面展示了人性能力的特点。以"身"与"心"的交融为前提，体验首先体现了沟通个体与普遍的能力：如前所述，"身"作为特定生命存在的确证，具有个体的品格，"身"直接所面对、指向的，也是特定的对象。然而，

---

① 朱熹：《朱子语类》卷八，《朱子全书》第 14 册，上海古籍出版社、安徽教育出版社，2002 年，第 289 页。

② 〔德〕汉斯-格奥尔格·伽达默尔：《真理与方法》，洪汉鼎译，上海译文出版社，1992 年，第 89 页。

"以身体之"所达到的,则往往是普遍之道,而不限于个体性的规定,这里无疑展示了某种从个体中把握普遍的力量。"身"同时又表现为感性的形态,而以存在意义的理解、领悟为指向的体验则不同程度地蕴含理性的内容,与之相应,"以身体之"又显示了扬弃感性与理性对峙的趋向和能力。作为特定的生命个体,人具有有限性,他所处的各种境遇,也具有暂时性,然而,在体验中,时间往往超越了过去、现在、未来的分隔和界限,有限境域中的触发,可以使人感受无限;瞬间的领悟,可以使人领略永恒,如此等等。要而言之,从理解世界与理解人自身的层面看,体验表现了人达到个体与普遍、理性与感性、有限与无限统一的内在力量。

（三）想象、直觉与洞察（insight）

感知与体验以不同的形式确认了心与物、身与心的联系,并由此构成了认识世界与认识人自身的重要方面。从成己与成物的过程看,如何由肯定以上联系而更深入地敞开世界、理解存在? 这一问题将我们引向了人性能力的另一维度——想象、直觉和洞察。相对于理性之以逻辑思维为形式,想象、直觉和洞察在相当程度上呈现超越逻辑程序的特点;较之感知的"以身观之"和体验的"返身切己",想象、直觉和洞察展示了敞开世界的更广方式。

首先可以注意的是想象。如前所述,康德在着重从形式的层面考察普遍必然的知识何以可能的问题时,也对想象给予了一定的关注,认为"没有想象将不会有任何知识"①。尽管康德往往倾向于从先天结构、形式的层面理解想象,但就其本然形态而言,想象更多地呈

①　Kant, *Critique of Pure Reason*, Translated by N. K. Smith, St. Martin's Press, 1965, p.112.

现为人的内在能力。作为人的能力,想象与可能无法分离,从本体论上看,想象乃是以可能之域为其前提和基础:唯有存在可能的领域,想象才有作用的空间。对纯粹的现实形态,所需的只是感知、观察,而不是想象。维特根斯坦已注意到这一点:"当我看着某一对象时,我无法想象它。"①与之相关,感知(知觉)、观察依赖于对象的在场:唯有一定对象以在场的形式呈现,才可能发生关于该对象的感知、观察。想象则往往以对象不在场为前提:对象若在场,则其呈现的便主要是现实的存在形态,对这种存在形态本身只能实际地感知或观察,而无从想象。从逻辑的层面看,想象既以可能为充分条件,也以之为必要条件,换言之,凡是可能的,都是可以想象的;也只有可能的,才是可以想象的(凡包含逻辑矛盾便属不可能,从而也难以想象)。

与以上逻辑与本体论的前提相应,想象在认识论上首先表现为探寻、发现、展示多样的可能,并在不同的对象、观念之间建立可能的联系。在感知(知觉)、观察中,马仅有四腿而无双翼,然而在想象中,马却可以与双翼联系起来,从而形成飞马的形象。无翼有腿,是马的现实形态,具有双翼则表现了其可能的存在形态,后者虽不同于现实之"在",但并不包含逻辑矛盾,它所展示的是马与飞翼之间可能的联系。同样,在植物嫁接的农林技术出现以前,人们所实际感知、观察的,往往分别是桃、李等植物,但这并不妨碍人们在想象的世界中将桃、李加以连接,而随着农林科学的发展,这一类的想象确实从可能的联系走向了现实的形态。如果说,飞马的想象更多地为艺术创作提供了内在之源,那么,桃、李等连接则展示了想象的科学意义。从艺术创作到科学研究,想象的作用体现于生活与实践过程的各个

---

① L. Wittgenstein, *Zettel*, 621, Translated by G.E.M Anscombe, University of California Press, 1970, p.109e.

方面。

想象既可以取得具体形象的形式,也涉及观念或概念之间的关系。对世界的理解和把握总是包含概念的层面,与形象的规定一样,概念之间也存在不同形态的可能联系,揭示、发现、建立概念之间各种可能的联系,是以概念的形式敞开、把握世界的重要方面。在这里,想象同样具有不可忽视的作用。新的解释的提出、新的理论的形成,往往以发现、确立不同概念之间的可能联系为前提,科学史上对光的认识,便表明了这一点。基于波像的光概念与基于粒子的光概念在相当长的时期中曾彼此对峙,而对光这一现象更深刻、全面的理解,则以发现二者之间的联系为背景。在彼此分离甚至相互排斥、对立的概念之间建立关联,便常常需要借助想象。以形象的方式展开的想象与概念层面的想象本身并非彼此排斥,事实上,在对光的如上认识中,"波"与"粒子"的形象性关系与奠基于其上的概念间关系在想象中具有相互交融的性质。广而言之,这种关联也体现于科学研究中的模型(model):模型的形成与想象难以分离,作为想象的产物,科学的模型同样既呈现形象的特点,又包含概念的内容。

从认识论上看,与概念间的联系相应的,是认识过程中不同形式的综合。在经验的层面,尽管经验材料的获得主要通过感知、观察等途径,但由多样的经验材料综合为有意义的知识系统,往往需要借助想象。以表象而言,其形成涉及知觉内容的综合,但与知觉不同,它并不以对象的在场为前提,而在对象不直接呈现的条件下对知觉内容加以重组,便离不开记忆、想象等作用。这里的想象也以可能为其依据,当然,它已不限于可能的逻辑之维(无矛盾性等),而更多地表现为现实的可能。从更广的意义上看,知识的形成涉及经验内容与概念形式的结合,后者并非仅仅基于预定的逻辑程序,相反,它同样以想象为其必要的条件。康德已注意到这一点,认为经验内容与知性范畴乃是通过想象而彼此联接。①

　　作为把握世界的方式,想象尽管不以对象的在场为前提,但并非与已有经验完全分离。事实上,对可能之域的想象,常常基于一定的现实经验。从作用的方式和形态看,想象与其他意识、经验形式往往互渗互融:一方面,在知觉、记忆等作用中,常常已渗入了想象的形式,知觉中的看作(see as)便包含想象内容;另一方面,想象中也每每蕴含知觉、记忆等因素。就实质的层面而言,即使某些在现实世界中并不存在的"对象",对它的想象也往往以某种方式涉及已有经验。如现实世界中虽然无法看到"金山",但人们却有"金"与"山"的具体经验,"金山"在某种意义上便表现为二者("金"与"山")在想象中的联接。不过,想象在基于经验的同时,又具有超越经验(不受已有经验限制)的一面,以"金山"而言,它诚然关涉以往经验,但在想象中,"金"与"山"之间的关系已得到重建,后者同时表现为对既定联系的突破。康德在肯定想象与先验结构(形式)联系的同时,又通过想象与理性的比较,注意到了想象具有不为规则(rule)所限定的性质。② 如果说,以一定的经验作为基础体现了想象的合规则性,那么,超越规则、突破已有经验的限定则体现了想象的自由性质。从哲学史看,想象的以上二重品格往往未能得到充分注意。一些哲学家每每主要突出了想象所内含的超规则的一面。当维特根斯坦强调"想象从属于意志"③时,便多少

---

　　① Kant, *Critique of Pure Reason*, Translated by N. K. Smith, St. Martin's Press, 1965, pp.146－147. 当然,在康德那里,想象的这种功能,又与它本身所内含的先天结构或先天形式无法分离。

　　② Kant, *Critique of Pure Reason*, Translated by N. K. Smith, St. Martin's Press, 1965, p.487.

　　③ L. Wittgenstein, *Zettel*,621, Translated by G.E.M Anscombe, University of California Press, 1970, p.119e.

表现出这一倾向:从属于意志意味着不受制于外部条件、规则。事实上,维特根斯坦同时认为,想象是一种意愿性的行动,并不提供有关外在世界的指导。① 另一些哲学家则未能看到想象总是包含对经验限定的突破,柏克莱在这方面具有一定代表性,在他看来,"我们的想象能力并不能超出实在存在(或知觉)的可能性以外"②。质言之,人无法想象未曾经验之物。这种理解显然忽视了想象对既成经验的超越。

如前所述,通过指向可能之域,想象往往与现实世界形成某种距离,与现实的这种距离和对经验的如上超越,从不同的方面展示了想象的自由性质,后者同时为创造性的把握世界提供了前提。借助想象,人们可以敞开事物尚未呈现的方面、规定、联系,也可以用观念的方式构成现实中尚未存在的对象。前者表现了想象的发现功能,后者则展示了想象对发明的意义。与肯定想象的自由性质相应,维特根斯坦认为:想象与其说是接受(receiving),不如说是做(doing),想象可以称之为创造的行动(creative act)。③ 这些看法,似乎已注意到想象的自由品格与想象的创造性之间的联系。

想象的以上特性,使之与理性形成了某种互动。以可能之域为自由纵横的空间,想象更多地呈现了动态的品格,这种动态性往往构成了理性活动的推动力:在想象的激发下,理性可以不为逻辑程序所限定,获得内在活力;同时,想象每每使理性及理性的内容处于运动之中,并使思想得到扩展、延伸。通常所谓打开思路或开阔思路,其意义之一,便是设想更多的可能。在这里,思或思路涉及理性的活

---

① L. Wittgenstein, *Zettel*, 627, Translated by G.E.M Anscombe, University of California Press, 1970, p.110e.

② 〔英〕柏克莱:《人类知识原理》,关文运译,商务印书馆,1958 年,第 20 页。

③ L. Wittgenstein, *Zettel*, 637, Translated by G.E.M Anscombe, University of California Press, 1970, p.111e.

动,而设想更多的可能则体现了想象的作用,二者的这种关系,具体表现了想象对理性的"扩展"、"延伸"。另一方面,理性又常常给想象以某种约束,使之在超乎经验与规则的同时,又基于现实的可能。

广而言之,想象不仅构成了认识世界的方式,而且体现于人与人之间相互理解的过程。理解他人往往涉及推己及人,孔子提出"能近取譬",已肯定了这一点。在由己而及人的推论中,便蕴含着想象,包括设身处地的思考。在谈到想象的作用时,利科曾指出:"说你像我一样思考、感知,意味着想象:如果我处于你的地位,我将如何思考与感知。"[1]通常所谓同情的理解,同样渗入了类似的想象:这里的"同情",以设想自身处于他人的地位或站在对方立场为背景。在此,想象便构成了理解他人的前提。与推己及人等相辅相成的,是理解过程中的想象。不同个体间的交往常常以行为或语言的方式展开,而在行为的实施者与作用对象、说者与听者、作者与读者之间,总是存在各种形式的距离,理解过程需要不断超越这种距离所形成的鸿沟,而想象则构成了其中重要的环节。无论是"听"或"读",都涉及意义的生成、重构,而听者和读者从当下的所听、所读中,往往并不能获得意义生成所需的全部内容,通过想象而汇集、联结各种可能的资源,则可以不同程度地克服说者与听者、作者与读者之间的阻隔,从而为意义的生成提供前提。同时,理解也包含着此刻所获信息与已有知识经验之间的沟通和联接,后者同样不能仅仅依赖逻辑的程序,而是需要由想象来提供。可以看到,想象渗入于交往和理解的各个方面。

较之想象,直觉呈现了另一重特点。如前所述,想象首先与可能之域相联系,相对于此,直觉则同时关涉对世界和人自身的理解、领

---

[1] 参见 Paul Ricoeur, "Imagination in Discourse and Action", *in Rethinking Imagination*, Edited by G. Robinson and J. Rundell, Routledge, 1994, p.128。

悟与认识背景、过程之间等关系。就直觉与对象之间的关系具有直接性而言,它似乎近于感知。但与感知不同,直觉所指向的,并不是对象呈现于外的规定。从直觉所把握的规定具有内在性看,它与逻辑思维似乎表现出某种一致之处。但直觉所指向的规定,又并非显现于按逻辑程序展开的推论过程,在这方面,它又区别于通常的逻辑思维。简言之,作为认识的方式,直觉所把握的,是既非呈现于感知、也非显现于一般逻辑思维过程的存在规定。

直觉的以上性质,使之要求超越逻辑程序与已有知识背景的限定。从哲学史上看,一些哲学家对此作了较多的关注。如庄子便曾提出坐忘、心斋之说,其具体的内容包括"去知与故"、"解心释神"。"去知"与否定成心相结合,具体表现为消除既成或已有的知识、观念系统,"解心释神"则是在更广意义上对精神世界的解构;后者进一步构成了"内通"、"以神遇"的前提。在形式的层面,"内通"和"以神遇"表现为对感性直观与理性推论的双重扬弃,"以神遇"之"神",便包含神而不可测(非逻辑或理性的程序所能限定)之意,而"内通"和"以神遇"的结合,则表现为以直觉的方式把握普遍之道。就认识论而言,当知识系统及精神世界的建构衍化为"成心"时,往往容易呈现消极的意义:这不仅在于由此可能引向独断论,而且在于既定的结构每每赋予思维以程式化趋向,从而导致思不出位;二者从不同的方面构成了对思维的束缚和限定。与之相对,解构已有知识系统及精神世界既表现为通过消除成心以抑制独断论,也意味着摆脱既定思维模式的束缚,庄子将其视为领悟道的前提,无疑注意到了直觉对已有逻辑程序的超越。当然,用"内通"、"以神遇"表示直觉活动,并以此排斥逻辑思维,又似乎赋予直觉以某种神秘的色彩。

作为把握世界与人自身的方式,直觉的特点之一确如庄子所注意到的,在于超越既成思维模式。逻辑思维更多地涉及普遍程序、已有知识系统,相对于此,直觉既基于已往的知识背景,又不受这种系统的限定。在直觉中,常规思路往往被转换或悬置,后者使新视野的呈现成为可能。同时,以直觉为形式,某些思维环节常常被省略或简缩,大量无关或具有干扰性质的因素被撇开或排除,思维过程由此呈现某种无中介、直接性的特点。黄老一系的《黄帝书·经法》在谈到"神明"的作用时曾指出:"道者,神明之原也。神明者,处于度之内而见于度之外者也。"①作为与道家思想有内在理论联系的文本,《经法》所说的"神明",包括直觉等认识能力,"度"则与道相联系,关乎一定的程序、规范。在《经法》的作者看来,以道为本,"神明"一方面合于度(程序、规范),从而"静而不可移";另一方面又不限于度(程序、规范),所谓"见于度之外"。这一看法无疑已涉及直觉这一类认识方式的以上特点。质言之,从形式之维看,直觉以思维环节的凝缩、简省以及由此形成的跳跃性、直接性、无中介性为特点;在实质的层面,直觉则表现为通过转换或越出常规的思维趋向,形成对相关问题、对象的整体领悟。

与直觉及想象相联系的是洞察或洞见(insight)。就对象性的认识而言,想象主要展示事物之间可能的联系,直觉更多地涉及逻辑程序及常规思路之外的存在形态,洞察则进一步指向事物或对象的本质规定和具有决定意义的方面。就人自身的认识形态而言,想象使人打开更广的视野,直觉赋予人以新的思路和理解,洞察则进而使人在达到整体领悟的同时获得内在的贯通。

尽管狭义的洞察具有顿然、突发的特点,但就整体而言,洞察同时又表现为一个过程。作为一个过程,其出发点首先是确定问题,并对相关问题加以反复思考、多方面探索,以使之得到解决。如果经过

---

① 魏启鹏:《马王堆汉墓帛书〈黄帝书〉笺证》,中华书局,2004年,第83页。

种种努力仍未能解决问题,则通常会进入悬置、转换的阶段,即暂时搁置相关问题,改变对此问题的专注性思考,使思维处于相对松弛的形态。但搁置、松弛并非放弃思考,它在相当程度上是由专注的兴奋形态转换为潜含的形态;在某种现象、观念等的触发之下,解决问题的洞见往往会在顿然之间形成。这种洞见最初可能仅仅以思想的闪念等形式存在,其价值、意义有待进一步的判断和评价,其蕴含的观念、思路则需要加以更充分的论证与展开。唯有经过论证、展开、评价之后,一开始形成的洞见才能超越个体性的意念而获得知识经验的形式。这种知识形态同时还应进入一定的学术圈或广义的社会共同体,以经受质疑、批评、讨论,最后则需要诉诸实践的检验。

从作用的方式看,洞察本身涉及多重问题和关系。首先是思维的指向性与非指向性。洞见作为把握与理解相关对象的过程,具有一定的指向性:与游移而漫无目标的意识活动不同,它总是针对一定的对象或问题。然而,思维过程可能达到的结果,本身又并非以现成的形态存在,对这种在过程开始之时尚未存在的思维结果,显然难以形成具体的定向。与之相关的是限定与超越限定的关系。如前所述,洞察总是以一定的问题为其出发点,问题的指向同时在一定意义上规定了思考的界限和范围,这种限定是必要的:无边际、无范围的意识活动,往往导向空泛,难以达到建设性的成果。但另一方面,洞察作为创造性的思维过程,又需要不断拓宽思路、扩展视野,避免限于某种界域或陷入某种单一的进路。由限定与非限定的张力进一步考察,便可以看到洞察过程的另一重面向,即预期与非预期的关系。洞察虽非一开始所能达到,但对可能达到的认识成果则应有所预期,缺乏必要的期待,往往会失去信心、放弃探索;有所预期,则能坚持、执着,保持思考的连续性与持久性。然而,如前文所提及的,洞见的形成每每具有出乎意料、突然顿悟的特点,达到洞见的具体方式、内容、时间事先无法确切预期。同时,过度的期待,往往容易使思维始终处于紧张状态,从而抑制其创造性。如何合理处理以上关系?这里的重要之点是在彼此相对的两个方面之间保持适当的张力,亦即把握一定的度。作为人性能力的体现,洞察的内在特点就在于对思维之"度"的适当把握。

作为把握世界的方式,洞察与想象、直觉并非彼此悬隔。想象所提供的可能之域,往往构成了洞见形成的背景;直觉则不仅通过超越既成思维模式和程序而为思考进路的转换提供了前提,而且常常直接地激发洞见。另一方面,想象所展示的可能之域(包括各种可能的联系)、直觉所达到的理解和领悟,常常在触发与融入洞察的同时,也使自身获得更具体的意义。就其现实的形态而言,洞察与想象、直觉更多地呈现互动、互渗的关系。

从人性能力的维度看,想象、直觉、洞察的共同之点,在于以不同于一般理性或逻辑思维的方式,展示了人把握世界与人自身的内在力量。就想象而言,如前所述,其特点首先表现为基于现实及既成的知识经验而又超越现实的存在形态及与之相应的知识经验,并由此敞开和发现更广的可能之域(包括事物及观念之间可能的联系)。以可能之域为指向,想象同时为创造性地把握世界提供了自由的空间。同样,通过扬弃程式化的思路、简缩习常的探索环节、转换思维的方式,直觉使人不为已有界域所限定,以非推论的方式达到对世界和人自身新的理解和领悟。与想象和直觉相联系的洞察,则基于对思维之"度"的创造性把握,进一步指向事物本质性或具有决定意义的联系、方面、规定,并赋予理解以整体性、贯通性的品格。不难看到,在想象、直觉、洞察中,人性能力得到了更广意义的体现。

(四)言与意

想象、直觉、洞察作为把握世界及人自身的方式,其作用往往较直接地涉及内在的心理、意识过程;相对于此,语言的运用则从另一个方面表现了人的内在力量。以逻辑形式及逻辑关系为主要关注之点的某些实证主义者及分析哲学家每每把想象、直觉、洞察仅仅归结为心理现象,并由此将其放逐于哲学领域之外,从前文的分析中不难看到,这种看法显然失之偏颇,未能真正把握问题的实质。当然,在肯定想象、直觉、洞察等方式从一个独特的方面展示了人性能力的同时,我们无需由此而否定这些方式与心理过程的切近联系。一般而言,心理过程较多地涉及个体性,与之有所不同,语言则首先呈现公共、普遍的品格,后期维特根斯坦对私人语言的批评,已从一个方面突出了这一点。语言的以上特点,同时从一个方面展示了人性能力的社会历史之维。

乔姆斯基曾对人的语言能力给予了相当关注。从普遍语法(universal grammar)的概念出发,乔姆斯基区分了语言的表层结构与深层结构,并将后者与人心的先天禀赋联系起来。[①] 在乔姆斯基看来,未来的使命是发现人心的这种先天结构(innate structure),而这种结构既非自然选择(natural selection)的结果,也非进化发展(evolutional development)的产物,它完全具有神秘性(total mystery)。[②] 对语言能力独特性的如上肯定,无疑同时渗入了对这种能力的注重,然而,从人心的先天结构去考察语言能力,并将这种结构视为超自然的神秘现象,则很难视为合理的进路。语言能力诚然与人心存在种种关联,但这种联系并非仅仅以先天或神秘的形式呈现。就个体而言,乔姆斯基所说的先天结构,可以更合理地理解为内在于人的可能趋向,这

---

① 参见 Chomsky, "The formal Nature of Language", in *Language and Mind*, Cambridge University Press, 2006, pp.106 – 113。

② 参见 Chomsky, "Linguistic Contribution:Future", in *Language and Mind*, pp.78 – 85。

种趋向与类的历史演化过程难以分离,其本身也唯有在社会的交往过程中才能逐渐形成为现实的能力。要而言之,作为基于类的历史演化的可能趋向,语言的潜能并非个体创造或个体作用的结果,而在某种意义上表现为先天的根据,但从先天根据或潜能向现实能力的转换,则以社会的交往过程为前提。

语言能力的形成与作用过程,首先涉及思维活动及思想内容。语言与思想的关系有其复杂性,就现实的形态而言,无论从类的角度抑或个体的视域看,二者都非直接同一。人类学的有关研究表明,在语言形成以前,早期的人类已有某些意识或观念;儿童心理学的研究则从个体的层面显示,意识或观念往往在掌握语言以前就已出现。同时,人所具有的某些思想观念,常常无法完全以语言加以表达,如某种不可名状的痛苦,某些找不到适当的语词来表达的想法,都以不同方式表现了思想与语言的某种距离。孟子认为,“不得于言,勿求于心,不可”①,亦从伦理的角度,肯定了心非限定于言。另一方面,语言也并非在任何条件下都具体地表达思想。无意识地说出某个词、某句话,便并不真正地表达某种思想。尽管对这种现象可以借用无意识理论来分析,但无意识的言说,毕竟不同于思想的自觉表达。以上现象表明,广义的思想并非绝对地存在于语言之中,语言也并非在任何场合都表达思想。

然而,从实质的层面看,有意义的语言总是包含具体思想;自觉、系统形态的思想,其凝结、发展、表达,也离不开语言。戴维森(Davidson)曾指出:“没有语言,可能不会有很多思想。”②换言之,丰

---

① 《孟子·公孙丑上》。

② "there probably can't be much thought without language", Davidson: "Rational Animals", in *Actions and Events: Perspectives on The Philosophy of Donald Davidson*; Edited by B. McLaughlin, Blackwell, 1984, p.477.

富而系统的思想离不开语言。蒯因（Quine）在谈到思想与语言的关系时，也认为："我们的第一个精神禀赋（mental endowment）是本能，随后到来的是思想，接着出现的是语言。由于语言，思想走向了丰富和发展。"①从内在的方面看，有关思想与语言或思维与语言的关系，其要义不在于二者孰先孰后，也不在于无思想的语言或无语言的思想是否可能，这里更具有实质意味的问题是：一方面，语言作为有意义的符号系统，以思想为其具体内容，从而，有意义的语言离不开思想；另一方面，语言又使思想得到丰富与发展，与之相应，较为系统的思想总是以语言的把握为其前提。在智力充分发展的背景下，即使无法以适当语词和语句表达的思想，也以语言的掌握为背景，这里的问题只是所掌握的语言暂时不足于表达有关思想。不难看到，言固然往往不足于尽意，但这种不尽意（无法充分表达），又基于对语言的某种掌握；所谓不足于尽意，无非是已把握的语言尚未能充分表达相关之意，后者显然不同于前语言条件下的意识活动。

　　语言对思想发展的作用，首先表现在它使概念性思维成为可能。思维不同于情意等意识活动的特点之一，在于它的展开内在地基于概念系统。概念本身的形成，则离不开语言形式：概念所内含的意义，总是需要语言来加以确定、凝结。没有语言，概念的形成便失去了前提，而缺乏概念，则概念性的思维也难以想象。当然，语言作为有意义的符号系统，唯有在实际的运用中，才具有内在的生命。奥格顿与理查德已注意到这一点："如所周知，词本身没有'意谓'（'mean'）任何东西，……只有当思维者运用它们时，它们才代表什

---

① W.V Quine，"The Flowering of Thought in Language"，in *Thought and Language*，Edited by J. Pleston，Cambridge University Press，1997，p.171.

么,或者说,才有了某种'意义'('meaning')。"①这种运用,始终伴随着思维过程。在此意义上,也可以说,思维赋予语言以现实性的品格。

就人与世界的关系而言,语言的运用既使特定对象的认识成为可能,也为普遍之道的把握提供了前提。中国古典哲学在肯定以名指物的同时,又确认以名喻道,已注意到语言在把握经验世界与形上之道过程中的作用。以名指物主要是以语言描述特定时空中的对象,以名喻道则更多地表现为对世界的整体把握。前者显示的是存在的某一方面或层面,后者所敞开、澄明的,则是存在的统一性、具体性。

作为把握世界的形式,语言不仅构成了认识对象的条件,而且使知识经验的凝结、累积成为可能。正是借助语言系统,一定背景、条件下的认识成果被确认、沉淀下来,从而避免了随着特定情景的变迁而消逝。也正是通过语言系统,知识经验得以在知行过程的历史展开中逐渐积累,从而使之能够前后传承。凝结于语言的知识经验,在某种意义上表现为人性能力的延伸和外化,人性能力则为知识经验所进一步发展。同时,作为交流的中介,语言又为不同个体及共同体之间的相互沟通、理解提供了前提,后者进一步使知识成果的彼此分享成为可能。语言所具有的以上品格,不仅使人对世界的把握超越了当下性与直接性,而且使个体不必重复类的认识过程,人的能力由此奠基于类的认识历史之上。不难看到,语言能力既构成了人性能力的表征,又内在地提升了人性能力。

（五）判断力

在判断力中,人的能力得到了更为综合的体现。判断力以理性、

---

① 参见 C.K. Ogden and I.A. Richards, *The Meaning of Meaning — A Study of the Influence of Language upon Thought and of the Science of Symbolism*, Routledge & Paul Ltd, 1952, pp.9 - 10。

感知、想象、直觉、洞察等方面的交互作用为前提,表现为分析、比较、推论、确定、决断等活动的统一。作为一种具有综合性质的能力,判断力的特点首先体现于联结与沟通,后者既涉及上述不同能力之间的交融,也以观念形态与外部对象之间的关联为内容。在实质的层面,判断展开为人对世界不同形式的把握,判断力则表现为实现这种把握的能力。

相应于知与行的不同领域,判断力呈现为不同的形式。从认识过程看,判断力主要以普遍的概念、范畴、理论与经验内容之间的联系为指向:随着普遍的概念、范畴等被引用于特定的经验对象或经验内容,普遍概念与经验内容之间开始建立起内在的关联,而在这种关联的背后,则是存在的一般性质与特定形态的统一。通过普遍概念、范畴与经验内容的如上联系,存在的一般性质与特定形态的内在联系、事物的不同规定之间的相关性,也得到了把握,主体则由此进而形成了对事物不同维度、不同层面的认知。事实上,作出认识论意义上的判断,往往便意味着形成某种知识。在道德领域,判断力体现于伦理规范与具体情境的结合,以中国哲学的观念加以表述,其中所展示的也就是"理一"与"分殊"之间的沟通。从道德行为的选择,到道德行为的评价,都涉及伦理规范如何引用于具体情境的问题,道德领域的判断力,便表现为将"理一"与"分殊"加以统一的能力。与以上二种形态有所不同,审美领域的判断力,主要表现为人的目的性与对象呈现形式之间的沟通:通过确认特定对象的合目的性,人同时形成了关于对象的审美判断。

作为把握世界与人自身之"在"的方式,判断内在地包含着创造之维:对具体的个体而言,作出判断,总是渗入了创造性的活动。某种判断从社会的层面看也许并未提供新的观念,但只要它超越了作出判断的个体对世界与人的原有理解视域、包含了他对存在及其意义的新见解,那么,这种判断对相关的个体而言便依然具有创造的意味。与之相联系,渗入于判断之中的判断力,也以综合的形式,体现了人的创造能力。在外在的层面或直接的形态上,判断似乎首先与想象相关:判断所涉及的关联,往往由想象提示。然而,想象中呈现的联系如果没有得到确认,便难以提供对世界或人自身存在的实际把握,而这种联系的确认,总是通过判断而实现。广而言之,判断所指向的特定境域及境域中的具体对象,常常由感知所提供,与之相对的普遍概念或原理,则关乎理性之域。总起来,判断力的作用既关联感知、体验,也涉及理性的分析、推论;既需要借助想象,也有赖于直觉、洞察。从观念与对象的联系与沟通,到存在意义的确认,固然都涉及一般规则的运用,但规则的这种运用并无既定或不变的程式,也无法仅仅借助形式化的推绎。这里我们无疑需要区分规则与规则的运用:规则本身呈现形式化的特点,但规则的运用则是非形式化的,正是后者,突显了判断力的意义,而规则本身也是在判断力的作用过程中,才获得现实的品格。判断的形式或者表现为以普遍统摄特殊,或者侧重于将特殊归属于普遍①,二者的实质指向和现实内容,则是世界的敞开与存在意义的澄明。

作出判断往往并不是基于对相关对象所有方面或规定的认知。在很多情况下,判断乃是以对相关事务既有所知又非完全知为其现

---

① 康德曾区分了判断力作用的两种形态:在普遍的东西(如规则、原理、法则)被给予的前提下,判断力表现为以这种普遍的东西(规则、原理、法则)将特殊收摄于其下;在唯有特殊被给予的情况下,判断力需要找到普遍的东西。与第一种形态相关的是规定性的判断力,与第二种形态相涉的则是反思性的判断力。从把握存在的方式看,前者表现为以普遍统摄特殊,后者则似乎是通过发现普遍的规定而将特殊归属于这种普遍规定。(参见 Kant, *Critique of Judgment*, Hafner Publishing Co., 1951, p.15)

实的前提。以认识过程而言,当人看到一座带有门或窗的建筑物时,常会作出"这是一幢房屋"的判断,尽管此时他所看到的可能仅仅是该建筑的某一部分(如带有门或窗的一面墙),而非其全部。不难看到,在以上判断中,既涉及概念的引用(通过应用"房屋"这一概念,相关对象被归入"房屋"这一特定之"类"),又包含着某种预期或推论。在人形成"这是一幢房屋"的判断之时,虽然他看到的只是一面墙,但他同时又预期或推知这一建筑还有其他三面墙,这种预期和推知内在地蕴含于判断过程及判断的结果,并使当下的认识得到扩展(亦即使认识超越了特定时空中的直接呈现),而其本身则以有关房屋的背景知识为前提:根据判断者已有的知识经验,房屋这一类建筑通常有四面墙。判断是一种自觉的、专注性的意识活动,然而,背景性的知识往往并不以显性或明觉的方式呈现,而是更多地表现为波兰尼所说的隐默之知或默会之知(tacit knowing)。事实上,作为人性能力的体现形式,判断力的特点之一在于沟通显性的知识系统与隐默的知识背景,而在这一过程中,它本身也体现了自觉的确认、判定与潜在的预期、推论等认知活动的交融。在判断力的以上作用中,既可以看到直观、联想以及概念引用等认识功能的互动,也不难注意到自觉之知与隐默之知的统一。

在不同能力的综合作用中,判断力同时也展示了人的内在力量。无论是事实的认知,抑或价值的评价,都渗入了判断力的作用。从事实的认知看,感性材料或概念形式每每只是提供认识的条件和前提,仅仅获得这些前提条件并不足以构成知识。唯有在此基础上进一步作出具体的判断,才可能形成关于相关对象的认识。即使在"这是一所学校"这样的简单表述中,也已内在地蕴含着判断:它的认识内涵,便是借助判断而得到体现和确认。同样,道德、审美领域的价值评价,也总是通过判断而得到实现:在"他做得对"或"那花很美"这一类陈述中,已分别内含伦理判断与审美判断。在作出判断之前,认识与评价过程中的各种因素往往表现为互不相关的各种质料或形式,通过判断,它们才呈现为有意义的观念结构和思想形态,后者的具体内容,则是对世界与人自身的把握:观念的统一所折射的,便是存在形态的统一。进而言之,通过以不同的方式认识世界与人自身,判断力同时又沟通了知与行:对具体对象、情景的判断常常为人的选择与决定提供了根据,而选择和决定则进一步将人引向不同形态的实践。以道德领域而言,对特定情景、普遍义务的把握以及二者关系的判断,构成了在相关情景中作出道德选择和道德决定的前提,后者又推动人从"知当然"(道德认识)走向"行当然"(道德实践)。

从哲学史上看,康德对判断力予以了深入、系统的考察。在康德那里,判断力既涉及认识领域,也关乎道德实践与审美过程。在认识领域,判断力所指向的是知性与感性的沟通:"如果把一般的知性视为规则的能力,那么判断力就是一种归属于规则之下的能力,即区别某种东西是否从属于一个已有规则的能力。"[1]这种归属,具体地表现为特殊与普遍的联结(特殊的经验内容与普遍范畴的沟通)。在道德实践中,判断力涉及道德概念的运用[2],在审美领域,判断力则表现为对合目的性的评判,具体而言,也就是"通过愉快与不愉快的情感,对自然的合目的性作出判断"。[3] 当对象在外在形式上的合目的性引发审美主体自由愉悦的情感时,主体往往便会形成审

---

[1]　Kant, *Critique of Pure Reason*, Translated by N. K. Smith, St. Martin's Press, 1965, p.177.

[2]　康德将道德领域中判断力的运用与合乎普遍的法则联系起来,并以此作为判断的"理性主义"(rationalism of judgment)的内在规定。(参见 Kant, *Critique of Practical Reason*, Cambridge University Press, 1997, p.61)

[3]　Kant, *Critique of Judgment*, p.30.

美判断。通过自然的合目的性这一概念,判断力沟通了自然概念之域与自由概念之域,①并使理论理性与实践理性之间的过渡成为可能。

康德对判断力的理解,无疑涉及了人的能力。然而,在康德那里,判断力首先又与先天的形式相联系,作为审美判断力核心概念的"自然的合目的性",便被规定为一条"先天原理"。② 如前所述,判断涉及特殊向普遍的归属,而在康德看来,"先验判断力"所需做的,也就是提供这种归属的"先天条件"。③ 与之相联系,康德将判断力理解为一种天赋的机能:"尽管知性能够用规则来被教导和配置(equipped with),但判断力是一种独特的才能,只能习行,无法教授。它是一种天赋的特殊品格,其缺乏无法通过学习来弥补。"④作为先天的禀赋,判断力更多地表现为一种固有的机能(faculty)⑤,而有别于现实的能力(capacity or power)。机能近于属性,具有既成性,能力则以生成性为更实质的特性,它形成于现实的知、行过程之中,其作用也体现于这一过程。作为人的内在力量,人的能力同时构成了知、行活动所以发生的现实根据。然而,当判断力被理解为先天而固有(既成)的规定时,它与现实的能力之间显然已有一定的距离。事实上,作为"先

---

① Kant, *Critique of Judgment*, p.33.

② Ibid., p.19.

③ Ibid.

④ Kant, *Critique of Pure Reason*, p.177.

⑤ 康德在《实用人类学》中,从人类学的角度,将作为审美判断力的趣味,规定为人的机能(faculty),相对于康德在认识论领域之注重形式的条件,人类学似乎更侧重"人"这一种类所具有的属性、机能,而范畴、概念的形式性与判断力的机能性,也相应地形成了某种对照。这里无疑也从一个方面体现了康德理解判断力的内在视域。(参见 Kant, *Anthropology from Pragmatic Point of View*, Southern Illinois University Press, 1978, p.14)

天条件",判断力与范畴或纯粹知性概念等认识形式已处于同一序列,相对于能力所内含的现实品格,其先验的、被给予性的品格似乎处于更为主导的方面。对判断力的以上看法,从一个侧面表明,康德对人性能力的理解,仍有其自身的限度。

要而言之,理性、感知、想象、直觉、洞察、言与意,以及判断力表现了人性能力的多重形式。这里既涉及理性与感性的关系,也关乎更广意义上理性与非理性的统一;既体现了人性能力的不同表现方式,又展示了人性能力的综合形态。与知、行过程的多样性、丰富性相应,人性能力的形式也呈现多重性,并可从不同的视域加以概括、考察和理解。作为成己与成物所以可能的条件,人性能力本身也在成己与成物的过程中取得具体的形态。

三 结构与本体

作为成己与成物的内在力量,人性能力具有结构性。从认识世界的维度看,认识的发生往往与一定背景中的问题相联系,问题推动着基于已有知识系统的多方面探索,后者又以具体地理解、把握相关对象和关系为指向。就对象而言,从问题的发生到问题的解决,表现为对世界认识的深化;就人性能力的体现而言,这一过程又在动态层面上展开为具有一定指向性的意识或精神结构。广而言之,从直观到思维,从推论到判断,人性能力的展开与作用,都在不同的意义上与内在的精神结构相联系。

从类的角度看,以思维的逻辑等为形式的精神结构,并非先天或先验的存在,而是形成于人类知与行演进的漫长历史过程。就个体而言,其形成则以个体自身的活动以及个体与社会的交互作用为前提。如前文所提及的,精神结构并不仅仅是心理性的存在,它与概念形式、逻辑模式等具有内在的联系。社会地、历史地形成的概念、逻辑形式对个体来说无疑具有先验的性质（先于个体经验），通过教育、引导、学习以及个体与社会之间广义的互动，这种形式逐渐内化于个体的意识，并获得内在的规范意义：个体的知与行唯有合乎以上形式，才能为社会所肯定和接纳。在这种互动过程中，普遍的形式渐渐赋予个体精神以结构性和定向性。思维方式、概念形式的内化，同时又与个体自身的行动相联系。根据发生认识论的研究，在个体早期的简单行动中，已蕴含某种结构性，这种活动在不断重复之后，往往通过记忆、理解而凝化为较为稳定的意识结构或形式。如前所述，形成于社会历史过程的逻辑、概念形式具有先于个体的性质，与之相应，其内化首先也以它的既成性为前提。相对于此，行动结构或行动的逻辑在个体意识中的凝化，则表现为一个生成的过程。进而言之，即使是社会地形成的普遍形式，也唯有在为个体所理解和接受之后，才可能内化于其意识之中。通过理解与接受而实现的这种由外在形式向内在结构的转换，对个体而言也同时具有某种生成性。不难看到，精神结构的建构，在总体上表现为内化与生成的统一。

考察精神结构的内化与生成，应特别关注个体与社会的互动。在个体早期生活过程中，已存在不同形式的社会交往活动。通过语言、示范等方式，作为社会成员的成人努力让尚未完全融入社会的个体以社会所希望和要求的方式行动，作为婴儿的个体同样也以他们独特的说明方式，让成人按其意图行动。例如，在想抓住某物而又够不到的情况下，婴儿往往会用手指向该物，而这一意图如果为成人所理解，他们便能够获得意欲得到之物。这一过程可以视为有效交往，其中包含指向性、理解、意图的实现等环节；它不仅仅表现为单向的表达，而且涉及个体间的相互理解与沟通。正是在有效交往的过程中，指示性等表达方式与一定的意图或目的之间逐渐建立起稳定的联系,这种联系经过往返重复,又进一步抽象化或符号化为某种心理模式或精神结构。有效的交往作为个体与社会互动的过程,同时涉及社会对个体的要求以及个体对社会的理解;个体目的或意图的实现,往往以把握和合乎蕴含于社会要求之中的普遍规范、规则等为条件。通过有效的交往,普遍的规范、思维的形式等逐渐为个体所理解和接受,后者构成了这种规范、形式内化于个体意识的前提。作为精神结构形成的前提条件,有效交往既赋予精神结构以社会性,也从一个方面规定了其过程性:相应于社会交往的历史性,精神结构不同于现成或凝固的形态,而是呈现历史性与过程性的品格。

作为人性能力的体现,精神结构具有本体的意义。这里所说的"本体",与中国古典哲学中本体与工夫之辨所涉及的"本体"相关。如所周知,从宋、明开始,本体与工夫的关系便成为中国哲学的重要论题。这一论域中的"本体"首先关联人的存在及其精神活动。以明代心学而言,在谈到本体与工夫的关系时,王阳明指出:"合着本体的,是工夫;做得工夫的,方识本体。"① 此所谓本体即作为先天道德意识的良知,工夫则指道德认识与道德实践(致良知)。按王阳明的理解,精神本体是知行工夫的出发点,知行工夫则应基于并合乎精神本体。王阳明的心学赋予本体以先天性质,无疑有其问题,但它对本体及其意义的肯定并非毫无所见。② 从现实的层面看,人的知行活动既

---

① 王守仁:《传习录拾遗》,《王阳明全集》,上海古籍出版社,1992 年,第 1167 页。

② 顺便指出,以上语境中的"本体",与西方哲学中的 substance 不同,后者以"实体"为义,并往往被规定为存在的"终极基质"(the ultimate substratum,参见 Aristotle,Metaphysics,1003a25,1017b23 – 25,*The Basic Works of Aristotle*,Random House,1941,p.731,p.761);与工夫相对的"本体"则侧重于精神的本然形态及稳定的趋向,如上所述,它主要被理解为知行工夫的出发点及根据(参见杨国荣:《存在之维·导论》,人民出版社,2005 年)。

有其社会历史的背景,也离不开内在的人性根据,所谓精神本体,便可视为知行过程的内在根据。以意识的结构性与综合统一为形态,精神本体以不同的形式制约着人的知行活动。从知行活动的取向(包括对象的选择、目的的确立,等等),到知行活动的方式,都内含着精神本体的作用。正是通过引导、规定人的知行活动并赋予其以方向性,精神本体具体地展现为人性能力的内在根据。

精神本体作为人性能力的内在根据,有其心理性的规定。无论从其生成过程看,抑或就其存在形态或存在方式而言,精神本体都难以离开人的意识过程;它对知行活动的制约作用,也总是与人的意识及其活动息息相关。以意识的综合统一为存在形态,精神本体无疑呈现心理的性质;从思维趋向,到德性品格,都不难看到这一点。心学将本体与"心"联系起来,已有见于此。然而,如前所述,不能由此将精神本体归结为纯粹的心理结构。与普遍的概念形式及规范的内化相应,精神本体同时又超越特定的心理规定,包含宽泛意义上的逻辑或准逻辑之维。事实上,精神的结构在凝化之后,其间的关系、联结便具有稳定的性质,从而获得了某种逻辑的意义。从哲学史上看,心学系统中的一些哲学家固然试图沟通性体与心体,但当他们以心体规定本体之时,往往突出了本体的经验、心理内涵,对其普遍的逻辑意义,则未能予以充分的注意。另一方面,逻辑行为主义者则常常把关注之点主要指向逻辑的形式,并由此表现出将心理还原为逻辑的倾向。在谈到语言与思维的关系时,维特根斯坦便认为,"思维是某种语言"①。相应于早期对逻辑形式的注重,维特根斯坦在这里所提及的语言,首先侧重于其形式的结构及意义,而将思维归结为语

---

① "Thinking is a kind of language", L.Wittgenstein, *Notebook: 1914 - 1916*, Blackwell, 1979, p.82.

言,则多少显现出以逻辑净化、消解心理规定的趋向。与以上理解相对,精神本体既不同于纯粹的心理结构,也有别于抽象的逻辑形式。在其现实性上,它具体地表现为心理与逻辑的统一。

精神本体的结构性及其逻辑之维,同时呈现形式的意义。事实上,从普遍概念形式的内化,到行动逻辑向思维逻辑的转换,精神本体或精神结构的生成都包含形式的方面,而逻辑之维与形式的规定在现实的存在形态中也很难截然相分。当然,精神本体并不仅仅是空洞的形式,与形式相互关联的是其实质的内涵。精神本体的实质的方面,首先与认识世界和认识自己的过程相联系,其内容则表现为凝化于意识结构的认识成果。与之相关但又有不同侧重的是价值内容,后者在道德品格或德性那里得到了具体的体现。基于个体长期的实践,现实的道德原则、伦理规范、价值标准,等等,逐渐通过认同、接受而内化为个体的道德品格和德性,后者构成了精神本体的重要方面。精神本体的另一具体内容,是审美意境。作为审美理念、审美鉴赏准则的内化和凝聚化,审美意境不同于一时或偶然的审美感受,而是基于审美经验的长期积累,具有稳定性、恒久性的性质。概而言之,精神本体既具有形式的结构,又以真、善、美的实质内容为具体形态;心理与逻辑、形式与实质在精神本体中展示了内在的统一性。作为有内容的形式与有形式的内容,精神本体既区别于纯粹的先验范畴,也不同于单纯的经验意识。

以心理与逻辑、形式与实质的交融为具体形态,精神本体同时超越了偶然的意念。王阳明曾区分了意念与作为本体的良知:"意与良知当分别明白。凡应物起念处,皆谓之意。意则有是有非,能知得意之是与非者,则谓之良知。依得良知,即无有不是矣。"[1]意念作为应

---

[1] 王守仁:《答魏师说》,《王阳明全集》,上海古籍出版社,1992 年,第 217 页。

物而起者,带有自发和偶然的特点。所谓"应物而起",也就是因境(对象)而生,随物而转,完全为外部对象所左右,缺乏内在的确定性。与意念不同,作为本体的良知既非偶然生成于某种外部境遇,也并不随对象的生灭而生灭。它乃是在行著习察的过程中凝化为内在的人格,表现为专一恒定的品格。唯其恒常而内有主,故不仅非外物所能移,而且能自我立法、自我评价,并判定意念所涉之是非。要而言之,作为稳定的意识结构,精神本体具有超越偶然性、情景性、当下性的特点。

在哲学史上,朱熹曾批评佛家"专以作用为性"[1],并对此作了如下解释:"佛家所谓'作用是性',便是如此。他都不理会是和非,只认得那衣食作息、视听举履,便是道。说我这个会说话底,会作用底,叫着便应底,便是神通妙用,更不问道理如何。"[2]这里所说的佛家,更多地指禅宗。从哲学的层面看,"以作用为性"的特点在于仅仅关注饮食起居、行住坐卧以及与此相关的偶然或自发意念,并将这种偶然、外在的意识活动等同于内在之性。在宋明理学特别是程朱一系的理学中,"性"不同于偶发的意念而是以普遍的"道"、"理"为内涵,从而具有本体之意;"以作用为性",则意味着以偶然、自发的行为及意念消解这种普遍本体。不难看到,朱熹对"专以作用为性"的以上批评,乃是以承诺精神层面的本体为前提。

近代以来,"以作用为性"的趋向往往仍以不同的形式表现出来。这里首先可以一提的是实用主义。与注重特定的问题情景相应,实用主义常常强调人在具体的境遇中的活动以及特定的操作行为,而

---

① 朱熹:《朱子语类》卷一二六,《朱子全书》第 18 册,上海古籍出版社、安徽教育出版社,2002 年,第 3941 页。
② 朱熹:《朱子语类》卷六二,《朱子全书》第 16 册,上海古籍出版社、安徽教育出版社,2002 年,第 2025 页。

对普遍的概念形式以及这种形式如何转化为精神本体却缺乏必要的关注。对精神本体的这种看法,在某种意义上也是"以作用为性",它以偶然性、情景性、当下性为知行活动的全部内容,既未能充分注意类的文化历史沉淀在成己与成物过程中的作用,又忽视了具有结构性、确然性的个体精神形态对知与行的意义。①

以精神本体为内在根据,人性能力同时展现为某种定势(disposition)。定势具有本体论的意义,就对象来说,它表现为必然之势,如水之趋下,葵之向阳,等等;从人的意识活动或精神形态看,它则呈现为稳定的心理趋向。以思维方式而言,明于辨析、长于综合,每每表现为人性能力的多样体现,不同的个体,在此往往呈现某种个性差异,作为基于内在精神本体的个性特点,这种差异不同于偶发的意识现象,而是作为确然的定向,具体地体现在个体思考问题、解决问题的过程中。思维方式上的个性差异,显然并非取决于特定情景或境遇:特定的情景或境遇具有偶然性及变迁性,从而难以担保思维的确定趋向。与之相对,凝化于个体的精神本体,则以绵延而稳定的形态,从内在的层面赋予人性能力以确然的定势。

可以看到,以精神本体及精神定势为存在形态,人性能力同时呈现本体论的意义。作为人的内在定势,人性能力不同于外在的逻辑规则或概念形式:逻辑与概念具有非人格的性质,可以外在或超然于特定个体,不会随着个体的变迁而生灭。相对于此,人性能力已化为存在规定,与个体融合为一,并始终与个体同"在"。从认识之域,到

---

① 维特根斯坦在否定意识及其活动使语言具有生命的同时,强调语言的实质就是"使用"(use),(参见 L. Wittgenstein, *The Blue and Brown Books*, Harper & Row, Publishers, 1965, pp.3‐4)这种看法所涉及的虽是语言与意识及思维的关系,但就其以外在的"用"消解内在意识、精神形态而言,也在相当程度上表现出"以作用为性"的倾向。

实践过程,人的能力与人的存在都难以彼此分离。以"人性"规定人的能力,首先也是基于人性能力的这种本体论性质。

人性能力与个体的同"在",无疑使能力本身呈现个性特点。事实上,如前所述,相应于概念形式向个体意识的内化以及个体存在形态的多样性,人性能力也具有个性的差异。然而,这并不意味着人性能力仅仅表现为个体性的规定。与心理和逻辑、形式和实质的交融一致,人性能力也包含普遍性的品格。说一个人具有解决代数问题的能力,意味着如果给他一道难度适中的代数题,他便能给出正确的解答,而这种解答的正确性,同时具有普遍、公共的性质。人性能力与普遍性、公共性的这种联系,从一个方面表现了个体性与普遍性在人性能力之上的统一。

四 知识、智慧与视域

精神结构赋予人性能力以内在根据,并使之在本体论意义上获得了定势的意义。与之相辅相成的是人的视域(perspective)。这里所说的视域,是对事物和世界较为一贯、稳定的看法和态度,它不仅包括认识论意义上对世界的理解,而且也涉及价值观意义上对待世界的立场。视域既从一个方面体现了人性能力,又构成了人性能力作用的内在背景。

在成己与成物的过程中,人既从已有的知识经验出发,又不断深化对世界的理解,并通过概念形式与经验内容的结合而形成新的知识经验。知识经验是对世界特定方面或层面的把握,这种具有特定内涵的认识成果融合于意识系统以后,不仅构成进一步考察对象的知识前提,而且逐渐转换为个体稳定的视域。视域既是一种内在趋向,又渗入了知识内容,它在某种意义上可以看作是由知识内容所规定的考察视角。知识经验的不断积累与反复运用,往往赋予个体以相应的视域,这种视域不仅规定了考察问题的方式,而且提供了理解事物的特定角度。对同一现象,具有专业知识的个体与缺乏相关知识的个体常常有不同的考察角度。如见到高山之上的植物,一般旅游者往往从审美的角度观赏其呈现的自然景色,植物学家则每每从阔叶、针状之别,考察海拔高度与植物形态的关系,这里便体现了由知识积累的不同而形成的视域差异。通常所谓职业的敏感,事实上也内含着与特定知识背景相关的独特视角。①

视域不仅基于知识领域,而且折射了一定的存在背景。从形而上的层面看,所处境域的不同、内在存在规定的差异,往往对视域产

---

① 赖尔在《心的分析》一书中曾区分了"知道是何"(knowing that)与"知道如何"(knowing how),并将人的能力主要与 knowing how 联系起来,这一看法后来被广泛地认同和接受。事实上,"知道是何"与"知道如何"无法截然相分,人的能力也相应地并非仅仅涉及"知道如何"。"是何"("是什么")往往主要被视为认识论问题,"如何"做则同时被理解为方法论问题。然而,从现实的形态看,关于对象的认识,总是包含方法论的意义:当知识运用于知和行的过程时,它同时便获得了方法论的意义。另一方面,懂得"如何"做,又以获得相关对象的知识为前提。在这里,"知道是何"与"知道如何"已呈现了内在的相关性。进而言之,知(knowing)、存在(being)、做(doing)亦难以彼此分离:关于存在(事实)的"知",往往蕴含了应当如何做之"知"。例如,知道了某种植物有毒,这首先是关于"存在"(事实)之知,但其中又蕴含着应"如何做"(如避免食用该植物)之知。上述情况从另一方面展现了"知道是何"与"知道如何"之间的联系。此外,就"知道如何"自身而言,又包含理论与实践两个层面,理论的层面包括对"做"的过程中各种规则、程序等的把握,实践的层面则体现于以上知识在"做"的过程中的适当运用;前一方面近于"知道是何",后一方面则表现为狭义上的"知道如何"。在此,同样可以看到"知道是何"与"知道如何"之间的内在关联。就认识与能力的关系而言,"知道是何"与"知道如何"之间的如上联系表明,无论是关于"如何"的知识(knowledge of how),抑或关于"是何"的知识(knowledge of what),都涉及人的能力。事实上,人的认识(包括关于"什么"的知识与关于"如何"的知识)既渗入于实践过程而化为具体的能力,又通过融入人的精神本体而在更广的意义上成为人性能力的现实构成。

生相应的影响。庄子在《逍遥游》中曾分析了鹏与斥鷃之间的"视域"差异:"有鸟焉,其名为鹏,背若太山,翼若垂天之云,抟扶摇羊角而上者九万里,绝云气,负青天,然后图南,且适南冥也。斥鷃笑之曰:彼且奚适也? 我腾跃而上,不过数仞而下,翱翔蓬蒿之间,此亦飞之至也,而彼且奚适也? 此小大之辩也。"斥鷃之笑鲲鹏,表现了二者在视域、观念上的不同,对斥鷃而言,翻腾、翱翔于蓬蒿之间,便是其生活的全部目标,扶摇而上九万里,则完全超出了它的想象。从本体论上看,斥鷃与鲲鹏在视域与观念上的如上差异,导源于二者在生活境域及各自存在规定上的不同:斥鷃与鲲鹏首先是具有不同存在品格的个体,这种不同的存在形态既制约着它们的存在方式,也规定了其视域和观念。不难看到,庄子在这里乃是以鸟喻人:斥鷃、鲲鹏之别的背后,是人的差异;二者在视域上的分野,则折射了人的不同存在境域对其观念的影响。

就更具体的社会领域而言,作为现实的社会成员,个体之间存在着社会地位、利益等方面的差异,这种差异往往化为看待世界的不同立场、倾向,后者随着时间的延续而渐渐凝化为内在的视域。体现不同社会背景的立场、倾向在化为视域之后,又进一步影响着个体对世界以及人自身的理解。对相同的对象,处于不同社会背景、具有不同视域的个体,常常形成不同的看法。以社会的变革而言,在特定历史变革中利益受到冲击的群体,容易形成对这种变革的质疑、批评态度,变革的受益者,则更倾向于对这种变革的支持和认同。立场、态度的以上差异,同时体现了视域的不同。这里的视域不仅仅是知识的凝化,在其现实性上,它同时包含了社会历史的内容。

作为人性能力作用的背景,视域既制约着对特定对象的考察和理解,也影响着普遍层面上对世界的看法,后者在哲学之域得到了更具体的体现。哲学的观点、立场凝化为内在视域,往往构成了哲学思维的一般前提,哲学家对世界的理解,总是本于这种视域。以海德格尔的哲学而言,与传统的形而上学不同,海德格尔提出所谓基础本体论,否定存在的超验性,肯定世界之在与人自身存在的联系。然而,海德格尔同时又以现象学为其视域,现象学的特点之一是关注事物在意识中的直接呈现而悬置其前后的演化过程,这种视域明显地渗入海德格尔对世界的进一步理解。海德格尔之注重工具的"在手边"性质,便体现了这一点:"在手边"所展示的,是工具的当下性、既成性。尽管他也肯定在手边的工具不同于纯粹之物,但"在手边"所侧重的,主要仍是已然与现成。事实上,作为存在的特定形态,工具有其形成的过程,这种过程性从一个方面折射了存在的历史性和过程性,对此,海德格尔似乎未能给予充分关注。他固然也肯定时间性,但在其哲学系统中,时间性主要与个体从被抛掷到世界直至其死亡的生存历程相关,而缺乏更广的社会历史内容。不难看到,现象学的视域深深地渗入海德格尔对世界之在及人的存在的看法。

以相对稳定的观点、立场为内容,视域既构成了人性能力作用的背景,也对人性能力的作用形成了某种限定。具有一定专业领域知识者,往往主要关注与该领域相关的方面或对象,并习惯于从与之相关的角度看问题;处于特定社会境域者,往往倾向于从自身所处的地位、境遇考察对象;接受某种哲学观念、立场者,则常常以这种立场、观念作为理解世界的前提,如此等等。按其本义,视域与广义的"观"或"见"相联系,它提供了"观"物或"见"物的一定角度,事物的某些方面唯有从一定的视域或角度加以考察,才可能为人所见。但另一方面,仅仅从一定角度出发,往往又有"见"于此而无"见"于彼。同时,视域一旦被凝固化、绝对化,便可能转化为成心或成见。由此出发,往往容易偏离现实的存在。怀疑论者每每由此对正确认识世界的可能性提出质疑:既然人总是具有与一定视域相联系的成见或成心，则真实的世界如何可能达到？

回应以上质疑的首要之点，在于肯定视域的可转换性。如前所述，视域具有相对稳定的特点，但这并不意味着个体注定只能从某一视域看问题。对具体的个体而言，其视域既非命定，也非不可转换。从一定的视域考察对象，固然往往会形成对事物的某种理解，但视域本身又具有可转换或可扩展的特点。① 通常所说的从不同角度看问题，便意味着转换或扩展视域，由此克服和超越特定视域可能带来的限定。在哲学史上，庄子曾区分了考察存在的不同视域："以道观之，物无贵贱；以物观之，自贵而相贱；以俗观之，贵贱不在己。"②"道"在本体论上被规定为统一性原理，在认识论上以全面性为其内涵，"以道观之"，即从整体、统一的视域考察世界；"物"、"俗"则指特定的存在形态，"以物观之"、"以俗观之"亦即以基于这种特定存在形态的视域考察世界，由此往往形成所谓"成心"（片面、先入之见）。庄子要求超越后者（"以物观之"、"以俗观之"）而走向前者（"以道观之"），其中无疑也蕴含着视域转换之意。

视域的可转换性与可扩展性，体现了人性能力的自我调节功能。

---

① 伽达默尔亦曾注意到视域的作用，不过，他对视域的理解似乎包含二重性。一方面，他肯定视域并非凝固不变，而是具有形成性，但另一面，其注重之点又主要在于历史的视域与现在的视域的沟通、已有文本与理解过程之间的交融，他所提出的视域融合（fusion of horizons）也主要侧重以上两个方面。（参见 Hans-Georg Gadamer, *Truth and Method*, Translation revised by J Weinshimer and D. G. Marshall, The Cotinuum Publishing Company, 1998, pp.306－307, p.374, pp.394－395）与后一方面相联系，伽达默尔否定视域的不变性，更多地涉及文本意义的生成：没有既定、不变的文本意义，意义是在过去的文本与现在的理解过程的互动、交融中不断生成的。对视域的如上看法，与这里所说的视域转换与视域扩展似乎有所不同。事实上，伽达默尔对理解的前见、理解的历史性等方面的强调，在逻辑上更侧重于既成视域。

② 《庄子·秋水》。

从存在的形态看,视域的形成诚然离不开人的知行过程,但作为人性能力的背景,它已沉积、隐存于意识的深层,并多少获得了自在的性质:从一定视域出发,往往并非基于个体自觉的选择,而是表现为某种自发的趋向。然而,视域的转换与扩展,又具有自觉的性质。这里既涉及确定性与可变性的关系,又关联着自发与自觉之辨。视域制约的自发性与视域转换的自觉性,从不同方面表现了人性能力的作用方式,前者展示了人性能力与知识积累、社会背景之间的内在联系,后者则使之不断超越限定、指向真实的世界。

在克服与化解视域限定的过程中,需要特别关注形上智慧的意义。前文所提及的知识,主要与具体的经验领域相联系,它以经验世界中特定事实为对象,以命题、范畴等对具体对象分别地加以把握。相对于知识而言,智慧更多地表现为对"性与天道"的追问。这里所说的"天道",首先指向作为整体的世界及其存在法则;"性"则更多地与人自身的存在相联系,并具体展开为对人与世界的关系、人的存在意义、价值理想的追问。在知行过程的历史展开中,人既逐渐获得和积累知识经验,也不断走向智慧之境,二者又进一步凝聚、转换为不同的视域。如前所述,知识所把握的是经验世界中的特定对象,与之相联系的视域,也呈现界限性。相对于此,智慧则以扬弃界限为其指向。在成己与成物的过程中,智慧之境既通过转换为个体视域而为人性能力的作用提供了深层背景,又通过扬弃界限而推动着具体视域的转换和扩展。

相对于精神结构的本体论意蕴,视域更多地从"观"、"看"及价值立场等维度展示了认识论、价值论的意义。知识经验和形上智慧融合于意识过程,既从不同方面提升了人性能力,又通过凝化为内在视域而为人性能力的作用提供了认识论、价值论的前提和背景。精神本体与认识视域的互融和互动,一方面使人性能力及其作用获得了内在根据,另一方面又从认识论、价值论等层面赋予它以现实的作用方式和形态。

在成己与成物的过程中,人的能力构成了认识世界与改变世界(成物)的前提,表现为认识自我与改变自我(成己)的内在条件。以感性与理性、理性与非理性等统一为形式,能力融合于人的整个存在,呈现为具有人性意义的内在规定;以体与用、本体与视域的交融为背景,人性能力同时又展现了本体论的性质。作为人的本质力量的体现,人性能力既植根于人的潜能,又在知与行的展开过程中取得现实的品格;既表现为稳定的形态,又具有生成性;既被赋予形式的规定,又包含实质的内容;既与普遍之理相关,又涉及个体之心。在凝化为人的内在存在规定的同时,人性能力又渗入于知与行的全部过程,从而在本原的层面,为成己(认识自我与改变自我)与成物(认识世界与改变世界)提供了内在的担保。

第三章
规范系统与意义生成

　　作为一个历史过程,成己与成物不仅以人性能力为其内在条件,而且关联着多重形式的规范系统。一方面,成己与成物具体展开为知和行的过程,后者本身包含不同意义上的规范性;另一方面,这一过程中所形成的知识与智慧,又通过外化为普遍的规范系统而进一步制约知、行过程。以认识世界与认识自己、改变世界与改变自己为指向,规范既与做什么及如何做(to do)相关,也涉及成就什么(to be)。与目的性规定相联系,规范内含价值之维;以实然与必然为本,规范又有其本体论根据。从形式的层面看,规范与"理"相近,具有外在的、非人格的特点,但其现实的作用却并非隔绝于内在的意识(心),规范与个体及其意识活动的关系,具体展开为心与理的互动。作为制约存在形态与存在过程的当然之则,规范构成了人与人的共在所以可能的条件,对共同生活的这种担保既体现了规范普遍、公共的社会品格,又展示了其历史性和具体性。

一　实然、必然与当然:规范之源

人何以有规范的问题?这本身是一个具有本原意义的问题。从逻辑上看,何以有规范的问题首先涉及人为什么需要规范,后者又与人的存在形态、存在方式相联系。人既认识世界与认识自己,也改变世界与改变自己,这一过程不仅使人在实然之外同时面临当然(规范)的问题,而且赋予后一方面(当然—规范)以内在于知行过程的本原性质。[①] 中国哲学视成己与成物为本体论意义上人的存在形态,并将礼、义等价值原则与之联系起来,已从一个方面注意到规范与人之"在"的以上关系。

在宽泛的意义上,规范可以理解为规定与评价人的活动(doing)及存在(being)形态的普遍准则。存在形态涉及成就什么,如后文将进一步讨论的,规范在此具有导向的意义;活动或行动则首先指广义的实践过程,在引申的意义上,它也兼及意识活动(如认知、思维过程,等等)。在行动之前及行动之中,规范主要通过引导或约束行动来对其加以调节;在行动发生之后,规范则更多地构成了评价这种行动的准则。当然,调节与评价并非截然相分,以道德规范而言,当某种动机萌发时,尽管行动尚未发生,意识的主体也会根据一定规范对

[①] 从以上前提看,一些研究者以"人具有自觉的理性意识"解释人何以有规范问题(参见 C. M. Korsgaard, *The Sources of Normativity*, Cambridge University Press, 1996, pp.46 – 47),显然很难视为对问题的真正把握。

这种动机加以评判,以确定其正当与否;同样,对已发生的行动的评价,也往往制约、调节着进一步的道德行为。

从作用的方式看,规范呈现多样的形态。作为当然之则,规范以"应当"或"应该"为其内涵之一,后者蕴含着关于"做什么"或"如何做"的要求。在"应当"或"应该"的形式下,这种要求首先具有引导的意义:"做什么"主要从行动的目标或方向上指引人,"如何做"则更多地从行为方式上加以引导。与引导相反而相成的是限定或限制。如上所述,引导是从正面告诉人们"应该"做什么或"应该"如何做,限定或限制则从反面规定"不应该"做某事或"不应该"以某种方式去做。引导与限定往往表现为同一原则的两个相关方面,如"说真话"(引导)与"不说谎"(限定)即表现为同一诚实原则的不同体现。①

引导性的规范,同时呈现某种说服的性质。以"应该"为形式,引导性的规范不同于外在命令,对于命令,不管是否愿意都只能执行,引导性的规范则以相关主体的接受、认同为其作用的前提,而接受与认同又往往诉诸说服。与说服相对的是强制。强制性的规范也蕴含着一定的要求,但这种要求不仅仅以"应该"或"应当"为形式,而是同

---

① 规范的具体形态,可以从不同角度加以区分。赖特(G.H. von Wright)在总体上将规范分为三类:即规则(rule,主要指游戏规则、语法规则、逻辑法则)、规定(prescription,指命令、允许等)、指示或指导(direction,主要指技术规范),同时又区分了三类次要的规范,即习俗(customs)、道德原则、理想规则(ideal rule)。(参见 G.H. von Wright, *Norm and Action: A Logical Enquiry*, Routledge and Kegan Paul, 1963, pp.15-16)根据规范的不同作用对象、作用领域、作用方式,也可分别对认识、道德、审美、法律、宗教、礼仪、习俗、技术等领域的规范作区分:认识领域的规范,主要与真假相关;道德领域的规范,涉及广义的善恶;审美准则,关联着艺术创作与审美鉴赏;法律规范,侧重于正当性、合法性的确认;宗教戒律,以超验追求为背景;礼仪规范,与文野之别相联系;习俗中的规定,以文化认同为指向;技术规程,旨在保证有效的技术操作;等等。这里主要从理论的层面考察规范的一般性质和特点,不拟详细讨论规范的具体形态。

时表现为"必须"。需要注意的是,规范的强制性与规范的限定性不能等而同之。限定性的规范主要表现为否定性的要求,这种要求既可以取得强制的形式,也可以取得说服的形式。如所周知,道德规范与法律规范都包含限定性的方面,但前者(道德规范)具有说服的性质,后者(法律的规范)则以强制性为其特点。

规范既与做什么及如何做(to do)相关,也与成就什么或成为什么(to be)相联系,后者即涉及前文所提及的存在形态。以道德领域而言,道德的规范不仅制约人的行为,而且对人自身走向何种形态也具有引导和规定作用。儒家以仁为核心的价值原则,在儒家那里,仁既表现为德性,也包含规范的意义。与后一涵义(规范性)相应,儒家所说的"为仁",一方面要求在行为过程中遵循仁的规范,另一方面则意味着按仁的原则塑造自我。在相近的意义上,一般的价值理想也具有规范的意义:它作为目标引导着人在人格形态上趋向于这种理想。广而言之,政治、法律、科学等领域的规范,也呈现双重作用。在政治、法律领域,规范不仅规定着人们的行为,而且也要求人们成为具有政治、法律意识及相应品格和能力的存在,亚里士多德所谓"政治动物"以及现代语境中的守法公民,在不同的意义上蕴含了以上内涵。同样,科学的规范也既规定和约束着科学领域的行为,又引导从事相关活动的人成为科学共同体的合格成员。

做什么(to do)与成为什么(to be)并非彼此分离。人格的塑造、存在形态的成就,与行为方式往往相互联系。就"为仁"而言,以仁为准则塑造自我(获得仁的品格而成为仁者),总是离不开循仁而行(在行动中遵循仁的规范)的过程。同样,政治、经济、法律、科学等领域的人格形态,往往也与相关规范所制约的行为过程具有一致性。另一方面,在一定规范引导下所成就的人格,又需通过具体的行动得到体现和确证。存在形态上合乎某种规范与行为方式上循乎这种规范,具体地展现了做什么(to do)与成就什么(to be)之间的内在关联。

以引导行为与成就人为指向,规范内在地蕴含着目的性规定。如前所述,从普遍的层面看,规范根源于成己与成物的历史需要,其功能也体现在为认识世界与认识人自身、变革世界与变革(成就)人自身提供条件与担保。事实上,按其本来形态,规范总是渗入了价值的内涵,其意义在于达到广义的"善"(the good),后者同时构成了其目的性规定。在道德、法律等领域,与规范相联系的广义之"善"首先表现为行为的正当性或合法性,在变革自然等领域,这种作为目的性规定的"善"又同时涉及行为的有效性。

一些规范初看似乎与目的无直接联系,如习俗所内含的规定、游戏规则,其目的指向往往并不显而易见。但若作进一步的分析,则仍可以发现其目的内蕴。以习俗而言,它在某种意义上包含二重性:作为自发形成、具有规则性(regularity)的现象,习俗呈现近于"自然"对象的特点,也正是基于此,习俗的研究在某些方面往往采取与科学探索相近的描述(description)方式。但习俗同时又构成了一定民族、人群的行为准则,从而具有规范性。作为规范,习俗的意义之一在于实现文化认同和共同体的凝聚,后者(达到文化认同、共同体的凝聚)同时构成了习俗的内在目的。同样,游戏规则也内含自身的目的性规定。以不同形式的竞技、比赛活动而言,其规则既具有建构意义(表现为这类活动所以可能的条件),也以保证活动的秩序性(包括有效地确定优胜者)为目的性指向。

作为价值意义的体现,规范的目的性在更本原的层面涉及人的需要。如前所述,规范以达到广义的"善"(the good,包括行动的正当性与有效性)为目标,后者本身基于人的需要。从道德实践的领域看,道德规范构成了社会秩序与个体整合所以可能的必要担保,而这种担保之所以必要,又与社会生活的生产与再生产相联系:如果社会成员之间未能在仁道、正义等基本伦理原则和规范之下合理地处理和定位彼此的关系,并由此形成某种道德秩序,那么,社会生活的生产与再生产便无法实现。在生活实践展开的过程中,普遍的伦理理想、价值原则、行为规范、评价准则,同时从一个侧面提供了将社会成员凝聚起来的内在力量:为角色、地位、利益所分化的社会成员,常常是在共同的道德理想与原则影响与制约下,以一种不同于紧张、排斥、对峙的方式,走到一起,共同生活。在这里,社会生活的历史需要,无疑构成了道德规范的内在根据。同样,政治、经济、法律、科学等不同的实践领域,其规范也在相近的意义上形成于相关实践过程的多样需要。

需要与目的相联系,更多地具有价值的意义,以需要为本,相应地体现了规范的价值根据。事实上,作为当然,规范总是表现为价值领域的规定与准则。然而,价值意义上的当然同时又与本体论意义上的实然和必然难以分离。中国哲学对道的理解,已体现了这一点。在中国哲学中,"道"既被理解为存在的法则,又被视为存在的方式。作为存在的法则,"道"更多地体现了对象性的规定,具有自在的性质。作为存在的方式,"道"又与人相联系,包含为我之维:存在的方式不仅涉及对象如何存在,而且也关联着人本身如何"在"。道作为存在的法则,表现为必然;作为与人相联系的存在方式,则具有当然之意。事实上,在中国哲学中,道既指"必然",又以"当然"为其内涵。"当然"内在地指向规范系统,后者(规范系统)往往取得理想、规则、程序等形式。在中国哲学看来,对世界的追问,并不仅仅在于揭示存在的必然法则,而且更在于发现、把握人自身如何"在"的方式,当孟子强调"得天下有道"、"得其民有道"[1]时,他所说的"道",便既涉及

---

[1] 《孟子·离娄上》。

社会领域的存在法则,又与人如何"在"(人自身存在的方式)相联系。所谓如何"在",具体包括如何安邦治国、如何变革对象、如何成就自我、如何解决人生的诸问题,等等。

关于必然与当然的关系,王夫之曾从形而上的层面作了具体阐释。在具体分析道的内涵时,王夫之指出:"气化者,气之化也。阴阳具于太虚絪缊之中,其一阴一阳,或动或静,相与摩荡,乘其时位以著其功能,五行万物之融结流止、飞潜动植,各自成其条理而不妄,则物有物之道,人有人之道,鬼神有鬼神之道,而□知之必明,处之必当,皆循此以为当然之则,于此言之则谓之道。"①一阴一阳、气化流行之道,首先表现为内在于事物的必然的法则,它赋予世界以普遍的秩序(使事物各有条理而不妄);通过揭示必然之道以把握合理的行为方式(所谓"知之明而处之当"),则进一步为实践过程提供了内在的规范,作为规范行为的普遍原则,道同时便获得了当然之则的性质。以存在法则与存在方式的统一为前提,必然同时构成了当然的本体论根据。

从具体的实践领域看,相关规范的形成总是基于现实的存在(实然)以及现实存在所包含的法则(必然),与实然或必然相冲突,便难以成为具有实际引导和约束意义的规范。以现代生活中的交通规则而言,它所调节的,是车辆之间以及车辆与行人之间的关系,其具体规则的形成,则需要考虑不同道路之间的纵横联系、车辆的速度和密度、车辆与道路的关系、人的行为特点,等等。尽管作为当然之则,它具有约定性(如车辆靠左行驶或傍右行驶在不同的国家或地区往往有不同的约定),但其有效性、合理性最终基于对以上各种状况(实

---

① 王夫之:《张子正蒙注》卷一,《船山全书》第 12 册,岳麓书社,1996 年,第 32—33 页。

然)以及其间的确定联系(必然)的正确把握。随着现实存在形态的变化,规则系统本身也需要进行相应调整,如高速公路出现之后,有关车辆时速的规则,便需作某种改变。可以看到,以交通的安全、畅通为目的性指向,作为当然的交通规则系统本身又以实然与必然为依据。

规范(当然)与实然的联系,在"应当蕴含能够"(ought entails can)中也得到了具体的体现。宽泛而言,"能够做"在逻辑上蕴含三重意义:其一,有能力做,它所涉及的主要是行为者,即一定个体是否具有完成某种行为的能力;其二,能成功地做,这里的"能够"同时关乎更广的背景与条件,如某时某地能否驾机起飞,除个体的飞行能力外,还取决于相关的机械、气象等条件;其三、被允许做,其中涉及行为与其他规范系统的关系(是否为具有更广制约作用的规范系统所许可),这里所说的能够,主要侧重于第一重涵义。就行为的选择而言,规范所规定的"应当"(做),以相关主体(行为者)"能够"(做)为前提,而能够则意味着具有做某事的能力(ability),这种能力本身又表现为一种事实(实然):主体(行为者)之具有相关能力,并非基于主观的随意认定,而是呈现为一种现实的存在形态(实然)。当然(规范)与能够(能力)的以上联系,则相应地体现了当然与实然的联系。孟子曾区分了"不能"与"不为":"挟太山以超北海,语人曰:'我不能',是诚不能也。为长者折枝,语人曰:'我不能',是不为也,非不能也。"①"挟太(泰)山以超北海"之所以不能成为"当然"(应当履行的规范),首先就在于它超出了人的能力,"为长者折枝"之所以"应当"成为行为准则,则是因为它处于人的现实能力所及的范围之内;后者以实然(能力可及)为其根据,这一根据在前者之中则付之阙如。

———————————

① 《孟子·梁惠王上》。

进而言之,在具体的实践领域,规范既本于一定的需要,又常常涉及相关领域特定的行为或活动方式,无论是现实的需要,抑或一定的活动过程,都有其现实的规定性。以需要而言,与主观意义上的欲望不同,它更多地表现为现实关系所规定的客观趋向。同样,不同的活动过程本身内含一定的秩序和结构,后者也是现实的存在,具有实然的性质。规范唯有以这种具有实然性质的秩序与结构为根据,才能有效地引导实践过程。从经济、政治、法律等社会领域的活动,到技术性的操作过程,规范的合理性、有效性都既离不开对现实需要的把握,又以体现相关领域活动的特定秩序和结构为前提。

　　以当然的形态呈现的规范与实然、必然的以上联系,往往未能得到充分的关注和确认。一些研究者虽然注意到规范的根据问题,但对这种根据的理解,却显得相当抽象。在这方面,考斯伽德(C.M. Korsgaard)似乎具有一定的代表性。在《规范性之源》(*The Sources of Normativity*)一书中,考斯伽德将道德规范的根源列入研究之域,而其主要的结论则是:规范性之源首先应追溯到人的反思审察(reflective scrutiny)能力或意识的反思结构(reflective structure),这种能力和结构使人能够形成自我认同的概念,并进一步自我立法,而由此构成的法则或规范即为行动提供了理由。[①] 规范性之源涉及规范的基础与本原,从而,与规范的根据具有相通性;以人的反思审察能力或意识的反思结构为规范性的终极根源,则意味着从人的意识之中,寻找规范的根据。尽管考斯伽德的看法涉及了下文将具体讨论的规范与内在意识的关系,但仅仅从意识结构中追寻规范之源,这种进路显然未能真正把握规范(包括道德规范)的现实根据。以道德规范而言,考

---

　　① 参见 C.M. Korsgaard, *The Sources of Normativity*, Cambridge University Press, 1996, pp.92 - 113。

察其根源,首先需要着眼于现实的社会伦理关系。从家庭伦理看,在人类的历史演进到一定时期之后,"关心子女"与"敬重父母"等便成为行为基本的规范。对具体的个体来说,自觉地理解或接受这种规范固然与理性的意识相联系,但从这些规范本身的起源看,则并非直接来自人的理性反思。在社会发展的一定历史时期,当子女来到这个世界时,父母作为子女生命的给予者便同时被置于一定的责任关系(包括对子女的养育之责);同样,作为关系的另一方,子女也具有对父母加以尊重、关心的义务,这不仅仅是一种简单的回报,而是以上伦理关系本身蕴含的内在要求。制约家庭生活的道德规范,便基于以上的伦理关系。广而言之,作为具体的社会成员,人总是处于多方面的社会关系之中,这种关系往往规定了相应的义务;个体一旦成为关系中的一员,便需要承担蕴含于关系中的义务,并遵循与义务相应的规则或规范。市场的经济活动,有特定的市场规则;一定的学术团体,有自身的学术规范;大众传媒组织,有媒体活动的规则;公众之间的讨论,有言说与回应的一般程序,如此等等。以上规则、规范、程序,可以看作是相关义务的特定表现形式,而这种义务本身又是由交易双方、团体成员、媒体与大众所涉及的关系所规定。考斯伽德以意识的反思性为规范之源,无疑忽视了以上事实。

作为制约人的存在与行为的准则,规范的形成与运用同时又与实践活动的重复性、延续性相联系:一定的规则,总是对同类实践活动中的不同行为都具有引导或约束作用。以足球比赛而言,其规则便是所有的足球赛事都应当遵循的。事实上,从现实的形态看,不存在仅仅适用于孤立的行为或一次性活动的规则或规范。如果说,本于必然主要从本体论上规定了规范的普遍品格,那么,人的活动与规范的以上关系则从社会实践的层面赋予规范以普遍涵盖性。然而,另一方面,规范又并非凝固不变。如前所述,规范固然以实然与必然为依据,但它同时又与人的目的、需要相联系,并包含某种约定的性质。就规范的形成而言,某一实践领域的规范何时出现、以何种形式呈现,往往具有或然的性质,其中并不包含必然性。规范的这种性质,从一个方面体现了规范的历史品格。随着存在背景以及人自身目的、需要的变化,规范也每每发生相应的转换。以民用航空的乘坐规则而言,在移动电话等无线电子设备出现以前,乘坐飞机并无禁用无线电子设备的规定,在这类电子设备逐渐普及之后,为避免干扰航空通讯、保证航空安全,禁用以上设备的规则便应需而生,而这些规则本身又会随着通讯技术的进一步发展而发生改变。从更广的视域看,国际社会有维护国际经济、政治等秩序的准则,这种国际准则在不同的历史时期,往往需要作出调整,以适应新的世界格局。质言之,不仅规范的形成呈现历史性,而且规范在形成之后,也具有可转换性。可以看到,规范的普遍性与规范的历史性、可转换性,构成了规范的相关规定,后者同时也表现了当然之则与必然法则之间的差异。

进一步看,规范的作用过程,总是涉及人的选择:人既可以遵循某种规范,也可以违反或打破这种规范。与之相对,作为必然的法则(包括自然法则),却不存在打破与否的问题。一定的社会共同体可以制定"气温降到零下一度应当开暖气"这一类规范,但尽管有此规定,共同体中的成员仍可以在气温下降到了零下一度后,选择不开暖气,从而打破以上规范。但"水到零下一度将转换为固态",则是自然的法则,这种法则具有必然性,无法被人打破:在通常的条件下,一旦达到零下一度,水便必然转换为固态(冰)。规范与法则的以上区分从另一个侧面表明:不能将当然等同于必然。

然而,在哲学史上,由于肯定当然与必然的联系,一些哲学家往往对二者的区分未能给予充分注意,程朱一系的理学家便多少表现出这一倾向。程朱以天理为第一原理,这种"理"既被视为存在的根据,又被理解为普遍的伦理规范。作为普遍的规范,理常常被赋予超验的性质:"说'非礼勿视',自是天理付与自家双眼,不曾教自家视非礼;才视非礼,便不是天理。'非礼勿听',自是天理付与自家双耳,不曾教自家听非礼;才听非礼,便不是天理。'非礼勿言',自是天理付与自家一个口,不曾教自家言非礼;才言非礼,便不是天理。'非礼勿动',自是天理付与自家一个身心,不曾教自家动非礼;才动非礼,便不是天理。"①"天理付与"也就是天之所与,在界定仁道规范时,朱熹更明确地点出了此义:"仁者天之所以与我,而不可不为之理也。"②作为天之所与,规范已不仅仅是一种当然,而且同时具有了必然的性质:所谓"不可不为",便已含有必须如此之意。事实上,朱熹确实试图化当然为必然,从其如下所论,便不难看到此种意向:"身之所接,则有君臣父子夫妇长幼朋友之常。是皆必有当然之则,而自不容已,所谓理也。"③"自不容已"意味着自我无法根据自身的意愿加以支配,它的背后,蕴含着对不可选择的趋向或力量的肯定。以"自不容已"的外在命令为形式,天理已超越了自我的自愿选择,所谓"孝弟者,天之所以命我,而不能不然之事也"④,即表明了此点。对个体来说,"不能不然"意味着对天之所命别无选择、必须服从。作为"不能不"服从的对象,孝悌等规范同时被赋予必然的性质:行为之必须如

---

① 朱熹:《朱子语类》卷一一四,《朱子全书》第 18 册,上海古籍出版社、安徽教育出版社,2002 年,第 3615 页。

② 朱熹:《论语或问》卷一,《朱子全书》第 6 册,上海古籍出版社、安徽教育出版社,2002 年,第 613 页。

③ 朱熹:《大学或问下》,《朱子全书》第 6 册,上海古籍出版社、安徽教育出版社,2002 年,第 527 页。

④ 朱熹:《论语或问》卷一,《朱子全书》第 6 册,上海古籍出版社、安徽教育出版社,2002 年,第 613 页。

此,导源于规范的必然强制。从逻辑上看,将当然之则理解为"自不容已"、"不能不然"之理,往往趋向于以当然为必然,而在道德实践的领域,以当然为必然,则常常容易使规范异化为外在的强制。就更广的视域而言,融当然于必然,意味着弱化或消解人在规范系统中的自主选择等作用,从而导向与忽视规范的客观根据相对的另一极端①。

要而言之,规范既本于实然与必然,从而有其现实的根据,又渗入了人的目的,并包含不同意义上的价值内涵;作为当然,规范同时具有约定的性质,从而有别于自然的法则。在规范的不同形态中,以上规定往往呈现不同的表现形式。以技术性的规程或规则而言,它所涉及的首先是人与对象的关系(如何有效地作用于相关对象,使之合乎人的需要),相应于此,其本于实然与必然这一面常常得到了更多的展示;在审美、道德、文化等领域,规范所面对的主要是人自身以及人与人之间的关系(包括各种共同体中的活动),从而,其合目的性与约定性每每显得较为突出。进而言之,以人自身以及人与人之间关系为主要制约对象的规范往往又有不同的侧重:较之审美、道德的规范更直接地突显出价值内涵,各种共同体中的游戏规则更集中地展现了约定的性质。当然,上述不同的侧重具有相对性,技术性的规则或规程诚然体现了与实然和必然的切近关系,但它同时又以让对象为人所用或合乎人的目的为指向,后者显然包含了价值的内涵。

---

① 康德在某种意义上也表现出将当然视为必然的倾向,在谈到规则(rules)时,他曾指出:就其具有客观性而言,规则(rules)"也可称之为法则(laws)"。(Kant, *Critique of Pure Reason*, Translated by N. K. Smith, St. Martin's Press, 1965, p.147)较之规则的当然意蕴,法则更多地体现了必然,以规则为法则,多少意味着将当然纳入必然。事实上,在道德哲学中,康德确乎在相当意义上把当然同时理解为必然,如后文将提及的,他对道德律的看法,便明显地表现了这一点。顺便指出,考斯伽德(C.M. Korsgaard)虽然以认同康德为其哲学立场,但对规范的理解却与康德似乎存在实质的差异。

同样,审美趣味与道德规范分别涉及自然的形式与现实的人伦(伦理关系),从而无法离开实然。游戏的规则虽有约定性,但作为共同体中相关活动有效展开的担保,其中也渗入了某种价值的内涵。从总体看,规范固然有多样的表现形态,但在体现实然、必然与当然的交融以及现实性、价值性、约定性的统一等方面,又具有相通之处。

二 心与理:规范与内在意识

规范作为当然之则,具有普遍的、无人格的特点:它并非内在或限定于特定个体,而是外在并超越于不同的个体。然而,这并不意味着规范与个体及其意识彼此悬隔。无论是外在规范的实际作用,抑或内在意识的活动过程,都可以看到二者的相互制约。从中国哲学的视域看,规范可以视为“理”的具体形态,人的意识则属“心”之域,从而,规范与内在意识之间的互动,同时涉及“心”与“理”的交互作用。

如前所述,规范系统的发生、存在都离不开人,其作用也基于人的接受、认同、选择。与人的意愿、态度、立场相联系,对规范的接受、认同、选择内在地涉及人的意识过程及精神活动或精神形态。接受、认同以理解为前提,后者不仅是指了解规范的具体规定、要求,而且包括对规范的必要性、正当性的判断;选择则出于人的意愿,当规范与人的意愿相冲突时,即使其意义得到了充分的理解,也往往难以担保它在实践中被遵循。这里的理解、认同、接受、选择,等等,都同时展开于意识过程,并包含考斯伽德所提及的理性反思、理性审察等作用:将理性审察视为规范之源无疑是抽象的,但这一类的内在意识确实又渗入于规范的运用过程。

维特根斯坦曾对遵循规则(following rule)作了考察,并着重肯定了其普遍性、公共性:"仅仅一个人只单独一次遵守规则是不可能的。同样,仅仅一个报导只单独一次被报告,仅仅一个命令只单独一次被下达,或被理解也是不可能的。——遵守规则,作报告,下命令,下棋都是习惯(习俗,制度)。"①规则作为行为的规范,不限定于特定个体或特定情景,这里的习惯与习俗、制度相联系,也包含普遍性与公共性之义。对维特根斯坦而言,习惯总是通过具体的行动而体现出来:"因此,'遵守规则'也是一种实践。而认为自己在遵守规则并不就是遵守规则。"②由强调遵循规则的超个体性和实践性,维特根斯坦进而将遵循规则与内在的意识、精神过程(mental process)隔离开来。事实上,对遵守规则与"认为"自己遵守规则的区分,便同时蕴含着以上的分离。就其现实形态而言,"认为"自己遵守规则固然不同于遵守规则,但遵守规则的过程却难以完全排除个体的自觉意识。然而,在肯定前者("认为"自己遵守规则不同于遵守规则)的同时,维特根斯坦似乎多少忽视了后者(遵守规则的过程无法隔绝于个体的自觉意识),从以下的表述中,我们不难看到这一点:"当我遵守规则时,我并不选择。我盲目地遵守规则。"③如前所述,选择基于自觉的意识与内在的意愿,"盲目地遵守规则"而"不选择"与不思不勉、从容中道的行为方式不同:不思不勉、从容中道是经过自觉而又超越自觉(达到更高层面的自然之境),"盲目地遵守规则"而"不选择",则尚未经过这样一个自觉自愿的过程,它在某种程度上意味着隔绝于自觉的意识与意愿之外。从总体上看,维特根斯坦确实倾向于将遵循规则理解为与内在意识无涉的外在行为方式,这种观点以规范作用过程的公

---

① 〔英〕维特根斯坦:《哲学研究》,李步楼译,商务印书馆,1996 年,第120 页。

② 同上,第 121 页。

③ 同上,第 128 页。

共性、实践性,排斥了规范与内在意识的联系,其中体现了某种行为主义的视域。

　　较之维特根斯坦,孟子表现了不同的思维趋向。按《孟子》一书的记载,孟子曾与他的同时代人告子就仁义问题展开论辩:"告子曰:'食色,性也。仁,内也,非外也;义,外也,非内也。'孟子曰:'何以谓仁内义外也?'曰:'彼长而我长之,非有长于我也。犹彼白而我白之,从其白于外也,故谓之外也。'曰:'异于白马之白也,无以异于白人之白也。不识长马之长也,无以异于长人之长与?且谓长者义乎?长之者义乎?'"①仁与义在广义上都兼有德性与规范之意,在以上语境中,义则侧重于外在规范,包括尊重长者("彼长而我长之")。告子首先将价值意义上对长者的尊重("彼长而我长之")与事实意义上以白色之物为白("彼白而我白之")等而同之。物之白为外在的事实属性,以白为白即基于这种外在规定。同样,对告子而言,长者之长(年长)也是外在的,告子由此推出对长者的尊重亦具有外在性:"彼长而我长之"仅仅基于对象年长("彼长")这一外在规定。与之相对,孟子则通过人与马的比较,对事实的认定与价值的规范作了区分:"长马之长"即由马之"长"(马龄之高)而肯定其为"长"(老),"长人之长"则是对年迈的长者表示尊重;前者属"是"(事实),后者则属"义"(应当)。孟子反对仅仅赋予"义"以外在性,其前提即是规范(以尊重长者等形式出现之"义")的作用离不开内在的意识,在"且谓长者义乎?长之者义乎?"的反诘中,孟子已明确地表达了这一点:"长者"之长是对象性的规定,"长之者"之"长"则是人的行为方式(尊重长者),作为对待长者的方式和态度,其特点在于出于内在的敬重之意。在孟子看来,唯有后者,才体现了"义"。孔子在谈到孝时,曾指出:

---

　　①　参见《孟子·告子上》。

"今之孝者,是谓能养,至于犬马,皆能有养;不敬,何以别乎?"①"孝"是体现于亲子之间的道德规范,这里的"敬"则表现为内在的意识,包括对父母的真诚敬重、关切,对孔子而言,缺乏这种内在的道德意识,则即使有各种外在的表示(如"养"),其行为也不具有遵循、合乎规范("孝")的性质。孟子强调"义"的内在性,可以视为孔子以上思路的进一步阐发,相对于告子将规范("义")仅仅归结为外在的规定,孟子的看法无疑更深入地把握了规范作用的特点。

当然,规范的作用与内在意识的联系,并不意味着遵循规范仅仅表现为有意而为之的过程。在现实的生活过程中,人们往往并不是先想到某种规范或先作出应当遵循规范的决定,然后再依规范而行。合规范的行为,常常表现为习惯性的、不假思为的过程。以遵循交通规则而言,对现代社会的驾车者来说,见红灯则停,转绿灯则行,已成为近乎本能的反应。对规范的这种习惯性的遵循,以规范的内化为其前提。这里所谓规范的内化,是指通过长期的、反复的实践,对规范的理解、接受和认同逐渐融入行为者的意识或精神结构,成为某种隐默意识(tacit consciousness)及内在的精神定势。从而,一旦出现与某种规范相联系的情景,便会以近于自发的方式循此规范。在这里,遵循规范与内在的意识过程的联系并没有根本变化,改变的只是意识作用的方式:对规范的有意识接受、认同、选择,逐渐转换为隐默意识与精神定势的内在制约。

遵循规范与内在意识过程的以上联系,主要体现了"心"对"理"的影响。从更广的视域看,"心"在作用于"理"(规范)的同时,本身也多方面地受"理"(规范)的制约。就认识过程而言,从感知到思维,都可以看到普遍规范不同形式的影响和调节。感知领域以观察的客

---

① 《论语·为政》。

观性为一般的原则,尽管对客观性可以有不同的理解,而且观察往往渗入了理论,但如其所是地把握外部世界,无疑作为一般原则引导着感知活动。同样,思维的过程也受到不同规范的制约。从形式的层面看,思维的正确性,总是以遵守逻辑规则为前提,虽然人们在思维过程中并不是每时每刻都想到逻辑的规则,而且,仅仅遵循逻辑规则,也不能担保达到创造性的认识成果,但合乎逻辑地思考,确实从一个方面构成了正确认识世界的条件。

"理"(规范)对"心"的影响和制约同样体现于道德领域。道德意识的重要形态是道德情感。从形式的方面看,道德规范主要表现为社会的外在要求,道德情感则是个体的内在意识,二者似乎缺乏内在的关联,然而,进一步的分析则表明,实际的情形并非如此。作为道德意识的具体形态,道德情感的形成、培养,直接或间接地受到道德规范的影响。以内疚感而言,其产生过程即渗入了道德规范的作用:内疚往往伴随着某种自我谴责,而这种谴责即源于行为与道德规范的不一致,从逻辑上看,这里包含着衡之以道德规范以及由此形成某种情感反应的过程。同样,对非道德现象或非道德行为的不满,也与基于道德规范的评价相联系:非道德现象或非道德行为之所以引发不满的情感,主要即在于它不合乎主体所肯定和接受的道德规范。

在更普遍的意义上,道德的规范同时制约着德性的培养。德性作为统一的精神结构,包含着普遍性的规定,这种规定难以离开对规范的自觉认同。事实上,德性的形成过程,往往与按规范塑造自我的过程相联系;一定时期占主导地位的规范体系,既制约着人们的行为,也从社会价值观念等方面影响着人格的取向。《礼记》已指出:"道德仁义,非礼不成。"①宽泛而言,"道德仁义"不仅有普遍性的一

---

① 《礼记·曲礼上》。

面,而且包含内在性之维,当它与"礼"相对时,便更多地表现为渗入于人之品格与德性的内在规定。这里的"礼"则既涉及制度或体制,又指一般的规范系统。所谓"道德仁义,非礼不成",意味着内在品格的形成,离不开普遍之礼的制约。李觏对此作了更具体的肯定:"导民以学,节民以礼,而性成矣。"①此所谓"性",主要指与天性相对的德性,"导民以学,节民以礼",也就是引导人们自觉地接受、认同普遍的规范,并以此约束自己;"性成"则是由此而使天性提升为德性。张载也提出了类似的看法,强调"凡未成性,须礼以持之"。"故知礼成性而道义出。"②这里所确认的,亦为"知礼"(把握规范系统)与成性(从天性到德性的转换)之间的统一性。广而言之,通过影响人的德性,规范也从一个方面引导着精神世界的塑造。

与科学认知、伦理德性相联系的是审美意识。审美领域也有自身的标准或准则,后者对审美意识(包括审美趣味)同样产生多方面的影响。以审美经验而言,其特点在于不同于单纯的感性快感,而美感不同于感性快感的根源之一,则在于前者(审美经验)的形成与一定的审美标准相联系。《论语·述而》中记载,"子在齐,闻韶,三月不知肉味。曰:'不图为乐之至于斯也!'""闻韶乐而不知肉味",意味着审美意义上的愉悦使人超越了感性层面的快感,精神的这种升华,又与审美规范的引用相联系。《论语》记叙了孔子对韶乐与武乐的比较:"子谓韶:'尽美矣,又尽善也。'谓武:'尽美矣,未尽善也'"③韶乐即传说中舜之时代的音乐,武乐则是周武王时代之乐,孔子所确认的审美标准是美善的统一,韶乐之所以为孔子所欣赏,即在于它已达到

---

① 李觏:《李觏集》,中华书局,1981年,第66页。
② 张载:《张载集》,中华书局,1978年,第390页,第37页。
③ 《论语·八佾》。

了这一标准。从另一方面看，正是以美善统一的审美判断准则衡之韶乐，使孔子闻此乐而不知肉味。与积极意义上的欣赏相对的，是否定层面的拒斥。孔子曾提出"放郑声"的主张①，郑声即郑国之乐，之所以要求对其加以放逐、疏离，主要就在于它不合乎孔子所坚持的审美标准，所谓"恶郑声之乱雅乐也。"②这里的"恶"，包含着情感上的憎弃，它与韶乐引发的审美愉悦，正好形成了某种对照。要而言之，韶乐、郑声之别以及二者导致的不同情感反应，都与审美规范的引用、影响相联系。

可以看到，与人的实践活动及"在"世方式的多样性相应，规范表现为多样的形态，后者又从不同的方面制约着人的意识活动。当然，规范的引导、影响，更多地构成了意识活动合理、有效展开的条件，它并不排斥或限定人的创造性。事实上，规范总是蕴含着创造的空间。以下棋或其他竞技性的活动而言，遵循一定的游戏、比赛规则是参与有关活动的基本前提，但要成为优胜者或赢得比赛，则仅仅遵循规则显然不够，它同时需要相关活动的参与者创造性地运用规范。类似的情况也存在于认识过程。如前所述，思维合乎逻辑（规则），是达到正确认识的必要条件，但仅仅合乎逻辑规则，并不能担保对世界真实、深入的认识。规范在引导与限定思维过程的同时，也为创造性的思考提供了广阔的天地，从而呈现开放性。但创造性的思考如何具体展开，则非规范所能预设。

在道德实践的领域，同样可以看到普遍规范与个体意识的交互作用。道德实践的过程总是展开于特定的情景，对具体情景的分析，既要求规范的引用，又涉及原则的变通。中国哲学很早已开始关注

---

① 《论语·卫灵公》。
② 《论语·阳货》。

这一问题,在经权之辩中,便不难看到这一点。"经"所侧重的,是原则的普遍性、确定性,"权"则含有灵活变通之意。中国哲学家在要求"反(返)经"的同时,又反对"无权"①,这里已涉及规范的引用与具体情景的分析之间的关系。更值得注意的是,在中国哲学那里,经与权的互动,总是与个体及其内在意识交织在一起。王夫之的以下论述在这方面具有一定的代表性:"惟豫有以知其相通之理而存之,故行于此不碍于彼;当其变必存其通,当其通必存其变,推行之大用,合于一心之所存,此之谓神。"②王夫之的这一论述既涉及天道,也关联着人道。从后一方面(人道)看,所谓"相通之理"便包括普遍的规范,知相通之理而存之,意味着化普遍规范为内在的观念结构。通与变的统一,包含着"经"(普遍规范的制约)与"权"(基于情景分析的权变)的互动,而在王夫之看来,这种统一与互动,又以内在的观念结构为本(合于一心之所存)。"理"的变通与"一心之所存"的以上联系,同时展示了个体内在的意识活动在普遍规范的引用、情景分析等过程中的作用。

规范的作用通过个体的理解、认同、接受、选择而实现,个体的意识活动又受到规范的多方面制约,与此相联系的是合乎规范与创造性思考的交互作用。规范与个体内在意识的如上关系,从一个方面具体体现了心与理的统一。

三 形式、程序与规范:意义世界的现实担保

一般规范与个体意识活动的互动,主要从规范与个体的关系上

---

① 《孟子·尽心上》。

② 王夫之:《张子正蒙注》卷一,《船山全书》第 12 册,岳麓书社,1996 年,第 72 页。

展示了其内在规定性。作为当然之则,规范的作用并不限于个体之域。事实上,无论从历史之维还是现实的形态看,规范都呈现普遍、公共的品格。从人与人的共在过程,到社会体制的建构,都可以看到规范的具体作用。

人是社会性的存在,无法隔绝于他人或群体。人与人的这种共在既是本体论意义上的存在状态,也是历史过程所展示的事实。与之相关的问题是:这种共在何以可能? 在这里,广义的规范显然应当予以必要的关注。历史地看,在初民时代,不同的氏族往往都以某种动物或植物为图腾,这种图腾在相当意义上既是不同氏族之间相互区别的重要标志,也构成了氏族成员集体认同的根据;氏族的凝聚、组合,与之具有内在的联系。在形式的方面,图腾表现为一种文化符号;在实质的层面,图腾则包含着以禁忌(如不准伤害或食用作为图腾的动植物)等形式出现的规范。在这里,便不难看到社会组织的形成与广义规范之间的关系:图腾对社会组织(氏族)形成的影响和制约,同时包含着广义规范的作用。

在中国哲学中,人与人的共在,常常被理解为与个体相对的"群"。按儒家的看法,"群"是人区别并超越于动物的根本特征之一。在对人与其他存在物加以比较时,荀子曾指出:"水火有气而无生,草木有生而无知,禽兽有知而无义;人有气有生有知亦且有义,故最为天下贵也。力不若牛,走不若马,而牛马为用,何也? 曰:人能群,彼不能群也。人何以能群? 曰:分。分何以能行? 曰:义。故义以分则和,和则一,一则多力,多力则疆,疆则胜物;故宫室可得而居也。故序四时,载万物。兼利天下,无它故焉,得之分义也。"[1]"气"、"生"、"知"、"义"侧重于本体论与价值论,"群"则同时具有社会学

————————————
① 《荀子·王制》。

的意义;在"有气有生有知"之外"亦且有义",使人在本体论和价值论的层面区别于其他存在,"能群"则使人在社会组织形式上超越于动物。值得注意的是,荀子由此进一步提出了"人何以能群"的问题。在荀子看来,"群"以"分"为前提,"分"主要表现为等级结构、社会角色等方面的分别,这样,"群"如何可能的问题便具体转化为"分"何以能行,而由后一问题则进而引出了"义"。"义"的原始涵义与"宜"相联系(义者,宜也),"宜"有适宜、应当等意,引申为当然之则。与之相应,以"义"分意味着按一定的准则分别地将社会成员定位于一定的社会结构,由此进而建立等差有序的社会组织("群")。

上述意义中的"义",与"礼"彼此相通,从而,以"义"分又称之为以"礼义"分。荀子在谈到"礼"的起源问题时,便具体地阐述了这一点:"礼起于何也? 曰:人生而有欲,欲而不得,则不能无求,求而无度量分界,则不能不争,争则乱,乱则穷。先王恶其乱也,故制礼义以分之,以养人之欲,给人之求。使欲必不穷乎物,物必不屈于欲,两者相持而长,是礼之所起也。"[1]如前所述,"礼"既指伦理政治的制度,也指与之相应的社会规范系统。在这里,荀子同样着重从如何建立与维护"群"的角度,分析礼的起源及其功能。对荀子而言,礼的特点在于为每一个社会成员规定一定的权利和义务,这种规定同时构成了行为的"度"或界限:在所属的"度"或界限内,其行为(包括利益追求)是合理并容许的,超出了此度,则行为将受到制止。所谓度或"度量分界",实际上蕴含着一种秩序的观念;正是不同的权利界限和行为界限,使社会成员能够以"群"的方式和谐共在,从而避免社会纷争。不难看到,作为普遍规范,"礼"和"义"被理解为有序共在(群)

---

① 《荀子·礼论》。

所以可能的一种担保。①

　　人与人的共在涉及不同的方面。在其现实性上,人首先表现为一种关系中的存在;从日常生活,到广义的经济、政治等实践活动,人与人之间的共在,本质上也展开于关系之间。关系意味着超出个体或自我,从静态看,个体之"在"总是构成了他人之"在"的背景,反之亦然;从动态看,关系则引向个体间的交往。作为人与人共在的背景与方式,人所身处其间的关系具有不同的表现形式,而广义的和谐与冲突则是其基本的形态。和谐以一致、统一为其根据,冲突则导源于差异。从现实的形态看,人与人之间既存在统一性,也包含多重意义上的差异,如何在积极的意义上从统一引向和谐与如何在消极的意义上避免由差异发展为冲突(或将冲突保持于一定限度),构成了人与人共在的相关前提,而这一前提的形成,则离不开社会的规范。作为当然之则,普遍的规范一方面通过正面的引导、要求而使社会成员在生活实践中彼此沟通、协调、合作;另一方面又通过消极意义上的限定而使社会成员的行为不超越自身的权利和义务,从而避免由差异走向冲突或由冲突走向无序。如荀子已注意到的,规范所包含的以上二重功能,使之同时成为人与人的共在所以可能的前提。

　　就社会或公共的层面而言,规范不仅表现出调节(to regulate)功能,而且具有建构性(to constitute)。社会的结构并不仅仅直接地以人与人之间的关系呈现,它总是包含制度或体制的方面。体制的形成涉及不同的前提和条件,其中重要的方面是普遍的价值原则。价

---

　　①　历史地看,一些规范往往是在社会实践中自发形成,然后被逐渐接受、认可,并得到自觉的表述,从而取得规范形式。这里包含实践需要与历史选择两个方面:如果说,社会演化中规范的自发形成,体现了实践的需要,那么,社会对其接受、认可以及进一步的形式化,则表现为历史的选择。礼义在某种意义上也可以视为以上两个方面互动的产物。

值原则既包含一般的理想,也呈现规范的意义,并总是以不同的方式渗入于一定的社会体制。以殷周的礼制而言,它适应了殷周社会的历史需要,也体现了那个时代基于血缘宗法关系的价值原则和价值理想。作为价值原则和价值理想的具体化,礼制的形成同时以相关的价值原则和价值理想为其根据。同样,近代的政治体制,体现的是启蒙时代以来民主、平等、自由等价值原则和价值理想,后者(近代的价值理想与价值原则)在相当程度上引导、规范着近代政治体制的构建。广而言之,一定的规范往往参与了一定社会组织、共同体的建构:科学研究的规范,在相当程度上推进了科学共同体的形成;不同的行业规范,造就了相关的行业组织;多样的游戏规则,在引入特定活动形态的同时,也推动了球队、棋协等团体和组织的建立,如此等等。当然,规范在促成不同的体制、组织的同时,本身也受到体制的制约。一定的体制、组织在形成之后,常常会要求规范系统进一步与之适应,并由此调整原有规范。这样,规范在一定意义上创建体制,体制则要求规范根据其自身形态进行调整,二者互动而又互融。在社会演进过程中,规范与体制往往很难截然相分,如前文一再提到的,中国古代的"礼"便典型地表现了这一点:它既是政治伦理的体制,也包含着普遍的原则和规范;作为体制的"礼"以作为原则和规范的"礼"为内在根据,而后者(作为原则和规范的"礼")又需要适应于前者(作为体制的"礼")。

作为社会生活所以可能的条件,规范具有普遍性的品格。一定时代或一定共同体中的规范如果是有效的,便总是对该时代或共同体中不同的个体都具有约束或调节作用。维特根斯坦以遵循规则(following rule)拒斥私人语言,同时也蕴含着对规范(规则)公共性的肯定。然而,一些哲学家往往未能充分注意规范的这种普遍性品格,在这方面可以一提的是拉兹(J.Raz)。在考察规则的不同形态时,拉孜对个体规则（personal rule）与社会规则（social rule）作了区分。①
这种看法的前提是承认个体规则的存在。事实上，仅仅适用于特定
个体的所谓"规则"，常常只是个体对自身的某种自我要求，如规定自
己"每天6时起床"、"早晨散步半小时"之类，它固然对个体自身的行
动也具有某种规范性，但由于仅仅作用于一己之域，缺乏公共、普遍
的性质，因而只能视为个体性的计划、决心、作息时间等，而无法归入
规范之列。

　　上述意义中的个体要求、计划，也不同于康德所说的自我立法。
康德在道德领域将人的善良意志或实践理性视为道德律的颁布者，
但实践理性所立之法，并不仅仅适用于自我，而是应普遍地运用于所
有个体。康德所肯定的基本道德法则之一便是："仅仅这样行动：你
所遵循的准则（maxim），同时应当能够成为普遍的法则（universal
law）。"②按照康德的看法，"实践领域一切合法性的基础，客观上就
在于规则及普遍的形式（the form of universality）"。③ 质言之，自我
立法完全不同于个体性的要求，道德自律的前提，是确认道德法则的
普遍性。康德的这些看法尽管表现出某种以当然为必然的倾向，但
同时也从道德实践的视域，注意到了规范的普遍性品格。

　　规范所内含的普遍性，对人的实践过程具有内在的影响。如前
所述，规范通过"应当"或"不应当"等要求，对人的行动加以引导、约
束，这种要求在不同的意义上构成了行动的根据或理由："应当"意味
着有理由做某事，"不应当"则为抑制某种行为提供了依据。规范所
蕴含的这种理由和根据，不仅依据于实然与必然，而且凝集了类的历

---

① 　参见 J. Raz, *Practical Reason and Norms*, Hutchinson of Landon, 1975, p.52。
② 　Kant, *Grounding for the Metaphysics of Morals*, Hackett Publishing
Company, 1993, p.30.
③ 　Ibid., p.38.

史经验,体现了社会的要求,它使个体无需在每一次行动之前都从头重新探索是否应当做,也不必在每一次选择之后再具体地考察应该如何做。与认识论上的一般命题相近,渗入于规范的普遍性,超越了个别与殊相,涵盖了相关实践领域的不同方面。以规范为依据,个体的行为选择与行为方式既获得了正当性,也避免了不必要的重复,它在某种意义上体现了行为的经济原则。

以实践为指向,规范同时呈现系统性。不同实践领域中的规范,往往并不是以孤立、单一的形态出现,而是更多地表现为一套系统,从道德规范、法律规范,到游戏规则,都呈现这一特点。以棋类游戏而言,如何移动棋子、如何攻击对方,都有一套系统的规则。从整个社会领域看,不同规范系统之间具有不同的权威性。一般来说,法律规范常常居于更高的支配地位:社会领域中的其他规范如果与法律规范相冲突,便难以获得合法性。当然,规范系统之间也具有兼容性,如在不与法律规范冲突的前提下,其他规范(诸如道德、行业规范等)可以为法律规范所兼容。规范的系统性及系统之间的关系,从另一个方面体现了其公共、普遍的社会性质。

这里似乎可以对规范与规范性作一区别。相对于规范,规范性具有更为宽泛的意义。以语言为例,懂得某一词的涵义,意味着能够正确地使用该词,就此而言,意义(词的涵义)蕴含着"如何"(如何用该词),从而,掌握词的意义,也意味着对其规范性的把握。在相近的意义上,范畴、概念在整理经验材料的过程中,也呈现规范之维。康德已明确指出了这一点:"从形式的方面看,概念总是某种作为规则(serves as a rule)的普遍的东西。"[1]此外,命令、允许、承诺、

---

[1] 参见 Kant, *Critique of Pure Reason*, Translated by N.K. Smith, St. Martin's Press, 1965, p.135。

要求、规定、威胁("如果不如此,则将采取某种行动"之类)都内含不同程度上的规范性。当然,不能将规范性与规范简单地等同。一般而言,规范具有普遍的性质,而一定情景中的命令、允许、承诺、要求、规定、威胁等虽然也具有规范性,但它们往往主要涉及特定的人与事,从而缺乏普遍性。同时,如上所述,规范以系统性为特点,命令、允许、承诺、要求、规定、威胁等具有规范性的表达形式,则常常表现为彼此区别的个别性要求,后者与规范的系统性显然有所不同。

从形式的层面看,规范涉及假言判断与定言判断的关系。康德曾从道德实践的角度,对假言判断与定言判断作了区分,强调道德律是定言判断,而非假言判断。假言判断在逻辑上包含着条件蕴含关系(如果—则),定言判断则不受条件的制约,因而呈现绝对命令的形式。对康德来说,假言判断往往涉及功利目的,它所指向的行为,仅仅出于外在的目的,而道德行为的特点则在于完全以义务本身为根据,不涉及具体结果及功利目的,与之相应,道德律也只能被赋予定言判断的形式。康德以此将道德行为与狭义的功利行为区分开来,否定对道德行为的经验论和功利主义理解,无疑有其意义,但将道德律视为无条件的定言判断或绝对命令,则又有其自身的问题。

道德律所涉及的,既是行为,也是行为者。作为具体的存在,行为者总是置身于现实的社会伦理关系之中,从后一方面看,道德律显然不能仅仅被理解为定言判断。在其现实的形态上,道德律往往取得如下形式:如果你处于某种伦理关系之中,那么,你就应当尽这种关系所规定的义务并遵循相应的规范。在这里,道德准则便同时呈现假言性之维。事实上,正是这种假言的判断形式(如果—则),在逻辑的层面上将实质的伦理关系与形式化(普遍化)的道德律沟通起来;而以上的逻辑关系同时又折射了二者之间现实的联系。①

广而言之,道德领域之外的规范,其作用同样涉及一定的背景以及现实的关系,从而也具有某种假言的性质。以日常生活中的"入乡随俗"而言,"俗"即习俗,其中包含着能否做以及如何做等行为规范,"乡"则可以视为一定的存在形态或存在背景;"随俗"意味着遵循习俗中包含的行为规范,而对规范的这种遵循,又以身处一定的社会境域为前提,其逻辑形式可以表达为:如果来到或生活在一定的社会境域,便应当遵循该境域所要求的行为规范。类似的情形也存在于其他规范性活动中,如遵守交通规则、遵循生产过程的操作规程、遵循学术规范,等等。在此,规范的作用都以一定的现实关系为背景,其要求分别表现为:如果在某一国家或地区驾车或行走,则应遵守当地的交通规则;如果在一定的生产流水线工作,则应遵循相应的操作规程;如果在某一学术共同体中从事研究活动,就应遵循该共同体的学术规范。不难看到,在"如果—则"的逻辑形式背后,是具有实质意义的存在背景和现实的社会关系;规范的假言形态所折射的,是人的存在的社会性以及规范本身的历史性和具体性。

规范在形式的层面不仅涉及逻辑关系,而且关联着不同的表达方式。首先是语言形式。一般而言,以自觉的方式制定的规范,如法律、法规,不同形式的规定(prescription),技术的规程(如关于如何操作的说明)等,往往较为直接地以语言形式加以表示,事实上,表现为规定(prescription)的规范,常常同时被视为所谓言语行动(speech act)。规范也常常以行为方式、仪式等形式表现出来,在社会历史演进中自发形成的规范,如习俗,便主要以非语言的形式存在,其作用的方式,也更多地诉诸示范、模仿等。另有一些规范,其存在与表达

---

① 参见杨国荣:《伦理与存在》第三、第八章,上海人民出版社,2002 年。

方式呈现较为复杂的特点。以中国传统社会中的清议及人物品评、臧否而言,其内容涉及对一定时期有关政事、人物的评价,这种评论对当时相关社会群体(如士大夫)的言行,具有十分重要的约束、影响作用。评论所涉及的虽然是具体的事与人,但其中总是蕴含着某种普遍的价值原则,在评论活动中,这种原则涉及言语,但又不是以明晰的判断、概念形式被表述,它在相当程度上存在于共同的信念之中。如果说,语言从形式的层面表现了规范的普遍性,那么,共同的信念则从实质的意义上体现了规范的社会品格。

四 人性能力与普遍规范

以成己与成物为指向,规范的作用与人性能力难以分离。事实上,心(内在意识)与理(外在规范)的互动,已从一个方面表现了人性能力与规范系统的相关性。成己与成物的过程既以人性能力为内在根据,又受到规范系统的制约。人性能力与规范系统相互联系,从不同的层面构成了意义世界生成的现实条件。

与意义的生成相联系,成己与成物具体地展开为知和行的历史过程。以认识自我与成就自我、认识世界与变革世界为实质的内容,知与行的过程在敞开和改变存在的同时,又不断推进知识与智慧的形成和发展。知、行过程的展开既以人性能力与规范系统为其所以可能的条件,又通过知识与智慧的发展影响与制约人性能力与规范系统。具体而言,一方面,以个体的理解、领悟、认同以及实践活动的多方面展开为前提,知、行过程中形成的知识与智慧逐渐渗入于个体的视域、思维定向、内在德性,从而内化为人性的能力。另一方面,知识与智慧又在实践的历史展开中成为普遍的观念系统并体现于价值体系,从而取得社会的、公共的形态。通过渗入人的知、行过程并在观念和实践的层面引导、影响人的活动,普遍的知识和智慧系统又进一步获得了规范的意义,并外化为不同形式的规范系统。

以知、行过程中形成的知识与智慧为共同之源,人性能力与规范系统在本原的层面呈现了内在的统一。作为知识与智慧的内化形态,人性能力为成己与成物的过程提供了内在根据;相对于此,规范系统作为知识与智慧的外化,则更多地表现为成己与成物的外在条件。前文已论及,成己与成物的过程同时以意义世界的生成为其内容,与之相应,人性能力与规范系统也从不同的方面制约着意义世界的生成过程。

作为成己与成物的内在根据,人性能力首先赋予这一过程以创造的品格。从成己(自我的成就)这一层面看,个体的人格并不仅仅按既定的程序而设定,德性的形成也不同于程序化的过程。走向自由人格的过程,总是包含着个体与社会的互动,在这一过程中,个体并不仅仅被动地接受社会的外在塑造,而是处处表现出自主的选择、具体的变通、多样的回应等趋向,这种选择、变通、回应从不同的方面体现了成己过程的创造性。同样,以变革世界为指向的成物过程,也并非完全表现为预定程序的展开,无论是化本然之物为人化的存在,抑或在社会领域中构建合乎人性的世界,都包含着人的内在创造性。本然的对象不会自发地适应人的需要,化本然之物为人化存在,也就是扬弃对象的自在性,使之成为为我之物。社会的实在,同样展开为一个不断走向理想形态的过程,其中的变革、损益,都渗入了人的创造性活动。成己与成物过程的这种创造性无疑涉及多重方面,而人性能力则构成了其内在的前提:如前所述,自我的成就与世界的变革,从不同方面表征着知、行过程的深度与广度,后者又总是相应于人性能力的发展程度。

然而,成己与成物的过程尽管不囿于外在的程序,但又并非不涉及任何形式的方面。成就自我意味着走向理想的人格形态,这里既关乎人格发展的目标(成就什么),又涉及人格成就的方式(如何成就)。从目标的确立,到实现目标的方式与途径之探索,都无法略去形式与程序的方面。儒家在主张成己的同时,又一再要求"立于礼"①,这里的"立"便以成己为指向,"礼"则更多地表现为形式层面的规定和要求。成己(立)与礼的联系,从一个方面展示了成己过程与形式、程序等方面的相关性。较之成己,成物展开为更广意义上的实践过程,其合理性、有效性,也更难以离开形式和程序的规定。就变革自然而言,从生产、劳动过程,到科学研究活动,都包含着技术性的规程。同样,在社会领域,政治、法律、道德等活动,也需要合乎不同形式的程序。现代社会趋向于以法治扬弃人治,而法治之中,便渗入了程序的要求。成己与成物过程中的这种程序之维,首先与规范系统相联系:正是不同形式的规范或规则,赋予相关的知、行过程以程序性。人性能力诚然为成己与成物过程的创造性提供了内在的根据,然而,作为个体的内在规定,人性能力的作用如果离开了规范的制约,往往包含着导向主观化与任意化的可能。成己与成物的过程既要求以人性能力的创造趋向扬弃形式化、程序化的限定,也要求以规范的引导克服人性能力可能蕴含的任意性、主观性。从更广的视域看,人性能力与规范系统的相互制约,无疑为成己与成物过程提供了不同的担保。

创造性与个体性往往难以分离。无论就其指向的目标而言,抑或从具体的过程看,成己与成物都呈现个性化、多样化的特点。自我所追求的,并不是千人一面、整齐划一的人格,同样,人化的自然、社会的实在,也非表现为单一的模式。人性能力在赋予成己与成物过

① 《论语·泰伯》。

程以创造品格的同时,也为知、行过程的个性化展开提供了前提。然而,与程序化的规定相联系,成己与成物的过程又有普遍的维度。理想的人格以走向自由之境为共同的指向,人化的实在则以合乎人的需要以及合乎人性为其目标。尽管在社会发展的不同阶段,成己与成物往往具有特定的内涵,但从社会演化的历史方向看,以上的理想和目标无疑体现于成己与成物的不同形态,并构成了其普遍的趋向。成己与成物过程的如上普遍之维,与规范系统的普遍性,显然存在内在的关联。在知、行发展的历史过程中,体现普遍价值理想的规范,总是蕴含着对世界之在以及人自身存在较为恒常的看法,它往往与普遍的价值原则、价值取向相联系,从总的方面规定着成己与成物的目标和方向。同时,规范也每每表现为一般的行为准则或规则,以稳定的方式对相关情境中的行为加以引导,后者从另一个方面担保了知、行活动的普遍性。如果说,人性能力赋予成己与成物过程以个体性、多样性的品格,并由此扬弃了其单一性,那么,规范系统则通过价值理想、价值原则以及行为准则和规则而为这一过程提供了普遍的范导,从而使之避免仅仅流于偶然化和相对化。

成己与成物既以人与人的世界为指向,又以人为主体。作为人的内在规定,人性能力同时也构成了成己与成物展开的现实动因。自我的成就如果离开人性能力的现实作用,往往便停留于理想的层面;同样,世界的变革也唯有进入人性能力的作用之域,才能展开为现实的过程。进而言之,规范系统在未与人性能力相结合时,往往具有抽象的形态,只有通过人性能力的作用,规范形态才能获得现实的生命。从这方面看,人性能力无疑又赋予成己与成物过程以现实性或现实的品格。然而,另一方面,动力因无法完全疏离形式因。人性能力诚然为成己与成物的过程提供了现实的动因,但如前所述,其作用过程又受到规范系统的制约:在范导知、行过程的同时,规范系统也从形式的层面,制约着人性能力的作用方式和过程。质言之,规范系统离开了人性能力固然将流于抽象化,人性能力脱离了规范系统也容易陷于盲目性。就成己与成物的过程而言,如果说,人性能力使之从内在的方面获得了现实的规定,那么,规范系统则从外在之维赋予它以某种自觉的品格。

如前文一再论及的,成己与成物的过程同时表现为意义的生成过程,后者首先涉及观念的层面。在观念的领域,意义的发生既本于人性能力,又关联不同形式的规范系统。以知识形态而言,其形成无疑基于人与对象的互动过程,这一互动过程的具体展开,则无法离开人性能力与规范系统。从感知到思维,从想象到体悟,从直觉到推论,人性能力的作用体现于知识生成的各个环节。另一方面,知识作为有意义的系统,又受到不同规范的制约。感知的过程需要遵循观察的客观性原则,思维的过程不能违背逻辑的规则,如此等等。想象尽管不可为典要,但亦需依据可能世界的规定(如不能涉及逻辑矛盾)。此外,如金岳霖所指出的,与知识系统相联系的概念、范畴,同时具有摹写和规范双重作用,所谓概念的规范,便包含对认识过程的引导与限定。如果说,人性能力赋予知识的形成过程以创造性、现实性的品格,那么,由逻辑、概念等构成的规范系统则为这种意义形态的普遍有效性提供了担保。

在渗入价值内涵的意义世界中,同样可以看到人性能力与规范系统的交互作用。从成己的过程看,首先需要关注的是以精神世界的形式表现出来的意义形态。如后文将进一步论述的,在认知过程中,世界首先呈现为可理解的图景;通过评价,世界进一步展示了对于人的价值意义。由世界之在反观人自身的存在,对象意义的追问便进一步导向对人自身存在意义的关切,与之相联系的,则是不同形式的精神之境或精神世界。作为自我成就(成己)的观念体现,精神世界不仅以人性能力的创造性运用为内在之源,而且离不开价值理想、价值原则等广义规范系统的引导、制约。无论是从事实之域到价值意义的转换,抑或理想意识与使命意识的形成,都既本于内在的人性能力,又依乎普遍的价值原则。

由意义的观念形态转向意义的现实形态,便涉及广义的人化实在。以本然之物向为我之物的转换为前提,现实形态的意义世界更多地与成物过程(成就世界)相联系。从本然存在走向人化的存在涉及多重方面,包括实然、必然与现实可能的把握、目的与理想的形成、计划与蓝图的制定,等等。进而言之,这一层面意义世界的生成,始终无法离开实践过程:化本然之物为人化存在,以实践过程的历史展开为其前提。在意义世界的如上生成过程中,自始便包含着人性能力与规范系统的交互作用。对实然、必然与现实可能的把握涉及认识过程,后者既以人性能力为内在条件,又处处受到认识与逻辑规范的制约;在把握实然、必然与现实可能的基础上,融合人的价值目的而形成理想蓝图,也同时包含着人性能力的创造性运用与价值原则的范导;实践过程的展开,则一方面本于体现人性能力的实践智慧,另一方面又涉及行动的具体规则、程序,等等。人性能力与规范系统的如上互动,也展开于社会实在的生成过程。作为意义世界的现实形态,社会实在(包括各种体制)的形成,同样以人性能力与普遍规范为其相关的条件。从社会体制,到文化系统,社会实在的发生与发展,都渗入了人性能力与普遍规范的作用。

可以看到,以意义世界的生成为指向,成己与成物的过程既基于内在的人性能力,又本于外在的普遍规范。作为成己与成物所以可能的条件,人性能力与普遍规范本身存在内在的关联。规范系统离开了人性能力,往往容易导向抽象化、形式化,并失去现实的生命力;人性能力无规范系统的范导,则每每难以避免任意性、偶然性,并可能由此失去自觉的品格。正是在人性能力与规范系统的互动中,成己与成物的过程达到了创造性、个体性、现实性与程序性、普遍性、自觉性的统一,这种统一,同时为意义世界的生成提供了具体的担保。

第四章
精神世界的意义向度

　　以人性能力与规范系统为相关条件,成己与成物构成了人的基本存在方式与存在形态。在成己与成物的历史展开中,物之呈现与意之所向交互作用,世界则由此进入观念的领域并成为有意义的存在。如前所述,本然世界不发生意义的问题,意义之源内在于认识世界与认识自我、变革世界与变革自我的历史过程。以人的存在与世界之在为本源,意义一方面内在并展现于人化的实在,另一方面又呈现为观念的形式。前者意味着通过人的实践活动,化"天之天"为"人之天",从而使本然世界成为打上人的印记并体现人的价值理想的存在,后者(意义的观念形态)既表现为被认知或被理解的存在,又通过评价而被赋予价值的内涵,并展开为不同形式的精神之境。

一 世界图景：理解与意义

从观念的形态看,意义世界首先展示了存在的可理解性。作为被认知与理解的对象,观念之域中的事物不同于悖乱无序、抵牾难喻之物,而是呈现为有意义的存在。在这里,存在的有意义性与悖谬相对而具体表现为可思议性或可理解性。

以可理解性为形式,意义世界首先通过常识的形态呈现出来。宽泛而言,常识可以看作是在日用常行中所形成的诸种观念和信念,这些观念和信念是人们在千百年的历史过程中逐渐沉积而成,并代代相传。由常识构成的观念或信念以人对世界及自身存在的理解为内容,但这种理解主要不是通过理论性的论证或反思而确立,而更多地取得了不证自明、自发认同的形式,其接受则通常以生活实践和社会影响为前提。常识与非常识的区分具有相对的性质,以地球与太阳的关系而言,"太阳从东方升起"以及与此相联系的"地球不转太阳转",这在很长的历史时期中是"常识",而且直到现在,它在日常生活的领域中依然具有常识的意义,但在今天具有中学以上文化程度的人之中,"地球既围绕太阳运转又自转"、"太阳的'升落'其实与地球的自转相联系",这也已成为一种常识。后一意义上的常识固然内含天文学的知识,但作为普及性的观念,它也无需借助论证和反思,而是表现为一定群体中普遍接受的共同信念。

作为观念系统,常识所涉及的是对世界的理解和把握。以共同的信念为形式,常识将世界纳入有序的构架,使之能够为人所理解和接受,并由此为日常生活的展开提供内在的根据。在常识的视域中,世界首先不同于虚幻的存在而呈现实在性,哲学的思辨可以将外部世界理解为精神的构造,但常识却对生活世界中各种对象的实在性坚信不疑；从饮食起居到交往活动，日用常行都基于这种信念。事物不仅确实地存在于生活世界，而且其间具有不同形式的联系，对常识而言，事物间的这种联系具有恒定的性质。以时间关系而言，存在于过去、现在、将来的不同事物总是依次出现，其序具有不可逆的性质；以事物的生长而言，种瓜不会得豆，种豆也无法得瓜，如此等等。对事物联系恒定性的这种确信，构成了日常生活和日常劳作所以可能的前提。

不难看到，在常识的世界中，对象和事物尽管千差万别、变动不居，但其间却呈现有序的结构，常识的特点在某种程度上即表现为对事物作有序的安顿，由此扬弃世界对于人的不可捉摸性或异己性，从而使生活实践的常规形式成为可能。常识所展示的这种有序性既使世界呈现可理解的品格，也赋予它以内在的意义。以对世界的感知、理解、认同等为内容，常识的世界同时表现为人心目中的世界或日常意识中的世界。与之相应，常识所展示的意义世界，也具有观念的形态。

与常识相对的是科学。如所周知，科学在近代取得了较为成熟的形态。作为把握世界的方式，近代科学的特点首先体现在注重实验手段及数学的方法。实验一般是在人所选择或设定的理想条件下考察对象，以实验为研究手段相应地意味着以理想化的方式把握世界，后者（理想化的方式）往往突出了事物的某些规定而悬置或撇开了其他的方面，由此展现的是不同的世界图景。就其目标而言，近代科学所指向的，是以数学的方式来把握世界。与实验手段所蕴含的理想化趋向相辅相成，数学化逐渐成为科学追求的对象；是否能以数学的形式概括对世界的认识，在某种程度上成为判断是否已达到严格科学的标准。对世界的数学化理解在某种意义上开始于伽利略。胡塞尔已指出了这一点："通过伽利略对自然的数学化，自然本身在新的数学的指导下被理念化了;自然本身成为——用现代的方式来表达———一种数学的集(Mannigfaltigkeit)。"①自然的数学化常常意味着从数量关系及形式的结构方面更精确地把握自然,它赋予科学的世界图景以另一重特点。

相对于常识视域中的世界,科学的世界图景无疑展示了不同的意义。作为一定历史时期、一定社会群体自发接受、认同的观念,常识主要以非反思的方式把握世界。在常识之域,世界的有序性与可理解性,首先基于日常实践的循环往复、合乎常规:以日常的信念接纳、安顿世界的前提是日用常行中的事物及其关系的有条理性和有规则性(非悖谬而无法捉摸),世界的非反常性(如太阳朝升暮落)与日用常行的合乎常规(如日出而作、日落而息)常常彼此一致。以实验及数学方法为手段,科学对世界的理解不同于单纯的现象直观而更多地呈现实证性与理论化的特点,科学所显现的世界秩序也有别于日常经验中的常规性或非反常性,而是呈现为通过理论及逻辑活动而展示的构架。在数学的模型与符号的结构中,世界的有序性便得到了独特的体现,这种秩序的确认,与理性论证(包括数学运演)等活动显然难以分离。

通过理想化、数学化等方式形成的世界图景,无疑呈现某种抽象的形态;相对于常识,它在相当程度上已远离感性的具体。然而,如上所述,以科学的概念、数学的模型等为构架,科学同时又在更深层、更内在的层面,展示了世界之序。科学的世界图景固然不同于具体的感性世界,但通过对事物的内在规定、必然之理的彰显,它也进一步赋予世界以可理解的形式,并使之在认知的层面展现特定的意义。

---

① 〔德〕埃德蒙德·胡塞尔:《欧洲科学危机和超验现象学》,张庆熊译,上海译文出版社,1988 年,第 27 页。

与常识视域中的存在形态相近,科学的世界图景也表现为人所理解或进入观念之域的世界。当然,尽管二者在本体论上指向的是同一对象,但在认识论上,以常识的方式理解的世界与通过科学的方式把握的世界对人往往呈现不同的意义:作为意义世界的不同形态,常识世界所包含的认知内容与科学世界所提供的认知内容具有不同的深度与广度。

科学的世界图景在总体上指向的是经验领域的对象,与之具有不同侧重的是形上视域中的世界图景。较之科学以实证与经验的方式把握世界,形上的视域更多地与思辨的进路相联系。不过,在将世界理解为一种有序的系统这一点上,二者似乎又有相通之处。

与科学的世界图景不同,形上视域关注的不是存在的特定领域或特定对象,而是存在本身或作为整体的世界。作为整体的存在是否具有统一的本原?从水为万物之源说到原子论,从五行说到元气论,通过追溯世界的基本构成或规定存在的本原,形上的视域从不同的方面将世界纳入统一的系统。当水、原子或元气被视为存在的终极构成或本原时,万物便获得了统一的归属,其间的关系也不再纷乱而无法理解。《易传》确信:"易与天地准,故能弥纶天地之道。"[1]所谓"弥纶天地之道",便意味着从整体上把握世界,而其前提则是将世界本身视为包含内在统一性的存在。

存在的本原关联着存在的方式,后者涉及的是世界如何存在。在谈到万物之间的关系时,《中庸》曾提出如下观念:"万物并育而不相害,道并行而不相悖。"[2]天下万物,互不相同,但却共同存在、彼此兼容,形成并行不悖的存在形态。在主张元气论的哲学家中,事物之

---

① 《易·系辞上》。
② 《中庸·三十章》。

间这种并育不害、并行不悖的关系,常常被归因于气化运动中所包含的内在之理:"天地之气,虽聚散、攻取百涂,然其为理也顺而不妄。"①万物源自于气,气的聚散则遵循必然之理,这一过程所展现的,是万物发生、共在的"天序":"生有先后,所以为天序;小大、高下相并而相形焉,是谓天秩。天之生物也有序,物之既形也有秩。"②所谓"天序"与"天秩",也就是自然之序。在"天序"或"天秩"的形式下,万物的存在超越了悖乱("妄")而获得了可理解的性质,相对于统一的本原所提供的世界图景,"天序"与"天秩"所体现的存在形态似乎更内在地展示了世界的形上意义。

宗教在追求超验之境的同时,也往往试图将世界纳入有序的系统,后者同样表现为广义的形上视域。以佛教而言,尽管它并不承认现实世界的实在性,却力图在确认真如之境和区分真妄的前提下,对世界加以整合。《大乘起信论》在谈到"色"(现象界)时,便认为:"所现之色无有分齐,随心能示十方世界、无量菩萨、无量报身、无量庄严,各各差别,皆无分齐,而不相妨。此非心识分别能知。以真如自在用义故。"③现象界的事物林林总总,或分(差异、区别)或齐(相同、统一),但在真如的视域下,却呈现彼此共存("不相妨")的形态。在华严宗的"事事无碍法界"说中,事物间这种"不相妨"的关系得到了进一步的概括。撇开其真妄之分的预设,对世界的以上理解,与"万物并育而不相害"的看法显然具有类似之处。

---

① 张载:《正蒙·太和》,见张载著,章锡琛点校:《张载集》,中华书局,1978年,第 7 页。

② 张载:《正蒙·动物》,见张载著,章锡琛点校:《张载集》,中华书局,1978年,第 19 页。

③ 〔梁〕真谛译,高振农校释:《大乘起信论校释·大乘起信论》,中华书局,1992 年,第 116 页。

与常识及科学所确认的世界图景相近,形上视域中的存在图景不同于存在的本然或实际形态,而是表现为被理解的存在或观念之域的存在。法藏在阐释真空观时,曾指出:"由心现境,由境现心,心不至境,境不入心。当作此观,智慧甚深,故曰摄境归心真空观也。"①真空观体现了华严宗对存在的理解,这种理解所确认的世界图景首先与"心"相联系,从而不同于实际的世界,所谓"心不至境,境不入心",也就是强调观念中的世界并不实际地内在于外部之"境",同样,外部之"境"也并非直接进入观念之中。华严宗的真空观当然并没有离开以心法起灭天地的立场,但其以上看法无疑也从一个方面注意到了形上视域中的世界图景首先呈现观念性的品格。通过以"天序"、"事事无碍"等概念去说明、接纳对象,并由此赋予存在以可理解的形态,形上的视域同时从观念的层面展示了世界图景的意义。

常识、科学与形上视域中的世界图景既从不同方面表现了存在顺而不妄的有序性,也体现了人对存在多层面的理解。如前所述,有序性与可理解性使世界成为有意义的存在,而在不同的世界图景中,事物的存在意义又具有内涵上的差异。以水而言,在常识的存在图景中,水主要被视为透明、无色的液体,可以供人饮用、灌溉,等等;在科学的世界图景中,水(H_2O)被理解为由两个氢原子、一个氧原子构成的存在形态;在形上的视域中,水则往往被规定为万物之源(泰勒斯)或万物本原之一(五行说)。可以看到,同一对象(水),在不同的世界图景中,呈现出互不相同的意义。意义的这种差异既表现了观念形态的世界图景与实在本身的不同关系,也折射了人把握世界的不同维度和形式。

从常识、科学到形上视域,作为人所理解的存在,世界图景都涉

---

① 法藏:《修华严奥旨妄尽还源观》。

及意识与概念形式的关系。以观念形态呈现的世界,也可以视为广义的精神世界,其存在与人的意识、精神过程难以分离。但同时,世界图景的形成,又总是伴随着不同形式的概念对世界的整合、安顿。常识中的太阳东升西落或地静日动图景,不仅运用了"日"、"地"等概念,而且蕴含着以"动"、"静"等概念规定太阳与地球的关系;科学的世界图景,更具体地表现为以物理、数学等概念对经验领域诸种事物的整治;形上的视域则往往以思辨的概念系统为理解存在的形式,其世界图景也相应地奠基于这种概念系统之上。在世界图景的形成过程中,概念通过融入意识活动而成为理解世界的现实形式,意识活动则通过概念的运用而超越了单纯的心理感受和体验。二者的以上互融一方面赋予世界图景以观念的形态,另一方面又使之区别于个体意念而获得普遍的意义。

作为意义世界,世界图景的形成以"心"为体。这里所谓以"心"为体,既指作为被理解的存在,世界图景不同于物理的对象,而是以观念的形态存在于精神之域,也肯定了如下事实,即世界图景乃是通过对存在的理解、整合、规定等观念性活动而形成。在解释张载关于"大其心,则能体天下之物"这一观点时,王夫之指出:"天下之物皆用也,吾心之理其体也;尽心以循之而不违,则体立而用自无穷。"①以心"体"天下之物,也就是以观念的方式把握万物,与之相联系,所谓"天下之物",主要不是指本然意义上的物理存在,而是为心所"体"或为观念所把握之物。此处的"吾心之理",可以视为内化于意识的概念性认识或概念系统,它同时构成了"心"据以"体"物的根据。就物为观念所把握而言,"心"显然构成了其"体":离开了以心

---

① 王夫之:《张子正蒙注·大心篇》,《船山全书》第 12 册,岳麓书社,1996年,第 143 页。

"体"物的过程,物便无法进入观念之域、取得观念的存在形态。"心"体"物"用的如上涵义,无疑从一个方面展示了以"理"为内容的"心"在世界图景形成中的作用。就其现实性而言,与概念系统相联系的意识及其活动确乎构成了观念形态的意义世界所以可能的内在根据。

世界图景以"心"为体,并不意味着这种图景仅仅存在于私人之域或仅仅表现为个体性的心理世界。作为观念形态的存在,世界图景的意义诚然是相对于人而言的,而且,如前所述,与常识、科学、形上之域等不同的把握世界方式相应,世界图景对不同个体所呈现的意义也具有差异。然而,这种意义并非如所谓私人语言那样,仅仅内在于特定个体的意识之中①。就其现实形态而言,世界图景的意义不仅以世界的可理解性为其前提,而且意义本身具有主体间的可理解性,后者首先基于"心"与"理"的统一。如前文所论及的,作为意义世界之"体"的"心",并非仅仅指个体意念,它通过与概念系统的融合而内含普遍之"理"。这里的"理"既在形式的层面涉及逻辑的普遍性,也在实质的层面上指向存在的普遍规定,二者在不同的意义上使世界图景在主体间的可理解性成为可能。

世界图景在主体间的可理解性,同时从一个方面展示了世界图景本身的开放性,这种开放性在更广的意义上表现为不同图景之间的相互关联。从具体的形态看,以上诸种世界图景确实包含不同的内涵,然而,这并不意味着这些图景完全互不相关或彼此之间存在无法跨越的界限。事实上,尽管不同的世界图景体现了人与实在的不同关系,但从本原的层面看,它们又植根于同一个世界:在成己与成

---

① 严格而言,如维特根斯坦所指出的,仅仅内在于特定自我、唯有这种自我才能理解的私人语言本身并不存在。

物的历史过程,人所面对的,是同一个超越了本然形态的现实世界,这里的"现实"既指实在性,又表现为对本然或自在性的超越。就形成方式而言,世界图景又以"心"为体,并展现为人把握世界的不同形式。然而,如前文所分析的,作为世界图景形成的内在之"体","心"在不同的层面上通过与概念系统的融合而内含普遍之"理"(包括概念内容与逻辑形式);观念的这种普遍之维,同时使不同观念系统之间的沟通成为可能。如果说,以同一个现实的世界为本原,使不同世界图景之间的关联获得了本体论的根据,那么,观念(心)所蕴含的普遍之"理",则从把握世界的方式上,为以上联结提供了内在的担保。

二 价 值 意 境

世界图景展示的是人所理解的存在,在不同形式的世界图景中,存在通过理解而呈现为有意义的形态。从把握世界的方式看,世界图景所显现的意义首先与"是什么"的追问相联系:尽管世界图景本身包含多方面的内涵,但作为人所理解的存在,它无疑更多地表现为在不同视域下,世界对人呈现为什么;从而,也更直接地对应于"是什么"的问题。事实上,世界被人理解为什么,从另一角度看也就是:在人看来,世界"是什么"。与"是什么"相联系的是"意味着什么",后者进一步将观念形态的意义世界引向价值之域。

以理解为旨趣,"是什么"的追问首先关联着认知过程,相对于此,"意味着什么"的关切则更多地涉及评价活动,后者具体地指向存在与人的价值关系。就其现实的形态而言,意义世界并不仅仅表现为人所理解的存在形态,它同时以确认这种存在形态与人的价值关系为内涵。在诠释"觉"的涵义时,法藏曾作了如下阐释:"觉有二种,一是觉悟义,谓理智照真故;二是觉察义,谓量智鉴俗故。"①,这里的"觉"无疑首先表现为佛教语境中的精神形态,但其中亦渗入了对意义世界的一般看法。就后一方面而言,所谓"觉察",主要便侧重于对世界的理解,与之相对的"觉悟",则首先以价值层面的体认、领悟为指向。悬置渗入其中的佛教视域和立场,作为精神形态(觉)的二重涵义,"觉察"与"觉悟"的如上统一同时也从一个方面体现了意义世界中"是什么"与"意味着什么"的相关性。

王夫之从另一个角度涉及了以上问题。在对"心"加以分析、界定时,王夫之指出:"必须说个仁义之心,方是良心。盖但言心,则不过此灵明物事,必其仁义而后为良也。心之为德,只是虚、灵、不昧,所以具众理、应万事者,大端只是无恶而能与善相应,然未能必其善也。须养其性以为心之所存,方使仁义之理不失。"②这里,王夫之区分了"心"的二种形态,即仁义之心与灵明之心。仁义所展现的是价值的取向和价值的观念,其中蕴含"至善之条理"③,灵明则主要表现为认知与理解的能力。基于灵明之心,固然可以把握理、应对事,但无法使之在价值层面担保善的向度,唯有以仁义之心为本,才能使精神之域获得价值的内涵。以上看法无疑注意到了意义世界与价值意识的联系,它在某种意义上也可以看作是心为"体"、精神世界(进入观念领域之物)为"用"之说的引申。

如前所述,意义世界的价值内涵与评价过程难以分离。价值所体现的是事物与人的需要、理想、目的之间的关系,这种关系通过评价而得到具体的判定和确认。在认知过程中,世界首先呈现为可理

---

① 法藏:《华严经明法品内立三宝章》。

② 王夫之:《读四书大全说》卷十,《船山全书》第6册,岳麓书社,1996年,第1077页。

③ 同上,第1091页。

解的图景;通过评价,世界进一步展示了对于人的价值意义,就此而言,价值层面的意义世界,也可以视为价值意境或被赋予价值内涵的世界图景。

从理论的层面看,"是什么"、"意味着什么"所提问的内容尽管各不相同,但所涉及的都是有别于本然形态的存在。当人提出上述问题时,他所置身其间或面对的存在,已取得人化的形态。人化的存在同时也是具体的存在,这种具体性的涵义之一在于,对象不仅包含着"是什么"的问题所指向的规定和性质,而且也以"意味着什么"所追问的规定为其题中之义。单纯的事实并没有包括事物的全部规定:它略去了事物所涉及的多重关系及关系所赋予事物的多重规定,从而呈现某种抽象的形态。以人化的存在为形式,事物不仅自我同一,而且与人相关并内含着对人的不同意义。就其涉及人的需要而言,这种关系及意义无疑具有价值的性质,后者(价值的性质)并不是外在或主观的附加:作为人化存在的属性,价值关系及价值规定同样具有现实的品格。在现实存在中,事实层面的规定与价值规定并非彼此悬隔;事物本身的具体性、真实性,即在于二者的统一。① 事实与价值的以上统一,同时构成了认知层面的世界图景与评价之域的价值意境相互关联的本体论根据。

评价对价值关系的确认具有不同的情形。当事物的属性已实际地满足人的需要或事物的属性与人的需要之间的一致性已在实践层面得到彰显时,评价便表现为对这种价值属性和价值关系的现实肯定;当事物的属性仅仅可能合乎人的需要或事物的价值属性还具有潜在的形式时,评价则以预期的方式确认这种价值意义:在进入评价过程之前,事物所内含的可能的价值属性往往仅仅作为事物的本然

---

① 参见杨国荣:《存在之维》第二章,人民出版社,2005 年。

属性而呈现,正是通过评价活动,上述属性才作为具有价值意义的属性而得到确认。在以上的评价活动中,价值意识的形成与价值内涵向意义世界的渗入构成了同一过程的两个方面。正如世界图景作为被理解的存在具有观念的性质一样,形成于评价过程、被赋予价值内涵的意义世界,也呈现观念的形态。

以价值意义的确认为指向,评价首先本于事物与人的需要之间的关系,而在人的诸种需要中,生存的需要又具有某种本原性:"人们首先必须吃、喝、住、穿,然后才能从事政治、科学、艺术、宗教等等"①,与这一事实一致,生存需要的满足,是其他需要满足的前提;价值意义的呈现,也相应于以上前提。就自然对象而言,在以认知和理解为内涵的世界图景中,事物主要呈现与"是什么"相关的不同意义,从人与对象的价值关系出发,事物所呈现的意义则更多地与"意味着什么"的问题相联系。《尚书大传·洪范》在对水、火等事物作界定时,曾指出:"水、火者,百姓之求饮食也;金、木者,百姓之所兴作也;土者,万物之所资生也。是为人用。"所谓"是为人用",侧重的主要便是水、火等事物对人的生存所具有的意义,而饮食、兴作、资生等,则是这种"用"的不同体现。以这里所涉及的水来说,相对于通过水的分子结构(H_2O)理解水的意义,从"求饮食"的角度对水加以界定,无疑使意义具有了价值的内涵。广而言之,当人们肯定矿产、森林等对人的意义时,这里的"意义",同样基于以上的价值关系。

当然,评价活动对价值关系的确认,主要体现于观念的层面:通过评价,存在的价值意义主要在观念的层面得到呈现。价值意义从观念的实现到现实的确证,离不开生活实践、劳动过程。水火对于人之"饮食"的意义,唯有在以水煮饭、以火烹调这一类活动中才能获得

① 《马克思恩格斯选集》第 3 卷,人民出版社,1972 年,第 574 页。

现实性,矿产对于人之"用",则只能通过开采、冶炼等劳动过程才能实现,如此等等。价值意义在观念层面的实现与这种意义在实践层面的实现,本身具有不同的"意义",后者从一个方面体现了意义世界的观念形态与实在形态的差异。

观念层面的价值意义既以人的需要为本,也基于人的目的、理想以及广义的价值观念。事物对人呈现何种价值意义,与人具有何种价值目的和理想、接受何种价值原则等往往难以分离。以社会实在而言,对其变革、转换的评价,总是相应于人的价值观念。春秋末年,社会曾经历了剧烈的变迁,而在这一时期的重要思想家孔子看来,这种变迁首先便意味着"礼崩乐坏",亦即更多地呈现消极的、否定性的价值意义。孔子对当时社会变革的这种评价,即基于对礼制的推崇与肯定,后者具体表现为一种价值理想和价值的立场。春秋时代的社会变革之所以在孔子的心目中呈现"礼崩乐坏"的负面意义,主要便在于这种变革与他所坚持的价值立场(维护礼制)相冲突。在这里,存在对人所呈现的意义,与人所具有的价值观念之间,具有一致性。

存在意义与价值意识的如上联系,在伦理的领域得到了更具体的展现。作为社会之域的存在,道德主体之间的关系首先表现为现实的伦理关系,后者作为社会关系具有超越个体意识的性质,然而,这种关系的伦理性质以及关系中个体的伦理属性是否得到确认,则与是否具有道德的意识相联系。王阳明在谈到意与物的关系时,已注意到这一点:"心之所发便是意;意之本体便是知;意之所在便是物。如意在于事亲,即事亲便是一物;意在于事君,即事君便是一物;意在于仁民爱物,即仁民爱物便是一物;意在于视听言动,即视听言动便是一物。"①作为"心之所发","意"属个体的内在意识,"知"则指

---

① 王守仁:《传习录上》,《王阳明全集》,上海古籍出版社,1992年,第6页。

良知;以"知"为意之本体,主要突出了"意"所包含的伦理涵义,它使
"意"不同于心理层面的意念,而是表现为具有价值内涵的道德意识。
此处之"物"不同于本然的存在,本然的存在总是外在于人的意识(尚
未进入知、行过程),作为"意之所在"的物,则已为意识所作用并进入
意识之域。"意之在物"作为"意"指向对象的过程,同时又是对象的
意义向人呈现的过程。对缺乏伦理、政治意识的人来说,亲(父母)、
君、民只是生物学意义上的存在,只有当具有道德内涵的"意"作用于
以上对象时,亲、君、民才作为伦理、政治关系上的"亲"、"君"、"民"
而呈现于主体,从而获得伦理、政治的意义。通过呈现伦理的意义,
对象扬弃了对于伦理意识的外在性,并被纳入观念之域,后者以意义
世界为其具体形态。就其与伦理、政治等意识的联系而言,这种意义
世界同时包含着价值的内涵。作为物理的对象,事物的存在并不依
存于价值意识,但作为意义世界中的存在,其呈现却难以离开人的价
值观念。如王阳明所注意到的,对缺乏道德意识的个体来说,亲子关
系就不具有道德的意义。

　　以世界图景的形式表现出来的意义世界,首先涉及人对存在的
理解:在这种图景中,世界主要被理解为或被视为某种形态的存在。
相形之下,意义世界的价值形态,则与人的生活实践呈现更切近的联
系。以伦理之维的意义世界而言,作为渗入价值内涵的观念形态,伦
理的意义世界与伦理的生活具有内在的相关性。赋予对象以伦理意
义,同时意味着以伦理的方式作用对象。与之相反相成的则是,伦理
的实践方式,导源于伦理的价值意识。正是在此意义上,王夫之认
为:"孝无可质言之事,而相动者唯此心耳。"①"孝"为道德实践的具

① 王夫之:《读四书大全说》卷四,《船山全书》第 6 册,岳麓书社,1996 年,第
607 页。

体形态,而对王夫之来说,这种实践活动本身并无固定模式和机制,其推动力量主要来自内在之心对伦理意义的体认,换言之,伦理之行(孝)与伦理之心彼此相关。王阳明关于"意"的进一步规定,则从另一角度表达了类似的观念:"意未有悬空的,必着事物,故欲诚意则随意所在某事而格之。"①所谓"格之",在此即指身体力行的道德实践活动。意指向对象,使本然的存在获得了伦理的意义(自然血缘关系上的亲子成为伦理意义上的对象),对象的这种伦理意义,又通过事亲敬兄等道德实践得到具体的确证。在这里,伦理的意识与伦理的生活同样呈现相互交融的关系。上述看法已从不同的方面注意到:在价值的领域,意义世界的形成与体现相关意义的实践生活难以彼此分离。

伦理之域的价值意义更多地指向善,与善的追求相联系但又有不同价值内涵的是审美活动。事实上,意义世界的价值之维,同时也体现于审美过程。从另一方面看,与伦理的世界相近,审美的世界也以意义的生成为其内在向度,后者既涉及艺术的创作,也体现于美的鉴赏。存在是否呈现美的意义、呈现何种美的意义,并不仅仅取决于对象的物理规定或物理形态,在其现实性上,它与人的审美能力、审美理想、审美趣味、审美准则等息息相关。审美的对象并不是一种本然的存在,它只有对具有审美意识和审美能力的主体来说才呈现美的意义,诚如马克思所指出的:"对于没有音乐感的耳朵说来,最美的音乐也毫无意义。"②"没有音乐感的耳朵"所隐喻的,是审美能力的缺失,在处于这一类存在境域的人那里,审美意义便难以生成。与审美能力相联系的是更广视域中的审美意识,后者对事物是否呈现以

① 王守仁:《传习录下》,《王阳明全集》,上海古籍出版社,1992年,第91页。
② 〔德〕马克思:《1844年经济学哲学手稿》,人民出版社,1985年,第82页。

及呈现何种审美意义往往形成更具体的制约作用。"人闲桂花落,夜静春山空。月出惊山鸟,时鸣春涧中。"这是王维《鸟鸣涧》中的诗句。诗中提到了"花"、"月"、"山"、"鸟"、"涧"等物,这些对象或可由植物学"观"之(花),或可由地质学"视"之(山、涧),或可由动物学"察"之(鸟),或可更简单地视为日常生活中的熟知之物;在这一类的视域("观""视""察")中,对象也主要呈现出与这些视域相应的属性和规定。然而,在诗人的眼中,人的悠闲与花的飘落,夜的寂静与山的空幽,明月的升空与山鸟的惊飞,山涧的潺潺之声与山鸟的鸣啭之音,却彼此交织,构成了一幅既不同于科学图景,也有别于生活场景的诗意画卷。不难看到,正是经过诗人的观照,科学、日常视域中的对象呈现出别样的审美意境:同样的山、月、花、鸟,在人的心中(观念之域)化为另一重意义世界(诗意之境)。作为以上转换的前提,这种审美观照本身又基于诗人内在的审美意识与审美观念。

以审美意识和审美观念为本,意义的生成与人的想象、移情、体验等具有更直接的联系。嵇康在《声无哀乐论》中曾对音乐之声与哀乐之情作了区分:"躁静者,声之功也;哀乐者,情之主也。"[1]缓急之异,因声而起;哀乐之别,由情而生。声音本身无哀乐之分,它之所以会给人以哀乐之感,主要源于内在之情的作用:"夫哀心藏于内,遇和声而后发;和声无象,而哀心有主。夫以有主之哀心,因乎无象之和声,其所觉悟,唯哀而已。"[2]质言之,音乐之获得哀乐等意义,与人自身的情感体验难以分离;情系于声,始有哀乐。嵇康的以上看法已注意到音乐的审美意义与人的情感活动、审美体验之间的联系。当然,

<hr>

① 《嵇康集·声无哀乐论》,见〔三国魏〕嵇康著,戴明扬校注:《嵇康集校注·卷第五》,中华书局,2014年,第354页。

② 同上,第346页。

嵇康由此认为"心之与声,明为二物"①,无疑又过于强调心与物之分。事实上,如前所述,意义的生成内在地蕴含着物之呈现与意之所向的统一;在肯定意之所向的同时,嵇康对物之呈现这一方面似乎未能给予充分的关注。

　　从审美的维度看,通过景与物的不同组合、情与景的彼此交融,人可以建构不同的审美世界。刘禹锡在《罢和州游建康》一诗中曾写道:"秋水清无力,寒山暮多思。官闲不计程,遍上南朝寺。"②就物理现象而言,"清"与"力"是两种不同的规定,然而,通过诗人的想象,二者却整合于同一秋水之中。秋水的清澈与无力,既展示了清水缓缓而流的秋天景象,又使人联想到宦居生活的清闲,后者进而隐含着仕途的坎坷不畅。寒山表现了景物的清冷,暮色进一步给人以寂静之感。相对于世间的喧繁,这里无疑更多地提供了沉思的空间,而寒山暮色中的"多思",又内在地暗示了此"闲"非真"闲":它表明,身处秋水寒山,并不意味着忘却人世的关切。尽管南朝之寺似乎隐喻着对尘世的疏离,但作为儒家中的人物,兼善天下的观念依然内在于诗人。在这一审美意象中,人、物、景通过想象、重组,构成了体现诗人独特感受的意义世界。类似的图景也可以从王维的如下诗句中看到:"泉声咽危石,日色冷青松。"③危岩之畔,泉水流过,发出鸣咽之声;松林之中,日光照入,形成清冷之色。泉与石原无生命,但在此却与具有情感意味的鸣咽之声联系起来;日光本来象征温煦,但在此却

---

　　① 《嵇康集·声无哀乐论》,见〔三国魏〕嵇康著,戴明扬校注:《嵇康集校注·卷第五》,中华书局,2014 年,第 353 页。
　　② 刘禹锡撰,《刘禹锡集》整理组点校,卞孝萱校订:《刘禹锡集·罢和州游建康》,中华书局,1990 年,第 570 页。
　　③ 王夫之著,杨坚总修订:《唐诗评选·王维·过香积寺》,岳麓书社,2011年,第 1003 页。

以具有忧郁意味的清冷之色出现。在拟人化的联想中,自然对人所呈现的幽寂、冷峻与人自身的所思所悟彼此交融,外在的山水图景则由此而同时获得了内在的审美意义。

作为具有价值内涵的意义形态,审美的世界与伦理的世界并非相互隔绝。意义的审美形态不仅体现于个体情感的抒发和表达,而且作用于生活的其他方面。儒家已注意到审美活动与"成人"(理想人格的培养)之间的联系,孔子便将"文之以礼乐"视为成人的方式①,其中包含着通过审美活动以陶冶人的情操之意。孔子很重视审美活动在成人过程中的作用,主张"兴于诗,立于礼,成于乐",亦即通过礼乐教化来培养完美的人格。孔子本人曾闻韶乐而"三月不知肉味"②,所谓"不知肉味",也就是在音乐所引发的审美意境中,精神超越了自然之欲(饮食所带来的感官享受)而被净化,内在人格则由此得到升华。荀子对艺术审美活动在成人过程中的作用也作了具体的考察。按荀子的看法,在化性起伪的过程中,音乐构成了一个重要的方面:"夫声乐之入人也深,其化人也速。""乐者,圣人之所乐也,而可以善民心。其感人也深,其移风易俗也易。"③作为艺术形式,音乐往往可以激发心灵的震荡和共鸣,并给人以精神的洗礼,使之由此得到感化。在这里,美的意境与善的意向呈现了意义世界的相关内涵,其具体形态表现为"美善相乐"。

美和善的追求更多地指向基于现实存在的理想,与之有所不同的精神趋向是终极关切,后者和宗教领域有更切近的关系。宗教无疑既有外在的形式,如宗教组织、宗教仪式、宗教建筑,等等,又往往

---

① 参见《论语·宪问》。
② 参见《论语·泰伯》《论语·述而》。
③ 《荀子·乐论》。

预设了超验的存在,如神、上帝;但从内在的方面看,它与人的观念世界似乎具有更实质的联系。康德晚年在谈到宗教时,曾指出:"宗教是良知(conscientiousness)。""拥有宗教,并不需要上帝的概念(to have religion,the concept of God is not required)。"①良知所涉及的,首先是内在的精神世界以及精神活动,上帝则外在并超越于人,在康德看来,前者才是宗教的实质方面。就其现实的形态而言,宗教的精神世界,同时也展现为一种具有价值内涵的意义世界。从肯定的方面看,宗教的观念每每隐含着对彼岸之境的向往和追求;从否定的方面看,它则表现为对现实存在或世俗存在的拒斥。与以上态度和立场相应的,是世界所呈现的不同意义:在宗教的视域中,现实或世俗的存在常常更多地呈现消极、负面的意义,而彼岸之境则似乎展示了积极的、永恒的意义。以二者的这种反差为内容,宗教同时形成了其自身的意义世界。

当然,在宗教的某些形态中,此岸与彼岸之间的界限,往往并不截然分明。这里可以一提的是禅宗。作为中国化的佛教,禅宗并不对世间与出世间判然划界,这当然并不是说,禅宗完全将存在视为同一种形态。在禅宗看来,佛与众生之别,主要在于迷与悟的不同:"前念迷,即凡夫;后念悟,即佛。""不悟,即佛是众生。一念若悟,即众生是佛。"②与此一致,世俗之世与彼岸存在之分,也取决于心体之悟,如果领悟到自心即佛,便可达到西方乐土:"心但无不净,西方去此不远。"③作为内在观念世界的不同形态,"迷"与"悟"既体现了对人的存在与世界之在的不同理解,又内含相异的价值取向;"佛"与"西方"则表现了心悟之后世界向人所呈现的不同意义。"悟"的达到,又以

---

① Kant, *Opus Postumum*, Cambridge University Press, 1993, p.248.

② 慧能:《坛经》。

③ 同上。

智慧的观照为其前提:"用智惠(慧)观照,于一切法不取不舍,即见性成佛道。"①这里的"智惠(慧)"体现的是佛教的视域。这样,对禅宗而言,超越之境与现实存在、此岸与彼岸的差异,主要相对于人的不同视域而言。通过改变观念世界(包括价值观念),"用智惠(慧)观照",便可使同一存在呈现不同的意义:就人而言,一旦由迷而悟,众生皆可将自身体验为佛;就世界而言,如果以解脱之心观之,则世俗世界则可呈现为西方之土。不难看到,相应于价值观念的变化,禅宗视域中存在之呈现方式的如上转换,实质上表现为意义世界的重建。

从伦理、审美到宗教之域,意义世界多方面地渗入了价值的内涵。与价值意识的作用相联系,意义世界的生成既以对象的意义呈现为内容,又涉及主体的意义赋予:对象呈现为某种意义,与主体赋予对象以相关意义,本身表现为一个统一的过程。以伦理之域而言,对象呈现为不同于一般生物而具有伦理意义的存在,与主体将对象视为应以伦理原则而非生物学观念加以对待的存在,总是难以分离。同样,审美对象与审美主体、信仰对象与信仰者之间,也存在类似的关系。意义呈现与意义赋予的如上统一,与更广层面上呈现性与意向性的交融,无疑具有一致性②。内在意识对事物的指向,使事物意义的呈现成为可能;事物的呈现,则使意向性活动获得现实的内容,意义呈现与意义赋予的统一可以视为以上互动的进一步体现。③

---

① 慧能:《坛经》。

② 呈现性与意向性的统一,与认识论意义上所与(the given)和所得(the taken)的统一,似乎也具有相关性。(参见杨国荣:《存在之维》第三章,人民出版社,2005年)。

③ 胡塞尔的现象学在某些方面已注意到意义的呈现与意义的赋予在意向活动中的相关性,不过,如本书第一章所论,与悬置存在及强调意识的建构作用相应,胡塞尔的现象学在总体上更多地突出了意义的赋予,而对事物的呈现则未能给予充分的定位。就此而言,显然很难说它已真正把握了意义生成过程中二者的互动和统一。

与世界图景相近,渗入价值内涵的意义世界固然与个人的体验、视域相联系,但并非仅仅囿于个体的意识之域。作为意义世界生成的前提之一,价值意识和价值观念同时包含普遍的方面,孟子已注意到这一点,在他看来,心总是有"同然",而这种"同然"又以"理"、"义"为其内容:"心之所同然者,何也? 谓理也,义也。圣人先得我心之所同然耳,故理义之悦我心,犹刍豢之悦我口。"①这里所说的"理"、"义",便包含价值的内容,作为"心之所同然",它们同时内在于人心而表现为人的价值意识,而其"同然"则体现了普遍性的品格。价值意识的这种普遍性,使它所渗入的意义世界也具有了个体间的开放性。所谓理义"悦心",便强调了具有普遍内容的价值意识可以为不同的个体所共同理解、认同和接受。当然,从现实的过程看,这种认同、接受既以价值意识本身体现了一定时期共同的历史需要为前提,又以生活、实践过程中个体间的相互交往、沟通为背景。

作为意义世界的表现形式,世界图景与价值意境并非彼此悬隔。世界图景固然以"是什么"的追问为主要指向,但无论是其科学的形态,抑或常识、形而上的形态,都同时在不同程度上涉及价值的内涵。事实上,与"是什么"相联系的"真",便具有广义的价值意义。同样,价值意境诚然首先关联"意味着什么"的问题,但其中也蕴含着对"是什么"的理解,从道德领域到审美领域,从善与美的现实追求到超越层面的终极期望,价值的关切总是无法离开对世界的理解。世界图景与价值意境的以上相关性,既以二者在本原上基于同一个现实的世界为前提,又从一个方面体现了"是什么"与"意味着什么"的意义追问难以截然相分。

---

① 《孟子·告子上》。

三　精神世界与人性境界

　　作为意义呈现与意义赋予的统一,存在图景与价值世界的意义更直接地涉及对象之域:无论是事物对人展示为什么,抑或事物对人意味着什么,首先都关乎对象所具有的意义。由事物之在反观人自身的存在,关于对象意义的追问便进一步引向对人自身存在意义的关切。当人反思为何而在时,他所关切的也就是其自身的存在意义。与存在意义的自我追问相联系的,是不同形式的精神世界或精神境界。

　　从思想史上看,上述语境中的“境界”一词,首先来自对佛教经典的翻译与阐释。① 在佛教的论域中,境界有内外之分,所谓“内外境界,心之所行”。② 外在的境界常指由缘起而成的现象世界,对佛教而言,这一意义上的境界往往以心为源,缺乏实在性:“境界是无,惟自心见。我说不觉,惟是自心。见诸外物,以为有无,是故智慧不见境界。”③唯其源自于心而无真实之性,故难以进入佛家的智慧之域。禅

---

　　①　当然,就词源而言,“境界”一词在佛教传入以前就已开始出现,不过其原始的词义主要与地域、边界等相联系,汉代一些学者便在以上意义上使用该词,如郑玄在对《周礼》中“卜大封”一句作注时,即指出:“‘卜大封’,谓竟界侵削,卜以兵征之。”(《周礼注疏》,卷二十四)这里的“竟”借为境,“竟界”亦即“境界”,而其所指,则主要是地域、边界。佛教传入后,该词同时被用于翻译、阐释佛教的概念,其涵义也相应地发生了变化。但需要指出的是,“境界”的原始词义在此后一些表述中仍可看到,如王阳明在《案行漳南道守巡官戴罪督兵剿贼》中即曾提到“广东境界”(参见〔明〕王守仁:《王阳明全集》,上海古籍出版社,1992 年,第 535 页),此所谓“境界”,主要便与该词的原始词义相联系,指疆域或地界。这些现象无疑表现了语言演化、运用过程的复杂性。

　　②　《大乘密严经》。

　　③　《佛心品》,《入楞伽经》卷五。

宗的无业亦云："一切境界,本自空寂,无一法可得。迷者不了,即为境惑。一为境惑,流转不穷。"①这里的境界,也泛指外部的存在,在禅宗看来,执着于此,便意味着惑而不悟。与外在境界相对的内在境界,则主要与精神之境相涉,表示精神所达到的一定此次或层面,其特点在于超越了世俗意识。在《华严一乘教义分齐章》的结尾,法藏特别指出了这种境界与"事"的区别:"唯智境界非事识,以此方便会一乘。"②"事"所关涉的是经验领域的现象,超越世俗意识的智慧之境无法通过这种经验现象来把握,在解释智慧境界时引用"事",仅仅只是方便说法。"境界"与"事"的如上区分一方面展现了境界的内在性,另一方面则确认了境界作为正面精神形态的意义。③ 后者在慧能的如下表述中得到了更明确的肯定:"悟无念法者,见诸佛境界。"④

随着历史的演进,以境界表示精神世界,逐渐不再限于佛教之域。白居易在《偶题阁下厅》中曾写道:"平生闲境界,尽在五言中。"这里的"境界",便有精神形态之意。陆游的《怀昔》诗中亦提到了境界:"偶住人间日月长,细思方觉少年狂。众中论事归多悔,醉后题诗醒已忘。鼋作鲸吞吁莫测,谷堙山堑浩难量。老来境界全非昨,卧看萦帘一缕香。"这里表达的是其晚年的所思所悟,此时诗人已少了早年的锋芒,而多了对世事的感慨;所谓"老来境界",便指与少年时代不同的精神之境。在宋明及宋明以后的哲学家中,境界的概念得到

---

① 普济著,苏渊雷点校:《五灯会元》,卷三,中华书局,1984 年,第 164 页。
② 法藏:《华严一乘教义分齐章》卷四。
③ 从宽泛的层面看,佛教一方面以缘起规定外在境界,亦即用因缘而起解释现象世界,并由此将其纳入可理解的意义之域;另一方面,又以涅槃规定内在境界,并由此赋予境界以价值意义。就此而言,内外境界之分,亦涉及意义世界的不同涵义。
④ 慧能:《坛经》。

了更广的运用。朱熹在谈到心体时,即把本体之虚与境界联系起来:"心之本体固无时不虚,然而人欲已私汩没久矣,安得一旦遽见此境界乎? 故圣人必曰正其心,而正心必先诚意,诚意必先致知,其用力次第如此,然后可以得心之正而复其本体之虚,亦非一日之力矣。"①作为心体的特定存在方式,这里的境界也以精神形态为内涵。在朱熹看来,达到心体的这种形态,必须经过致知、诚意、正心的工夫,后者同时展开为一个长期的过程("非一日之力")。

王夫之进一步从成就德性的角度,对境界作了分疏:"'安仁'、'利仁',总是成德后境界。"②孔子在《论语·里仁》中曾提出"仁者安仁,知者利仁"之说,在王夫之看来,二者都构成了德性涵养中的境界。当然,以成德为视域,境界又表现出不同形态,当人仅仅以富贵贫贱为意时,其境界便也难以越出此域:"所以一意在富贵贫贱上用工夫,只挣扎得者段境界,便是他极致,而于天理自然之则,全未搭着涯际。"③反之,如果始终坚持仁道,在任何时候都不与仁相悖,则意味着进入另一重境界:"到得'君子无终食之间违仁',则他境界自别,赫然天理相为合一。"④在这里,境界之别,既涉及德性的高下,也表现为内在精神形态的差异。

从朱熹到王夫之,对境界的理解更多地侧重于观念与精神的层面。作为观念的存在,境界也可以视为宽泛意义上的精神世界,而对后者(精神世界)的考察,则涉及更广的视域。孟子曾有如下表述:

---

① 朱熹:《答张钦夫》,《晦庵先生朱文公文集》卷三十,《朱子全书》第 21 册,上海古籍出版社,安徽教育出版社,2002 年,第 1314 页。

② 王夫之:《读四书大全说》卷四,《船山全书》第 6 册,岳麓书社,1996 年,第 624 页。

③ 同上,第 627 页。

④ 同上。

"万物皆备于我矣。反身而诚,乐莫大焉。"①这里的"万物皆备于我",并不是指外部世界以物理的形态内在于个体,而是表现为观念层面的意义境域:以视域的扩展、理性的想象、内在的体验等为形式,"我"把握了作为整体的世界并领悟了其意义,万物则由此进入"我"的观念之域,二者的关系一如天之"诚"与人之"思诚":"诚者,天之道也;思诚者,人之道也。"②在这里,世界对"我"的敞开与"我"对世界的开放、世界意义对"我"的呈现与"我"对世界意义的领悟融合为一,而对这种精神之境的真切感受,往往又伴随着超乎感性快感的内在精神愉悦,此即所谓"反身而诚,乐莫大焉"。在以开放的视域接纳世界并深切领悟其意义的前提下所达到的这种"乐",同时表现为一种精神境界,王夫之已指出了这一点:"孟子于'万物皆备于我'之下,说个'反身而诚,乐莫大焉,'是何等境界!"③

境界与精神世界的相通性,在张载的"大心"说中也得到了体现。在谈到内在之心与外在之物的关系时,张载指出:"大其心则能体天下之物,物有未体,则心为有外。世人之心,止于闻见之狭。圣人尽性,不以见闻梏其心,其视天下无一物非我。孟子谓尽心则知性知天以此。天大无外,故有外之心不足以合天心。"④"大其心",亦即精神视域的扩展,这种视域不同于感性层面的闻见,闻见以特定之物的外在形态为对象,精神视域所指向的则是世界的意义,与之相应,所谓"体天下之物",也就是超越特定之物或存在的有限形态、从整体上领悟和体认世界的意义,而"无一物非我",则近于孟子所说的"万物皆

---

① 《孟子·尽心上》。

② 《孟子·离娄上》。

③ 王夫之:《读四书大全说》卷十,《船山全书》第6册,岳麓书社,1996年,第1119页。

④ 张载:《正蒙·大心》,《张载集》,中华书局,1978年,第24页。

备于我"。在此,涵盖天下之物、其大无外之"心",同时表现为超越有限、追求无限的精神世界。

作为观念性的存在,境界或广义的精神世界表现为不同的形态。事实上,在孟子以及张载、朱熹、王夫之对精神世界的理解中,都已蕴含着对其高下差异的确认。冯友兰更明确地肯定了这一点。在他看来,由于人对宇宙人生的觉解不同,其境界亦往往各异:"人对于宇宙人生底觉解的程度,可有不同。因此,宇宙人生,对于人底意义,亦有不同。人对于宇宙人生在某种程度上所有底觉解,因此,宇宙人生对于人所有底某种不同底意义,即构成人所有底某种境界。"①作为意义世界的观念形态,境界或广义的精神世界既有内涵之异,也有层面或层次之别;前者(内涵之异)与伦理世界、审美世界、宗教世界等区分相联系,后者(层面或层次之别)则相应于精神的发展、提升所达到的不同程度。通常所说的境界高或境界低,便主要体现了精神世界的不同层面或层次。精神世界的如上差异不仅在认识之维涉及对世界理解的不同深度,而且在评价之维关乎对世界的不同价值取向和价值立场;冯友兰所谓觉解,似乎便同时包含了以上两个方面。

在人的在世过程中,精神世界的不同内涵既相应于人的不同存在形态,也对人展示了不同的存在意义。就其现实性而言,人总是经历不同的发展阶段,人的生活过程也具有多方面性,在人生的不同发展阶段与生活的不同方面,精神世界或精神之境每每包含不同的内容,后者既具有规范性,也具有适应性。规范性在此意味着对在世方式的引导和存在境域的提升,适应性则往往表现为对生存过程的安顿,这种安顿更多地体现于日用常行之域。作为生命生产与再生产的实现形式,日常生活本身构成了人存在过程的重要方面,与之相适

① 冯友兰:《三松堂全集》第四卷,河南人民出版社,1986年,第549页。

应的精神之境尽管常常呈现自发性,但仍有其自身的意义,儒家所谓日用即道,也包含对以上方面的肯定。同时,就不同的个体而言,其人生目标、价值追求往往具有多样性,在这种多样的取向之后则是不同的精神之境。这些不同的精神之境如果与体现历史发展趋向的价值原则无实质的冲突,则对人的存在也呈现各自的意义。要而言之,在人的成长过程中,既应肯定精神之境的发展、提升,也需要关注精神之境的多样性。

从更深沉的价值层面看,境界或精神世界所指向的,是人之为人的存在意义。事实上,从孟子的反身而乐,到张载的"大其心"、王夫之的成德之境,在境界或精神世界中,意义的理解和把握,都进一步引向了对人自身内在存在意义的思和悟。如本书第一章所论,以存在意义的自我反思为视域,境界或精神世界的核心,集中体现于理想的追求与使命的意识。理想的追求以"人可以期望什么"或"人应当期望什么"为指向,使命的意识则展开为"人应当承担什么"的追问,二者与"人为何而在"的自我反思紧密联系,体现了对人自身存在意义的深沉关切。

张载在要求"大其心"的同时,曾提出如下观念:"为天地立心,为生民立道,为去圣继绝学,为万世开太平。"①这里既体现了理想的追求,又包含内在的使命意识。在张载看来,人为天地之心,民为社会之本,往圣之学体现了文化的精神命脉,天下安平则构成了历史的目标;理想的追求就在于真正确立人在天地之中的价值主导地位,顺应生民的意愿,延续文化的命脉,实现天下的恒久安平;而人的历史使命,便在于化上述理想为社会现实。境界或精神世界在张载那里以"大其心"为其内在前提,而理想追求与使命意识的以上统一,则赋予

---

① 张载:《近思录拾遗》,《张载集》,中华书局,1978 年,第 376 页。

"大其心"以核心的内涵。

以"应当期望什么"为内容的理想追求,主要从价值目的上展现了对人为何而在的自我反思。从宽泛的层面看,"应当期望什么"的追问所指向的,也就是成己与成物,成己意味着自我通过多方面的发展而走向自由、完美之境;成物则是通过变革世界而使之成为合乎人性需要的存在。在成己与成物的过程中,人既赋予期望与理想以实质的内涵,也使自身的存在获得了内在的意义。这里的存在意义之所以呈现内在的性质,首先便在于成己与成物以人与人的世界自身的完成为指向。换言之,它所体现和确认的,是人自身的目的性。

相对于"应当期望什么"所体现的理想追求,以"应当承担什么"为内涵的使命意识,更多地从人的责任、人的义务这一维度表现了对自身存在意义的关切。作为类或社会的规定和要求,责任与义务使人超越了生存之域的有限目的而在社会历史的层面体现了人之为人的本质。康德曾指出:"作为动物,人属于世界。然而,作为人,他又属于具有权利、并相应地具有自由意志的存在。二者在本质上使人区别于所有其他存在。"①康德所说的世界属广义的自然,作为动物,人同时即表现为自然的存在。对康德而言,人超越自然、区别于其他存在的主要之点,便在于人具有权利与自由意志。从实质的意义看,权利的确认以承认人的价值为前提,价值的内在形态则涉及目的性:内在的价值即表现为以自身为目的。与之相联系,肯定人具有权利,同时意味着将人视为目的性的存在。对人的这一理解,与康德在伦理学上要求把人始终看作目的而非手段,无疑相互一致。与权利相关的是自由意志。在康德那里,自由意志总是涉及责任和义务,并且与后者难以分离:"自由的概念如何可能? 唯有通过义务的规定;义

① Kant, *Opus Postumum*, Cambridge University Press, 1993, p.239.

务本身又是一种无条件的命令。""自由概念基于一种事实:绝对命令。"("The concept of freedom is founded on a fact: categorical imperative")①不难注意到,对康德而言,自由意志的背后,是责任与义务;从逻辑上看,权利与自由意志的这种相关性,与权利和义务的联系也具有对应性。总起来,作为人区别于其他存在的内在规定,权利所确认的目的性之维与自由意志所蕴含的责任和义务,同时也从一个方面展现了人之为人的本质。

与康德相近,孟子也曾对人之为人的规定予以相当的关注:"人之所以异于禽兽者几希,庶民去之,君子存之。"②使人区别于与动物(禽兽)的主要之点究竟体现在何处? 庶民所去、君子所存者到底是什么? 在谈到君子的特点时,孟子对此作了进一步的阐释:"君子所以异于人者,以其存心也。君子以仁存心,以礼存心。"③对孟子而言,君子作为人的完美存在形态,集中地体现了人之为人的品格,而君子的具体特点,则表现于其"存心";所谓"存心",也就是内在的精神世界,后者又以"仁"、"礼"为其内容。"仁"与"礼"既有德性之意,又表现为"当然"(应当遵循的规范):作为不同于禽兽者,人都"应当"循仁而"在"、依礼而行,这里无疑既体现了道德的理想(确立以道德意识为内涵的精神世界),也蕴含着某种道德领域的责任意识(应当循仁依礼,意味着有责任遵循道德规范)。所谓"以仁存心,以礼存心",也就是确立和维护包含广义道德理想与道德责任的精神世界,在孟子看来,正是这种内在的精神世界,使人"异于禽兽"而成为真正意义上的人。

---

① Kant, *Opus Postumum*, Cambridge University Press, 1993, p.232, p.238.
② 《孟子·离娄下》。
③ 同上。

广而言之,以"应当期望什么"所体现的理想意识与"应当承担什么"所内含的使命意识或责任意识为核心,人的境界确乎在观念的层面体现了人之为人的本质规定。就其体现了人的本质规定而言,这一意义上的境界,也可以理解为人性境界。在人性境界的视域中,人自身的存在意义既成为关注之点,也得到了不同方面的呈现。从理想之维看,以成己与成物为指向,人在确认自身即目的以及确立存在方向的同时,也赋予自身的存在以内在意义;从使命之维看,通过承担责任与义务,人既超越了有限的生存目的,也使自身不同于其他存在的本质规定得到展现,后者进一步从存在形态和存在方式上展示了人的存在意义。人性境界的以上两个方面本身并非彼此分离,在张载那里,"为天地立心,为生民立道,为去圣继绝学,为万世开太平"便同时具有人的理想与人的使命双重涵义。从更广的层面看,自我通过多方面的发展而走向自由之境(成己)与化本然的存在为合乎人性发展的世界(成物),同样既是人所追求的理想,又表现为人难以回避的历史使命。

以人之为人的本质规定为关切之点,人性境界同时在二重意义上体现了存在的自觉:就何物存在而言,它意味着确认人不同于自然的存在,后者相应于人禽之别;就为何而"在"而言,它意味着以成己与成物为存在的内在指向,后者蕴含着对人自身存在意义的深沉体认。人性境界的以上内涵,既展现了精神世界的深沉性,也表现了其超乎个体的普遍品格。当然,作为观念形态的意义世界,精神世界同时又总是包含个性的差异,呈现多样的形式,但从其实质的方面看,人性境界的普遍内涵与精神世界的个性差异及多样形态之间并非互不相容,对人性境界普遍规定的认同,也并不意味着消解精神世界的个体性与多样性。事实上,作为人性境界具体指向的成己与成物,便蕴含着人自身多方面发展的要求,而所谓多方面发展,便包括扬弃精神形态的单一性和无差别性,形成具有个性特点、多样趋向的精神世界。

四　人性境界与人性能力

就其现实形态而言,精神世界无法离开成己与成物的过程。这不仅在于精神世界以成己与成物为指向,而且表现在它本身形成于成己与成物的过程。从成己与成物的维度看,广义的精神世界既包含人性境界,又涉及人性能力。如果说,前者(人性境界)通过指向成己与成物而确认了人自身存在的意义,那么,后者(人性能力)则从一个方面为成己与成物提供了所以可能的条件。

如前文所论,人性境界首先以理想意识与使命(义务)意识展示了精神世界的人性内涵。相对于此,人性能力更多地表现为认识世界与认识自我、变革世界与变革自我的现实力量。作为成己与成物所以可能的条件,人性能力既不同于抽象的逻辑形式,也有别于单纯的意识或心理功能。以感性与理性、理性与非理性等统一为形式,人性能力呈现综合的性质和具体的形态,并内在地作用于人的知、行过程,知、行过程所达到的深度与广度,总是相应于人的不同能力。就其不同于外在的手段而体现了人的本质力量、不同于抽象的逻辑形式而融合于人的存在过程并与人同“在”而言,它无疑具有人性的内涵。①

然而,尽管人性能力内在地展现了人的本质力量,但这并不意味着其存在与现实作用必然合乎人性发展的方向。正如在一定的历史时期,劳动的异化往往导致人本身的异化一样,人性能力也包含着异

———————————

① 参见本书第二章。

化为外在手段和工具的可能。近代以来,随着科学的凯歌行进,以科学技术为主导的视域,浸浸然渗入社会的各个层面。在科学的领域,自然及其他存在首先被作为对象来处理。当科学取得较为成熟的近代和现代形态时,这一特点表现得更为明显。海德格尔曾对现代的技术作了分析,并认为可以用座架来表示这种技术的本质:"座架(Ge-stell)意味着对那种摆置(Stellen)的聚集,这种摆置摆置着人,也即促逼着人,使人以订造方式把现实当作持存物来解蔽。"①座架具有限定、凝固的意义,它把人与自然的关系限定和凝固在认识与被认识、作用与被作用等关系中,而自然(即广义的存在)则由此成为一种可计算的对象。科学与技术当然有所不同,但二者并非彼此悬隔,技术将存在对象化的趋向,也从一个方面折射了科学思维的对象性特点。事实上,海德格尔在揭示技术将自然对象化的同时,也指出了科学的同一特征:"理论将现实之物的区域确定为各种对象领域。对置性的领域特征表现为:它事先标画出提问的可能性。任何一个在科学领域内出现的新现象都受到加工,直到它可以合适地被纳入到理论的关键性的对象联系之中。"②与对象化的思维趋向相联系,科学更侧重于对世界单向的发问与构造,后者往往导向对人自身存在意义的淡忘。就人的存在而言,科学本身当然并不仅仅表现为负面的形态,事实上,科学在敞开世界的同时,也为成己与成物的过程提供了更广的空间。然而,当对象化的思维趋向引向对人自身的理解时,人是目的这一价值原则往往会变得模糊,而人本身也容易在被对象化的同时面临物化之虞。与之相联系的,则是人性能力的工具化趋向:

---

① 〔德〕马丁·海德格尔:《技术的追问》,孙周兴选编,《海德格尔选集》,上海三联书店,1996 年,第 938 页。

② 海德格尔:《科学与沉思》,同上,第 967 页。

当人本身渐趋物化时,人的能力也将逐渐失去作为成己与成物内在根据的意义,而仅仅被视为指向科学对象或达到某种科学或技术目标的工具和手段。

广而言之,在社会之中尚存在"人的依赖关系"与"物的依赖性"的历史条件下①,与人性发展方向相异的外在名、利往往成为追求的对象,较之走向自由这一内在价值目标,这种名和利本质上表现为人的"身外之物"。庄子便曾对"物"与"性"作了区分,并批评"天下莫不以物易其性矣。小人则以身殉利,士则以身殉名。"②这里的"性"是指人之为人的内在规定,与之相对的"物"则是外在于人的对象,所谓"名"、"利"都属此类。"以物易性",意味着以外在之物的追逐,取代对人内在规定与存在意义的关切。一旦人的能力主要被用于获取这些"身外之物",则人性能力本身也必然将异化为外在的工具和手段。

避免人性能力的工具化和手段化,既涉及社会历史的层面,也关乎观念之维。在社会历史的层面,它意味着扬弃劳动的异化和人的异化、超越"人的依赖关系"与"物的依赖性"、从价值导向与实践过程等方面抑制科学与技术的僭越,等等;就内在的观念和精神领域而言,则应当对人性境界予以必要的关注。如前所述,作为精神世界的具体形态,人性境界的深层内蕴体现于对何物存在(人禽之别)与为何而在(人生目的)的关切,后者所涉及的也就是人之为人的本质规定以及人自身的存在意义。从"人之所以异于禽兽者几希,庶民去之,君子存之",到"为天地立心,为生民立道,为去圣继绝学,为万世

---

① 参见〔德〕马克思:《1857—1858 经济学手稿》,《马克思恩格斯全集》第 30 卷,人民出版社,1995 年,第 107 页。

② 《庄子·骈拇》。

开太平"，人性境界既确认了人不同于其他存在的本质规定，又从人是目的这一维度肯定了存在的意义。以此为内涵，人性境界同时也从精神世界的内在方面规定了人性能力的价值方向，并引导其在成己成物的过程中展现人自身的本质力量，以避免异化为外在的手段和工具。

从另一方面看，人性境界固然包含价值的内涵，但如果离开了人性能力及其在知、行过程中的具体展现，仅仅停留于观念性的层面，则容易使精神世界流于抽象、玄虚、空泛的精神受用或精神承诺。历史地看，以心性之学为主要关注之点的理学在某种程度上便表现出以上倾向。理学中的一些人物固然也谈到成己与成物，但往往将后者限定于德性涵养等伦理之域，与之相联系的人性能力，也主要囿于以伦理世界为指向的德性之知，而未能展现人的全部本质力量。以此为价值立场，人性境界每每呈现思辨化、玄虚化的形态。前文提到的"为天地立心"等诚然体现了宏阔的精神旨趣和追求，但当这种旨趣和追求脱离了现实的历史实践过程时，便常常显得苍白、空泛。黄宗羲曾批评理学末流疏离经纬天地的现实活动，"徒以'生民立极、天地立心、万世开太平'之阔论钤束天下。一旦有大夫之忧，当报国之日，则蒙然张口，如坐云雾。"①这种评论并非毫无所据。理学一再以所谓醇儒为理想的人格，这种人格往往主要以精神世界中的穷理去欲为指向，人的多方面发展及变革现实世界的过程则难以进入其视域。在这种抽象的世界中，境界往往被理解为个体的精神"受用"。晚明心学的一些人物将心体与"归寂"联系起来，便十分典型地表现了这一点。他们视内在心体为寂然之体，认为一旦达到了这种寂然

① 黄宗羲：《赠编修弁玉吴君墓志铭》，《黄宗羲全集》第十册，浙江古籍出版社，1993 年，第 421 页。

的本原,便可进入"精义入神"之境:"充养乎虚灵之寂体而不以一毫意欲自蔽,是谓精义入神而用在其中也。"①"充养乎虚灵之寂体"在此意味着形成内在的精神境界,所谓"用",则主要表现为抽象的精神受用,它隔绝于现实的认识和实践过程之外,仅仅以反身向内的心性涵养和思辨体验为其内容。不难注意到,离开广义的人性能力及其现实的作用过程、仅仅在德性之域展开意义的追寻,人性境界便很难避免封闭、玄虚的走向。

类似的趋向也内在于海德格尔对人的理解。就哲学的层面而言,海德格尔对近代科学技术的发展之势的质疑,与他对传统形而上学的批评相联系。如所周知,在海德格尔看来,传统形而上学仅仅关注存在者,而遗忘了存在。海德格尔所理解的存在,首先以人之"在"为实质的内涵,对人之"在"的这种关注,无疑蕴含着对人的存在意义的关切。事实上,责难科学技术的对象化趋向与批评存在的遗忘,在理论上确乎彼此呼应,二者都以存在意义的自我确认为前提。然而,海德格尔对存在意义的追寻,同时又以本真之我为主要指向。对他而言,个体在被抛掷于世之后,便难以避免与他人的共在,这种共在过程既使人不断领略烦、畏等生存境遇与体验,又使人沉沦于常人,失去本真之"我"。唯有在向死而在的过程中,通过对先行而至的死的体验,人才能真正意识到自身的个体性、一次性、不可重复性,从而回归本真之我,实现人生的意义。对人的存在及其意义的以上理解不仅未超出个体的生存之域,而且主要限于个体的精神体验。在这种精神性的生存体验中,广义的人性能力及其现实作用,同样被置于存在过程之外。上述思维路向在某种意义上相应于对近代科学技术的责难:质疑科学技术在逻辑上往往导向疏离其中所蕴含的广义人

① 聂豹:《答陈明水》,《双江聂先生文集》卷十一。

性能力;而它所体现的抽象性、思辨性,则又与心性之学呈现相近之处。

可以看到,就观念或精神的领域而言,人性能力离开了人性境界,便往往缺乏内在的价值承诺和理想的引导,从而容易趋向于工具化和与手段化;另一方面,精神境界离开了人性能力及其现实的历史作用过程,则每每导向抽象化与玄虚化。从成己与成物的视域看,人性境界与人性能力既形成于认识世界与认识自我、变革世界与变革自我的过程,又从不同方面指向这一过程并构成了其展开的内在根据。在以上的历史互动过程中,人性境界与人性能力本身也不断获得统一的形态。以人性境界与人性能力的如上统一为前提,一方面,通过人是目的这一本质规定的突显,人性能力扬弃了外在的形态,展示出内在的价值意义;另一方面,在融入于成己与成物的现实创造活动过程中,精神境界超越了抽象、玄虚、空泛的精神受用或精神认同。就人的存在而言,如果说,人性境界的形成,使人首先表现为价值目的意义上的德性主体,那么,人性能力的发展,则使人更多地呈现为价值创造意义上的实践主体,而自由的人格则以二者的具体融合为历史内涵。作为人性能力与人性境界统一的具体形态,这种自由人格同时又从人自身存在这一向度,进一步赋予意义世界以深沉的价值内涵。

第五章

意义与实在

　　在成己与成物的过程中,意义不仅通过认识和评价活动而体现于观念的层面,而且基于实践过程而外化于现实的存在领域或实在的世界。作为意义的外化或现实化,这种形成于知、行过程的存在领域同时可以视为意义世界的现实形态或外在形态。后者既涵盖"人之天"或广义的为我之物,也以生活世界与社会实在为其现实内容。

一　化"天之天"为"人之天"

　　意义世界首先相对于本然的存在而言。本然的存在尚未进入人的知、行之域,其意义亦未向人敞开;意义世界则已打上了人的印记,表现为不同层面的为我之物。以中国哲学的概念来表述,本然之物也就是所谓"天之天",作为外在于知、行领域、尚未与人发生实际联系的存在形态,它既未在观念之维构成有意义的对象,也没有在实践之域获得现实的意义。抽象地看,人与本然世界都属"存在",从而并非绝对分离,但当本然世界尚处于知、行领域之外时,二者更多地以相分而非相合的形式呈现。

扬弃本然世界与人的彼此分离,以人变革世界的活动为其前提。本然的存在不会主动地适应人,也不会自发地满足人的需要。即使在人类早期的采集与渔猎时代,人的存在也并非被动地依赖自然的赐予,事实上,采集与渔猎本身也属于广义的生产劳动。正是基于这种实践活动,人一方面走出了自然,另一方面又走向自然。后者(走向自然)既意味着在认识论的层面不断敞开存在,也意味着在本体论的层面化本然存在为人的世界。通过面向与变革自然,人在给本然世界打上自己印记的同时,也使之合乎人自身的不同需要,从而赋予它以多方面的意义。

以人对本然形态的敞开与变革为前提,存在首先呈现了现实性的品格。如前所述,从人与存在的关系看,需要对"现实"与"实在"作一区分:本然的存在无疑具有实在性,但对人而言,它却不一定具有现实性的品格。这里的现实性,是指进入知与行的领域,成为认识与实践的对象,从而获得实际的意义。① 在认识之光尚未照射其上时,

----

① 胡塞尔曾从逻辑的视域,对"现实的"一词作了如下界说:"'现实的'这个谓词并不规定对象,而是说明了:我没有进行想象,我没有进行模拟的经验活动、模拟的摆明活动和模拟的谓词表述活动……并且我谈的不是假想物,而是经验上被给予的对象。"(〔德〕埃德蒙德·胡塞尔:《经验与判断:逻辑谱系学研究》,邓晓芒、张廷国译,生活·读书·新知三联书店,1999 年,第 351 页)就其将"现实"与人的经验活动联系起来、并使之区别于一般的对象性规定而言,以上理解似乎也从一个方面注意到了"现实性"的内在涵义。当然,对现实性与更广意义上的人化实在之关联,胡塞尔则缺乏充分的关注。

本然之物往往昧而不明,所谓"天不生仲尼,万古如长夜",便隐喻了这一点,当然,此所谓"仲尼",应更确切地理解为作为类的人;同样,当本然之物还处于实践领域之外时,其存在形态与具体规定都无从呈现。如果说,人自身是在"赞天地之化育"、参与现实世界的形成过程中确证其本质力量,那么,本然世界则是通过融入人的知、行过程而呈现其现实的品格,事实上,二者具有内在的一致性和统一性。①正是以二者的这种统一为前提,马克思将对象的现实性与人的本质力量的对象化联系起来:"随着对象性的现实在社会中对人来说到处成为人的本质力量的现实,成为人的现实,因而成为人自己的本质力量的现实,一切对象对他说来也就成为他自身的对象化,成为确证和实现他的个性的对象,成为他的对象,而这就是说,对象成了他自身。"②不难看到,对象获得现实性品格,与对象取得人化形态(对象成为人自身的对象化)呈现为同一过程的两个方面;这一过程既通过人的本质力量的对象化而表现了人的独特存在方式,也改变了对象世界的存在形态:"天之天"(本然之在)在化而为"人之天"(为我之在)之后,同时与人的存在过程形成实质的联系,并由此获得了现实的规定。

相应于现实性的向度,存在同时呈现"真"的品格。这里所说的"真",既是指认识论意义上对存在的如实把握,也是指本体论意义上的实在性。在本然的形态下,存在固然为"有",但对人而言,这种"有"尚未经确证,从而虽"有"而若"无"。然而,在知与行的过程中,

---

① 海德格尔曾认为:"存在(或存在之展现)需要人。"(*Martin Heidegger and National Socialism: Questions and Answers*,Edited by Gunter Neske and Emil Kettering,Paragon House,1990,p.82)更确切的说法也许是:存在取得现实形态离不开人。

② 〔德〕马克思:《1844 年经济学哲学手稿》,人民出版社,1985 年,第 82 页。

存在则展示为得到确证的"有",其真切实在性也由此得到了具体的呈现,这种真切实在性,从本原的层面体现了世界之"真"。以实在性为内容的这种"真",又进一步构成了达到认识之"真"的本体论前提。

人化世界对存在之"真"的确证,与人对本然对象的变革具有一致性。知、行过程不仅仅敞开了世界,而且以改变世界为指向。历史地看,从基本的生存过程(生命的维持),到社会、文化层面的发展,人的存在总是面临多方面的需要。然而,如前所述,世界不会主动地适应人,也不会自发地满足人的需要,唯有通过以不同的方式作用于世界,本然的对象才能获得"为我"的性质。事实上,化本然存在为人化存在的实质指向,就在于使本然意义上的世界成为合乎人需要的"为我"之物。"可欲之谓善"①,从更本原的层面看,这里的"可欲"可以理解为合乎人的需要;当本然的存在通过人的作用过程而与人的需要一致时,它无疑也呈现了"善"的价值意义。

人化世界除了在人的生存等方面展示其价值意义外,还与人的审美活动相联系。作为尚未进入知行过程的存在,本然之物总是同时处于美的领域之外,尚未呈现美的意义。庄子认为"天地有大美而不言"②,其中的"天地"已非纯粹的本然之物,而是与人形成了某种联系:所谓"大美"也就是有别于人化形态的自然之美,这种美固然不同于人刻意所为之美,但其审美的意义仍相对于人而言。事实上,天地之美之所以为"大",乃是因为它合乎庄子的审美标准。正是在审美活动的展开与审美意识的萌生中,美的意义才得到呈现,而这一过程又以本然之物向为我之物的转换为前提和背景。

可以看到,作为意义世界的外在形态,人化的存在或为我之物首

---

① 《孟子·尽心下》。
② 《庄子·知北游》。

先表现为对存在的本然形态之扬弃,正是在从"天之天"走向"人之天"的过程中,世界由抽象的"有"或"在"(being)呈现具体的现实品格。以现实性品格的形成为前提,本然的实在开始化为人的世界,后者(人的世界)也就是真正对人具有实际意义的存在。存在的这种现实性,并不仅仅表现为空洞的形式,而是自始便与人的多方面需要相联系,并以真、善、美等价值意义为其实质的内涵。质言之,化本然之物为为我之物意味着在对象世界之上打上人的印记,而它的深沉涵义,则是赋予本然存在以价值的意义。

存在的现实性品格与价值意义形成于人的知、行过程。从根本上说,正是通过人敞开与变革世界的活动,"天之天"逐渐摆脱本然的性质,取得人化的形式。从对象的人化这一维度看,人的活动最本源的形态是劳动。劳动既是人与自然联系的直接中介,又是人作用于世界的基本方式。从早期的渔猎、采集,到现代高科技领域的生产活动,劳动改变了世界,也改变了人自身。通过"人和自然之间的物质变换"[1],劳动不仅在狭义的经济学层面创造了价值,而且在更广的维度、更深的层面赋予世界以价值等意义。以劳动为本源形式的人类活动,同时内在地体现了人的创造性和人的本质力量。事实上,赋予对象以价值意义的过程,同时也是人的创造性和人的本质力量对象化的过程,人的这种创造性和本质力量本身可以视为意义之源。作为凝结了人的创造性和本质力量的现实存在形态,人化世界的深层意义,同时表现为对人的创造性和本质力量的历史确证。[2]

---

① 〔德〕马克思:《资本论》第 1 卷,人民出版社,2004 年,第 208 页。

② 波兰尼在谈到意义时,曾认为:任何类型意义的获得,都应视为对实在本身的概括(epitome)(参见 Michael Polanyi and Harry Prosch, *Meaning*, The University of Chicago Press, 1976, p.182),如本书第一章所论,这种看法似乎多少将意义视为实在本身的规定,而对意义与人的创造活动的联系不免有所忽视。

作为人化世界的意义之源,人的创造性和人的本质力量首先以人性能力为其表现形式。前文已论及,人性能力与人的知、行活动之间存在互动的关系,人性能力的形成与发展以知、行活动的历史展开为背景,知、行活动本身又离不开一定历史阶段所达到的人性能力,二者统一于敞开和变革世界的现实过程。作为知、行活动的前提,人性能力同时构成了意义世界所以可能的内在条件。人对世界的认识与变革总是既基于一定的历史背景,又相应于人性能力的不同发展形态,本然之物的人化程度,也与人性能力的发展程度具有一致性。从类的历史发展看,当人超越了对外部世界本能性的适应而形成改变世界的最初能力时,真正意义上的属人的世界便开始诞生。人类的渔猎不同于动物丛林中的弱肉强食之处,首先在于它以人对世界的认识和理解为前提,而后者又基于并具体地融合于人性能力。与人性能力的发展相联系,人改变世界的深度和广度,也不断地发生变化。

　　从"天之天"走向"人之天",同时又源于人的不同理想。与人性能力相近,理想本身形成于敞开和变革世界的过程,它既体现了人的目的和要求,也以现实世界提供的可能为根据;作为尚未达到而希望达到的目标,理想具有"当然"的性质,它在形成之后,总是引导和制约着知与行的过程,从而呈现规范的功能。以世界的变革和价值的创造为指向,化本然之物为为我之物的过程,同时表现为化理想为现实的过程,意义世界则是以上过程的历史产物。

　　前文已论及,人性能力的作用往往通过意识过程、心理定势等得到体现,就此而言,它与中国哲学所说的"心"有着更切近的关系;理想则既作为目标赋予人的知与行以方向性,又通过化为具体的规划、蓝图而引导、规范着这一过程,从而近于"当然"意义上的"理";与以上二者相对,本然世界可以视为广义的"物"。在知、行过程的历史展开中,心、物、理交互作用,推动着本然之物向为我之物的转换。为我之物可以看作是意义世界的现实形态,在这一意义上,心、物、理之间基于实践的互动,同时也构成了意义世界形成的前提。

作为意义世界的外在形式,为我之物无疑是对本然之物的超越,但二者的区分并不具有绝对的性质。本然之物诚然尚未向人敞开,但尚未敞开并不意味着永远自我封闭,从本体论上看,本然之物总是包含着向为我之物转换的可能,它在某种意义上可以视为潜在的为我之物。另一方面,为我之物作为进入知、行领域的存在,固然已扬弃了本然的形态,但对它的敞开与变革,并不意味着改变其实在性。在获得现实形态与价值意义的同时,为我之物的物理、化学等属性仍有不依赖于人的意识及其活动的一面,这种不依赖人的规定,显然包含着某种"自在"性。与之相应,自在之物与为我之物之间不存在无法逾越的鸿沟,二者之间的界限具有可变动性。在知、行过程的历史展开中,人化的领域总是不断向本然的领域扩展。自在之物与为我之物的以上联系,同时表现为二者之间的连续性。黑格尔曾认为,自然"预示着精神"。① 在黑格尔那里,自然既表现为绝对理念的外化,又构成了从绝对理念向精神发展的中介,这种逻辑的推绎无疑具有抽象性和思辨性,但如果将精神与人的存在及为我之域联系起来,则所谓自然预示着精神,似乎也包含天与人、自在与为我之间具有连续性之意。历史地看,人作为意义主体,其存在本身以本然世界之"在"为本体论的前提,这一事实既决定了人在走出自然的同时难以割断与自然的联系,也规定了为我之域与自在之域无法截然相分。

从哲学史上看,对意义世界所涉及的为我之物与自在之物之间的如上关系,往往存在不同的理解。这里首先值得注意的是康德的

---

① 〔德〕黑格尔:《自然哲学》,梁志学等译,商务印书馆,1980 年,第 4 页。

思路。如所周知,康德区分了现象与物自体,前者(现象)与人的感性直观相联系,从而具有"为我"的性质,后者(物自体)则有其复杂性。就其在现象之外而言,物自体表现出自在的性质;但另一方面,它又在认识领域被理解为现象之源,在实践领域被预设为道德实践的形上根据,就此而言,它无疑又具有"为我"的一面。从以上方面看,康德似乎注意到了自在与为我之间的联系。然而,康德同时又强调现象虽以物自体为源,却不同于物自体的真实形态,在此意义上,它在实质上被仅仅或主要规定为"为我"之物;物自体虽为现象之源,但它本身却被规定为人永远无法达到的对象,从而在实质上以"自在"性为全部存在品格。现象与物自体之间的如上界限,同时也使存在的"自在"之维与"为我"之维彼此分离。

相对于康德哲学的二重性,另一些哲学家更多地强调了人化世界的"为我"性质。在这方面,王阳明的心学似乎具有某种代表性。前文曾提及,在心物关系上,王阳明提出了一个著名命题,即"意之所在便是物"。① 此处之物不同于本然的存在,本然的存在总是外在于人的意识(未为主体所作用),作为"意之所在"的物,则是已为意识所作用并进入意识之域的存在。"意之所在即为物",并不是意识在外部时空中构造一个物理世界,而是通过心体的外化(意向活动)赋予存在以某种意义,并由此建构主体的意义世界。王阳明注意到了意义世界的建构总是离不开人的作用,但由此又断言"无心外之物"②,显然对这一世界的自在之维未能给予必要的承诺。

类似的倾向也存在于实用主义之中。实用主义的基本特点之一,在于从价值意义等方面理解存在。这种看法无疑有见于现实的

---

① 王守仁:《传习录上》,《王阳明全集》,上海古籍出版社,1992年,第6页。
② 同上。

存在不能略去价值规定,从某种意义上说,实用主义学说在本体论上的意义,首先便在于以强化的形式,突出了事物的现实形态难以隔绝于其价值意义。然而,在肯定具体事物包含价值规定的同时,实用主义往往由确认事物与人的联系(事物的人化之维)而弱化乃至忽视事物的自在性或独立性;詹姆士的如下论点,便表明了这一点:"如果说人的思维以外还有任何'独立'的实在,这种实在是很难找到的。""这种所谓实在,绝对是哑的,虚幻的,不过是我们想象的极限。"① 不难看到,在实用主义那里,意义世界的"为我"之维与事物的自在性似乎呈现互不相容的关系;这种看法显然难以真正达到存在的现实形态。②

在现代哲学中,上述观念一再以不同的形式出现。海德格尔提出了所谓基础本体论(fundamental ontology),以此为其他一切存在理论的本源。③ 基础本体论所指向的,主要是此在(Da-sein);与始基、大全等不同,此在首先是人自身的存在。在海德格尔看来,存在的敞开,以人自身存在的澄明为前提,作为人的存在形态,此在为自身的存在而存在着,并以对存在的理解为自身的规定。④ 通过对此在之

---

① 〔美〕詹姆士:《实用主义一些旧思想方法的新名称》,陈羽纶、孙瑞禾译,商务印书馆,1979 年,第 127 页。

② 哈贝马斯曾提出如下问题:"超越实用主义转向去捍卫一种实在论的立场如何可能?"(〔德〕哈贝马斯:《对话伦理学与真理的问题》,沈清楷译,中国人民大学出版社,2005,第 47 页)相对于传统的实在论之注重存在的自在性,实用主义强调存在的"为我"之维,似乎也可以视为一种"转向",而超越这种转向以"捍卫实在论",则意味着既肯定存在的"为我"之维,也确认存在的自在性。尽管哈贝马斯所关切的主要并不是如何理解存在的问题,但从引申的意义上看,以上观念似乎也涉及了如何统一存在的"为我"性与自在性的问题。

③ M. Heidegger, *Being and Time*, State University of New York Press, 1996, p.11,参见海德格尔:《存在与时间》,生活·读书·新知三联书店,1987 年,第 17 页。

④ Ibid., p.10.

"在"世过程的分析,海德格尔试图克服传统形而上学对存在的遗忘。所谓存在的遗忘,既是指忽略人自身存在的历史过程,也意味着离开人自身之"在"而对存在作超验的思辨。海德格尔的以上看法注意到了存在的问题本质上与人自身的存在境域相联系,相对于传统形而上学以始基的还原、终极存在的求索等方式来规定存在,海德格尔的基础本体论无疑表现了不同的进路。然而,在肯定存在意义的呈现无法离开人自身之"在"的同时,海德格尔似乎不适当地强化了世界的"为我"性质:他试图将意义世界的整个大厦建立于"此在"之上,而"此在"又主要被理解为与烦、畏等精神感受相联系的意识主体,这就或多或少将意义之域限定于个体性的体验。对意义世界的如上规定,显然未能使存在的自在性得到具体落实。与之具有类似倾向的是雅斯贝尔斯。作为存在主义者,雅斯贝尔斯同样赋予存在的问题以优先的地位,然而,在他那里,存在往往被等同于意识,从其如下断论中,便不难看到这一点:"分析存在也就是分析意识。"①尽管这里所说的存在首先与人之"在"相联系,但对雅斯贝尔斯而言,世界的意义乃是由人赋予,与之相应,在存在的意识化之后,同时蕴含着意义世界的意识化。

当代的分析哲学尽管在哲学形态上与海德格尔及雅斯贝尔斯的思辨哲学存在种种差异,但其中一些人物对世界的理解却与之不乏相近之处。与早期实证主义完全拒斥形而上学有所不同,分析哲学在其后来的发展中,也开始逐渐关注存在问题。以古德曼(Goodman)而言,在讨论世界的存在等问题时,古德曼提出了"何物存在"(what there is)的问题,而这一问题又与"何物为我们所制造"(what we make)联

---

① "To analyze existence is to analyze consciousness", K. Jaspers, *Philosophy*, Vol.I, Translated by E.B Ashton, The University of Chicago Press, 1969, p.49.

系在一起。① 在他看来,世界是由人制造的,人"通过制作不同的版本 (versions)而制造世界"。② 这种制造并不表现为以实践的方式变革对象,而是与意识和符号活动相联系,用古德曼自己的话来说,也就是:"我们不是用手,而是用心,或更确切地表达,用语言或另一些符号系统来制造世界。"③不难看到,这一论域中的制造,无非是通过人的意识或符号活动以构造意义世界,由此形成的世界或存在形态,则相应地仅仅表现为"为我"之在。

与以上趋向相对,朴素的实在论将关注之点更多地指向了世界的自在之维。以中国哲学而言,王充的看法在这方面具有某种代表性。在天人关系上,王充以自然立论,所谓"自然",在其哲学系统中又与人为相对而隐含自在、本然等义。按王充的理解,天地有其自身的运行法则,人的作用对这一过程并不能产生实质的影响:"天地合气,物偶自生矣。夫耕耘播种,故为之也,及其成与不熟,偶自然也。"④耕耘播种本是人作用和改变自然的方式,其内在的指向则是使本然之物合乎人的需要(为人提供生存所需的资源),后者同时意味着赋予对象以"为我"(人)的性质。然而,在王充看来,作物成熟与否,主要并不取决于"故为之"的耕耘播种,而是表现为自然的过程,在此意义上,无论其成熟或不成熟,都依然具有本然和自在的性质。相对于人的活动,对象的自在变化总是具有更本源的性质:"夫天道

① Nelson Goodman, *Of Mind and Other Matters*, Harvard University Press, 1984, p.29.

② Ibid., p.34.

③ Ibid., p.42.

④ 王充:《论衡·物势》,见王充著,黄晖撰:《论衡校释》,中华书局,1990年,第146页。

自然,自然无为,二令参偶,遭适逢会,人事始作,天气已有。"①在人的作用之前,自然早已按自己的方式在运行。换言之,人的活动,并没有真正在本然对象之上打上自己的印记;世界即使进入人的知、行之域,也缺乏"为我"的性质。同样,人自身的存在境域,也主要表现为一个自在的过程:"人生性命,当富贵者,初禀自然之气,养育长大,富贵之命效矣。"②"自然之气"即本然或自在规定,依此,则人的各种后天境遇,都不外乎自在规定的展开,就此而言,人本身也主要呈现自在的性质。

以上诸种看法,从不同的方面表现了对意义世界的自在之维与为我之维的单向度理解。对以上偏向的扬弃,既以肯定意义世界的双重性(为我品格与自在规定)为前提,又涉及人对世界的不同态度。在人与世界的关系上,黑格尔曾区分了对待自然的实践态度与理论态度。"人以实践的态度对待自然,这时自然是作为一种直接的和外在的东西。"③把自然理解为外在的东西,决定了"对自然的实践态度","是为我们的利益而利用自然,砍伐它,消磨它,一句话,毁灭它"。④ 就自在与为我的关系而言,实践的态度主要表现为让对象为"我"(人)所用,亦即扬弃对象的本然性,赋予其"为我"的性质。与之相对,对待自然的理论态度,则"首先是我们退出自然事物,让它们如实存在,并使我们以它们为转移"⑤。一般而言,在以理论的方式把

① 王充:《论衡·寒温》,见王充著,黄晖撰:《论衡校释》,中华书局,1990年,第630页。

② 王充:《论衡·初禀》,同上书,第124页。

③ 〔德〕黑格尔:《自然哲学》,梁志学等译,商务印书馆,1980年,第6页。

④ 黑格尔:《自然哲学》,商务印书馆,1980年,第6—7页。

⑤ 同上,第9页。在《精神哲学》中,黑格尔进一步区分了"理论精神"与"实践精神",认为理论精神的特点是"不把客体当作主观的",而实践精神则"从自己的目的和兴趣"开始。(参见〔德〕黑格尔:《精神哲学》,杨祖陶译,人民出版社,2006年,第245页)这一看法与理论态度与实践态度之分无疑有相通之处。

握对象时,固然也有"以人观之"的一面,但认识过程在从人的视域出发的同时,总是需要不断克服这种视域所带来的限定,以如其所是地再现对象。如果说,以人观之或人的视域表现了理论关系中对象的"为我"之维,那么,"让它们如实存在"则隐含着对其自在性的确认。

较之实践态度对事物本然性的扬弃,理论态度更多地表现为对人所赋予的"为我"之维的扬弃。在引申的意义上,我们似乎可以对实践关系中的存在形态与理论关系中的存在形态作一区分,尽管二者都涉及自在与为我的关系,但其侧重与趋向又确乎有所不同。以自在与为我的统一为指向,意义世界在某种意义上表现为实践关系中的存在形态与理论关系中的存在形态的统一。①

作为现实的存在形态,意义世界在受实践的态度与理论的态度制约的同时,又关联多重具体因素和关系。如果借用亚里士多德的四因说,便不难注意到,意义世界的形成过程既涉及形式因与质料因,又关乎目的因与动力因。此所谓形式因,可引申为广义的概念、理论形态,包括说明世界与变革世界的理论构架、系统以及由此引出的规划、方案,等等;质料因亦即被作用的物或对象世界;目的因在宽泛意义上表现为多样形态的理想;动力因则可具体地理解为人的实

① 塞尔在谈到意向活动时,曾从适应方向(direction of fit)的角度,区分了心物关系的不同形式,其中值得注意的是以下二种,即心适应世界(mind-to-world)与世界适应心(world-to-mind)。在具有命题内容的意向或意识中,往往涉及心(意向或意识)对世界的适应问题,如在观察外部对象时所形成的"天下雨"这一类意识或观念,其真实与否便取决于它是否适应(合乎)外部世界的实际状况;而以欲望、欲求为内容的意向或意识,则更直接地涉及世界是否适应心(意向或意识)的问题,如"我想喝水",这一意向或意识便主要关乎世界能否提供水以满足相关个体的欲求(参见 J. Searle, *Mind: A Brief Introduction*, Oxford University Press, 2004, pp.117-122)。如果说,这里的心适应世界(mind-to-world)与理论态度具有某种联系,那么,世界适应心(world-to-mind)则在引申的意义上涉及实践的态度。

践活动。以本然之在的人化为指向,世界的敞开与变革表现为同一过程的两个方面。从观念的层面看,世界的敞开更多地以说明、理解为形式,后者往往体现于不同的概念、理论系统之中;对世界的这种说明既基于实践过程,又构成了进一步变革世界的前提。作为自在与为我的统一,意义世界并非"无"中生"有",它在实质上呈现为被作用、被改造的对象世界,离开了质料因(物或对象世界),意义世界便仅仅是抽象的观念图景。同时,化"天之天"为"人之天"又具体展开为化理想为现实的过程,体现人的目的及现实可能的理想,对本然世界的人化过程具有内在的引导作用。如果说,说明世界的概念形态首先以"必然"之理为其内涵,那么,人的理想则更多地涉及"当然"之理,二者既相互联系,又从不同的方面规范着变革世界的过程。就其现实性而言,对世界的作用和变革,总是离不开人的实践活动:无论是从说明世界转换为变革世界,抑或化理想为现实,都以人的实践活动为现实动力。

这里值得特别注意的是,就意义世界的生成而言,实践活动不仅构成了狭义上的动力因,而且在总体上展现了本原的性质和综合的功能。后者(本原性与综合性)首先表现在,实践不仅使对象世界(质料)与广义的概念系统(形式)的沟通成为可能,而且扬弃了二者联系的偶然性。从单纯的质料层面看,人化的形式对质料具有某种偶然性,例如,"桌子"这种形式,并不是"木"这一类质料的必然规定;"木"可以被制作为"桌子",也可以取得其他形式(如被制作为门、窗)或成为其他的形态(如为山火所焚或自然腐烂等)。然而,通过人的实践活动,"木"与"桌子"之间则开始建立起内在的联系:在以"桌子"这一形式为指向的木材加工过程中,"木"与"桌"之间的关系已不再仅仅是偶然的。同时,人的实践活动也将人的理想(目的)与人的作用过程(狭义的动力)联系起来:正是以实践过程为中介,目的超越了观念领域,融入了变革对象的现实过程。可以看到,人的实践既构成了意义世界形成的内在动力,又在更深沉的意义上为形式因与质料因、目的因与动力因的统一提供了内在前提。

在哲学史上,以理性或共相为主要关注之点的哲学家,往往倾向于强化概念形式(形式因),忽视或遗忘了现实的对象世界(质料因)。柏拉图将理念规定为真实的存在,对他而言,理念世界也就是真正有意义的世界。然而,在肯定理念真实性的同时,柏拉图又将其隔绝于对象世界之外,并视对象世界为理念的摹本。这一视域中的理念世界,显然仅仅表现为抽象的观念形式,缺乏现实的品格。另一些哲学家则赋予自在、本然的存在以终极的意义,从而消解了"人之天"中的"人化"形式;王充对人与自然关系的理解便表现出这一趋向。他将自然与社会领域的存在形态都视为对象自在规定的展开,这种看法多少忽略了人对世界的作用与变革。从现实的形态看,当本然之物进入人的知、行过程时,它总是以不同的方式被打上了某种人的印记,对象的这种"人化"过程同时也是人赋予对象以意义形式(包括说明世界的概念和理论形式)的过程;忽视以上方面,意味着片面突出质料因而无视形式因在变革世界中的具体作用。

在目的因与动力因的关系上,同样存在不同的偏向。注重人的存在意义的哲学家,往往对目的性规定作了更多的考察。以儒家而言,早期儒家已将人视为天地之心,所谓"人者,天地之心也"①。这一命题的内在涵义在于突出人在宇宙中的价值地位,其中同时蕴含着人是目的之意。然而,在后来的理学中,人的价值规定每每被片面地引向心性之维,他们在强调"人为天地之心"②的同时,又将内圣意义

---

① 《礼记·礼运》。

② 朱熹:《朱子语类》卷九十五,《朱子全书》第 17 册,上海古籍出版社、安徽教育出版社,2002 年,第 3208—3209 页。

上的成就醇儒提到至上地位,与之相应的是,修己诚意的内在目的浸浸然压倒了"赞天地之化育"的历史旨趣,而变革对象的实践则一再被架空。现代哲学中的存在主义,在某种意义上也表现了类似的倾向。从海德格尔的本真之在到萨特的自为之在,人的存在意义和目的反复地被突出和强化。但是,无论是由沉沦之在到本真之在(海德格尔),抑或从"自在之在"走向"自为之在"(萨特),存在意义的实现都隔绝于改变世界的历史实践而仅仅或主要被理解为意识、观念领域的转换。如果说,传统的心性之学在注重德性涵养这一价值目标的同时忽视了作用于对象的现实活动,那么,存在主义则在悬置外在世界变革的前提下,追求本真、自为的存在形态,二者从不同的方面以目的因弱化了动力因(具体的历史实践)。

相对于以上进路,近代的科学主义表现出另一走向。以科学技术在近代的凯歌行进为背景,科学主义对科学可以改变世界充满了乐观的信念。科学的力量往往具体展开于人征服自然的过程,对科学技术的推崇,也每每伴随着改变与征服自然的要求,后者与黑格尔所谓对待自然的实践态度,具有某种一致性,而肯定科技能够征服自然,也相应地蕴含着对实践过程的承诺。科技相对于人的存在而言,本来呈现手段的形态,其意义在于为人的自由发展提供更广阔的前提和可能。然而,在确信科技的力量可以改变世界的同时,科学主义却常常模糊了这一过程的内在价值目的,并或多或少将科技的发展本身视为目的。从科学与人的关系看,这种趋向往往难以避免科学的异化,从近代以来天人关系的失衡、各种形式的生态危机等现象,便显示了这一点;就化"天之天"为"人之天"的过程而言,它则意味着以动力因消解目的因。

要而言之,在人敞开世界与变革世界的过程中,对象的外在性逐渐被扬弃,本然之物开始获得现实性的品格。与之相联系的是从"天之天"(本然之在)到"人之天"(人化之在)的转换,后者以价值意义的生成为其深沉的内涵。通过赋予"天之天"以现实的品格与价值的形态,人同时也将本然世界化为意义世界。以人的知、行活动为前提和条件,这一过程既展开为心、物、理的彼此互动,又表现为形式因与质料因、目的因与动力因的相互作用。事实上,以上二者本身具有交错互融的一面:质料因近于物,形式因与目的因在不同意义上通于理,以知、行活动为内涵的动力因,则不仅关涉物与理,也兼及以人性能力等为内容的"心"。作为化"天之天"为"人之天"这一历史过程的不同环节,上述方面本身呈现内在的统一性,这种统一既通过赋予存在以现实品格与价值形态而展示并确证了意义世界的"为我"性质,又通过肯定意义世界的自在之维而扬弃了其抽象形式。

二 生活世界的意义内涵

意义世界不仅涉及外在对象,而且与人自身之"在"难以分离。就人自身的存在而言,首先应当关注的是日常的生活世界。与对象世界中的存在相近,生活世界也具有自然或本然的一面。从如下事实中,便不难看到这一点:作为有生命的个体,人必然要经历新陈代谢的过程,这种过程无疑具有自然或本然的性质。然而,人又不仅仅是自然或本然意义上的生物,在化"天之天"为"人之天"的同时,人总是不断赋予自身的生命存在以人化或文明的形态,后者使意义世界进一步形成并具体展现于日常生活的层面。

从哲学的视域看,日常生活首先与个体的存在与再生产相联系[1],其基本形式表现为日常实践或日用常行。日用常行首先以生命

---

① 参见赫勒:《日常生活》,重庆出版社,1990 年,第 3 页。

的维系和延续为指向,所谓饮食男女,便从不同的方面体现了这一点。"饮食"泛指满足肌体需要的日常活动,它是个体生命所以可能的基本条件;"男女"则涉及以两性关系为基础的日常活动,它构成了个体生命延续的前提。维系生命的日常活动当然不限于饮食男女,但它们显然较为典型地展示了日常生活与个体生命存在的关系。

作为生命存在与延续所以可能的条件,饮食、男女等活动或关系无疑具有自然或本然的性质,后者(自然或本然的性质)属文野之辨中的"野";在这一层面上,人与动物似乎呈现某种相近或相通之处。然而,在实现自然人化的过程中,人同时也不断使以上活动或关系由"野"而"文"。以饮食而言,其直接的功能主要表现为果腹或消除饥渴,但这种功能实现的具体方式却存在实质的差异。在较早的历史时期,人主要以手、指甲和牙齿啃生肉作为果腹或解除饥饿的手段,这种饮食方式与动物并没有根本的不同。然而,当人学会使用火,并开始以刀、叉、筷等作为饮食的手段时,人的日常存在方式便相应地发生了重要变化,诚如马克思所言:"饥饿总是饥饿,但是用刀叉吃熟肉来解除的饥饿不同于用手、指甲和牙齿啃生肉来解除的饥饿。"①这种不同,首先即表现为"文"(文明)"野"(自然或前文明)之别。用手、指甲和牙齿啃生肉来解除饥饿,尚近于动物的本能行为,而刀、叉、筷等饮食手段及熟食等方式则从一个方面体现了文明的演进。

以人的生存为指向,饮食同时又融合于广义的社会生活,其不同形态往往表征着生活方式文明化的不同程度。儒家很早已注意到这一点。礼是儒家一再肯定的社会政治伦理体制和规范,而在儒家看来,礼一开始便关乎饮食:"夫礼之初,始诸饮食。"②礼涉及社会的秩

① 《马克思恩格斯选集》第 2 卷,人民出版社,1972 年,第 95 页。
② 《礼记·礼运》。

序、文明的行为方式,饮食之合乎礼,往往具体地体现了文明的方式与社会的秩序。正是基于此,儒家对饮食作了多方面规定:"侍食于长者,主人亲馈,则拜而食。"①"侍饮于长者,酒进则起,拜受于尊所。"②"为酒食以召乡党僚友,以厚其别也。"③"旁治昆弟,合族以食,序以昭缪,别之以礼义。"④"食于有丧者之侧,其未尝饱也。"⑤如此等等。在此,饮食活动既涉及长幼之序、乡里之谊,也关乎宗族之亲及人与人之间情感的沟通,它已超乎单纯的果腹或解除饥渴而被理解为由"野"而"文"的交往形式。对儒家而言,"文"不同于"野"的主要之点在于前者("文")体现了人道。《礼运》曾回溯了上古的饮食方式,认为在那个时代,人们还不懂得用火来烹制食物("未有火化"),往往"鸟兽之肉,饮其血,茹其毛",从人道的层面看,这种饮食方式显然更多地呈现了负面的意义。与之相对,"今世之食,于人道为善也"。⑥ 这里的"人道"相对于"天道"而言,它不同于自然或本然的存在形态,而与"序以昭缪,别之以礼义"的人化存在方式相联系。"于人道为善",意味着饮食的方式超越了自然("野")的形态而体现了合乎文明("文")的形式。

合乎人道的存在形态,在更内在的层面上表现为有尊严的生活。饮食本来是维持生命的手段,但如果以人格尊严的贬损为获得食物的条件,则人可以拒绝这种食物。《礼记·檀弓下》曾有如下记载:"齐大饥,黔敖为食于路,以待饿者而食之。有饿者,蒙袂辑屦,贸贸

---

① 《礼记·曲礼上》。
② 同上。
③ 同上。
④ 《礼记·大传》。
⑤ 《礼记·檀弓上》。
⑥ 郑玄:《礼记·礼运注》。

然来。黔敖左奉食,右执饮,曰:'嗟!来食。'扬其目而视之,曰:'予唯不食嗟来之食,以至于斯也。'从而谢焉,终不食而死。""嗟"表现为居高临下的怜悯,与之相联系的予人以食,带有施舍、恩赐之意,其中显然缺乏对人格的充分尊重。拒绝嗟来之食,意味着将饮食与人格尊严的维护联系起来。在这里,饮食已不仅仅是维持生命的本能活动,而是与确认人之为人的内在尊严联系在一起,为了维护自身的尊严,人甚至可以选择"不食而死"。从生命存在与人格尊严的关系看,以上立场首先体现了对后者(人格尊严)的关注,这一趋向如果不适当地加以强化,似乎可能使生命存在的内在价值无法得到充分确认。然而,就日常生活的定位而言,作为其基本形式之一的饮食在此又以超越自然或本然的形态而获得了另一种人文意义。

如前所述,在日常生活的层面,生命的维护与生命的延续之间具有相互联系的一面,与之相应,饮食与男女也往往彼此相通。两性之别首先是一种自然的差异,两性之间的关系一开始也呈现自然或本然的性质。在早期的群婚等形态下,人类男女之间的关系与不同性别动物之间的关系,往往具有相近之处。然而,与饮食活动由本能走向人道一致,男女之间的关系也经历了由"野"而"文"的转化。在自然状态下,男女之交,往往呈现无序性,所谓无别而乱。通过婚姻制度的确立,二者之间则渐渐达到别而有序,《礼记》对此作了如下阐释:"昏姻之礼,所以明男女之别也。夫礼,禁乱之所由生,犹坊止水之所自来也。"[1]体现文明形式的婚姻之礼向日常生活的渗入,使男女之间的交往由自然形态下的乱而无别走向了社会之序,日常生活本身也由此从一个方面超越自然而获得了人化(文明)的意义。

以婚姻为形式,男女之间的关系已不限于天道层面的生物学意

---

① 《礼记·经解》。

义,而是同时呈现人道层面的社会性质,传统儒学对后者予以了较多的关注。在谈到婚礼时,《礼记》指出:"昏礼者,将合二姓之好,上以事宗庙,而下以继后世也,故君子重之。"①这里的"二姓"已非自然的性别,而是涉及不同的家族、社会成员,"宗庙"和"后世"则从不同方面表现了前代与后人之间的历史联系。在这里,男女之间的结合,已被置于社会交往、历史传承的社会背景之中,而两性之间的关系也超越了自然意义上的两情相悦,获得了更广的社会历史内涵。

作为日常生活中的基本关系之一,男女之间的关系在更深刻的意义上表征着人自身在何种程度从"天之天"(自然)走向"人之天"(人化)。马克思曾对此作了具体的论述:"人和人之间的直接的、自然的、必然的关系是男女之间的关系。在这种自然的、类的关系中,人同自然界的关系直接就是人和人之间的关系,而人和人之间的关系直接就是人同自然的关系,就是他自己的自然的规定。因此,这种关系通过感性的形式,作为一种显而易见的事实,表现出人的本质在何种程度上对人说来成了自然,或者自然在何种程度上成了人具有的人的本质。"②当男女之间的关系还基于本能的欲望或冲动时,它事实上便没有真正超越自然之域。引申而言,当妇女仅仅被作为买卖或占有的对象时,男女关系也相应地停留在与人性相对的物化层面,其性质也具有自然的性质,后者也就是马克思所说的人的本质"对人说来成了自然界"。只有当二者的关系获得文明的、平等的形式时,这种关系才能超越自然之维,真正体现"人的本质"。

与渗入文明形式相应,日常生活同时具有沟通、连接自然与社会(文明形态)的意义。日常生活既与食色等自然的需要及满足方式相

---

① 《礼记·昏义》。

② 〔德〕马克思:《1844年经济学哲学手稿》,人民出版社,1985年,第76页。

联系,又不限于自然而被赋予人化的形式,这种二重性,使之在超越"天之天"的同时,又在某种程度上沟通了天(自然)与人(社会)。从人的存在看,这种沟通和连接,使天性与德性、感性生命与理性本质的统一,获得了本体论的前提。正是以日常生活中天与人的原始连接为本源,天性包含了向德性发展的根据,德性则在扬弃天性的同时,又避免了因敌视天性而导致人性的异化。同时,日常生活中的人化之维通过习俗、常识、惯例、传统等而得到了多方面的体现;从日常的饮食起居,到社会交往,都可以看到习俗、常识、惯例、传统等的作用。按其实质,习俗、常识等尽管内涵不同,但都从类(超越于个体)的层面凝结了历史发展过程中人对世界的理解和把握,并在不同的程度上表现为社会文化成果的积淀。在谈到礼的起源及功能时,荀子曾指出:"故礼者,养也。君子既得其养,又好其别。曷为别?贵贱有等,长幼有差,贫富轻重皆有称者也。"①这里所说的"养",是指满足人的日常需要,亦即所谓"养人之欲,给人之求"②,礼本属体制化、规范化的文化形态,但在荀子看来,它一开始便与人的日常需要的满足难以分离;其建构社会伦理秩序的功能,亦本于上述联系("好其别"以"既得其养"为前提)。这里无疑也体现了天与人的联系。历史地看,以传统、习俗、常识等为调节原理,日常生活在自身延续的同时,也使凝结、沉淀于习俗、常识、惯例、传统、规范等之中的社会文化成果得到了传承;在从一个方面为文化的历史延续和传承提供担保的同时,日常生活本身也既进一步超越了"天之天",又更具体地沟通了天与人。

以日常生活中存在的自然之维与人化之维的沟通为背景,人与

---

① 《荀子·礼论》。
② 同上。

这个世界的疏远性也得到了某种扬弃。作为世界的作用者,人与对象世界往往呈现相分而相对的趋向,而劳动分工所导致的社会分化,则从另一个方面蕴含了人与人之间相互疏离的可能。对象世界与人的相分与人际的疏离,使这个世界容易给人以一种陌生感和异己感,人与世界的关系也相应地可能呈现某种距离性。相形之下,在日常生活中,人的活动往往既涉及外部对象,又处处打上了人化或社会的印记,二者并不彼此排斥。同样,就人与人的关系而言,尽管其中也不乏各种形式的紧张或冲突,但从家庭成员的相处,到朋友、邻里等的交往,日常生活在总体上更多地呈现了人与人之间的亲和性。对象世界与人的互融与人际的相和,往往使人"在"世有如在家。这种家园感在克服和消解世界与人之间的陌生性与距离性的同时,也为个体对这个世界的认同和接受提供了本体论的前提。

从形而上的维度看,认同这个世界,不仅意味着接受和融入这个世界,而且蕴含着对这个世界的实在性和真实性的肯定。对个体而言,日常生活领域的对象是最直接、最真切的存在。以消费过程而言,日常的衣、食、住、行所涉及的,都不是虚拟的事物而是实在的对象,人的需要的每一次满足,都在确证这一点。一个陷入思辨幻觉的哲学家可以在玄学的领域否认世界的实在性,但一旦回到生活世界,人间的烟火便会不断提醒他人所赖以生存的诸种资源并不仅仅是观念性的存在。这种生活的确证固然不同于理论的论证,但它却以经验或常识的形式给人提供了确认世界实在性的前提。同样,在日常的交往领域中,交往的主体以及交往过程,也都真切地存在于这个世界;以语言、身体、工具、行为等为中介,容易被掩蔽的主体间关系,一再地呈现了其实在性;即使网络时代的虚拟联系,最终也以真实的主体及主体间关系为其本源和实际的依托。尽管日常生活中个体对存在的把握往往具有自发的、未经反思的性质,然而,日常生活本身却以其直接性、真切性,从本源的层面,为个体形成关于这个世界的实在感、真切感提供了初始的根据。

对世界的以上实在感,也可以视为本体论上的确信,这种确信同时构成了个体"在"世的基本前提。从存在形态看,日常生活首先相对于物质生活资料的生产与再生产过程而言。尽管在历史的早期,日常生活与劳动过程往往彼此交错,在以后的发展中,日常生活与非日常生活的区分也有其相对性。然而,以生命的生产与再生产为内容,日常生活无疑包含着不同于生产劳动等领域的特点。生命的生产与再生产直接和生命的维护、延续相联系,后者包括体力的恢复、储备,生活需要的满足,生命能力的发展,等等,实现这些目标的重要途径和方式,是休闲、游戏,等等。作为日常生活的方式,休闲、游戏以劳动时间的缩短为前提。当劳动过程占据了人存在的大部分或主要时间、日常生活与劳动过程在时间上几乎相互重合时,休闲和游戏便难以成为生活的实质部分。随着劳动时间的缩短,人逐渐拥有了劳动之外的剩余时间,休闲也就开始进入人的生活过程。相对于劳动,日常生活中的休闲和游戏首先呈现自由的特点。在相当长的历史时期中,劳动过程表现出二重性质:就其体现了人作用、变革对象世界的力量而言,它无疑具有自由的一面,但就其迫于生存的要求(受制于生存的必然性)或处于异化的形态而言,则又尚未真正达到自由之域。相形之下,休闲和游戏以拥有可以按自己意志支配的时间为前提,它既意味着从具有强制性的生存活动中摆脱出来,又在相当程度上超越了直接的功利目的,二者从不同的方面展现了自由的性质。作为与日常存在相联系的形式,这种自由不同于社会政治领域的自由,它与人的存在呈现更直接、更原初的关系。在谈到人与游戏的关系时,席勒曾指出:"说到底,只有当人是完全意义上的人时,他才游戏;只有当人游戏时,他才完全是人。"①"完全意义上的人"是否仅仅依赖于游戏,当然可以进一步讨论,但如果将"完全意义上的人"理解为获得了自由品格的人,则游戏与人之间确乎呈现某种相关性。同时,休闲与游戏又不仅仅是单纯的消遣,它也为培养多样的兴趣和个性、发展多样的能力提供了可能。原始人的岩画便可以在宽泛意义上视为其劳动之余的休闲之作或游戏之作,作为萌芽形态的艺术创作,其中同时也蕴含着艺术创作的兴趣并展示了这方面的能力。需要指出的是,这里的游戏主要是指对时间的自由支配和运用,后者不同于沉溺于某种消遣活动:当人沉溺于某种消遣活动而不能自拔时,他实质上便受制于这种活动(为其所左右),从而未能真正进入具有自由性质的游戏。按其本然内涵,作为日常生活的形式,休闲和游戏首先是从存在的自由向度、个体多样发展的可能等方面,赋予生活世界以内在意义。

可以看到,与本然之物向为我之物的转换相近,日常生活之取得意义世界的形态,首先也与自然的人化相联系:它意味着自然意义上生命的生产与再生产超越自然而获得了社会化、文明化的形态。超越自然并不蕴含与自然的隔绝,作为兼涉天与人的特定存在形态,日常生活同时沟通、联结着天道与人道,这种沟通既在价值观上为天性与德性、感性生命与理性本质的统一提供了根据,也在本体论上构成了融入与接受现实世界的前提。以基于自由时间的休闲、游戏等为形式,日常生活又从一个方面为人的自由和多方面发展提供了空间。如果说,为我之物主要通过被打上人的印记而确证了人的本质力量,那么,日常生活则更直接地表征着人自身存在形态的转换与提升。正是后者,使之成为意义世界的另一重形式。

---

① 〔法〕席勒:《审美教育书简》,第十五封信,北京大学出版社,1985 年,第 80 页。

三 意义世界与社会实在

相对于对象世界,日常生活与社会领域无疑具有更切近的联系。事实上,一些哲学家往往将生活世界理解为社会实在的主要形态。[①]不过,从更广的视域看,社会实在并不限于日常的生活世界,它有着更为多样和丰富的内容。当我们由化"天之天"(本然之物)为"人之天"(为我之物)、扬弃日常生活的自在性进一步考察意义世界的现实形态时,社会实在便成为无法忽视的对象。

作为社会领域的存在形态,社会实在不同于自然对象的特点,首先在于其形成、作用都与人自身之"在"相联系。自然对象在进入意义之域以前,以本然性为其自在规定:无论从逻辑角度抑或历史之维看,在自然之域,对象可以"在"知、行之域以外而不向人呈现其意义;换言之,其存在与其意义可以不彼此重合。社会实在则并不具有以上论域中的本然性:社会领域中的事物或实在本身形成并存在于人的知、行过程,从而,其存在与其意义难以分离。

在宽泛的意义上,社会实在包括日常生活,但从更实质的层面考察,社会实在则以体制、组织、交往共同体以及与之相关的活动过程和存在形态为其形式。日常生活作为个体生命生产与再生产的条件,既包含自然之维,又具有某种松散性;相形之下,以体制(institution)、组织(organization)等为形式的社会实在则更多地展示了社会历史的内涵,并呈现更为稳定的特点。从其具体形态看,后一意义上的社会实

[①] 参见〔德〕阿尔弗雷德·许茨:《社会实在问题》,霍桂桓、索昕译,华夏出版社,2001年。尽管许茨也提到了多重实在,但同时又将日常生活视为社会实在的主要形态。

在(体制、组织等形态)涉及经济、政治、法律、军事、教育、文化等各个领域。以现代社会而言,在经济领域,从生产到流通,从贸易到金融,存在着工厂、公司、商场、银行等各种形式的经济组织;在政治、法律领域,有国家、政党、政府、立法机构、司法机关等体制;在军事领域,有军队及民兵等正规或非正规的武装组织;在教育领域,有大、中、小学,成人学校等各类教育、培训机构;在文化领域,有出版社、报刊、媒体、剧团、各种文学艺术的协会等组织和机构;在科学研究领域,有研究所或研究院、学术刊物、各类学会等组织形式,如此等等。

以体制、社会组织等为形式,社会实在与人的理想、观念、实践活动无疑息息相关。从宏观的社会历史层面看,尽管对个体、群体或理想观念、物质力量的定位存在不同的理解,但无论是强调个体的作用,抑或突出群体的功能;无论是侧重于理想、观念,抑或关注经济、政治等活动,都在不同意义上意味着确认人在社会实在形成、变迁过程中的作用。社会实在与人的这种联系,使之呈现某种建构性,后者在不同的社会理论中也得到了体现。这里可以一提的是社会契约论。作为一种社会政治理论,契约论首先旨在解释国家的起源。以卢梭的契约论而言,基于天赋人权等预设,国家的起源被理解为个体权利让渡的结果:个人将自身的权利转让给代表公意的政治机构,国家则由此而形成。不难看到,作为社会实在的国家,在此主要被视为人与人之间彼此相商、妥协(让渡本身包含妥协)的产物,这一过程同时呈现出建构的意义。

对社会实在建构性的分析,在当代哲学家塞尔那里得到了更具体的体现。塞尔区分了两种事实,即独立于人的事实与依赖于人的事实,社会实在属后者。作为依赖于人的事实,社会实在的形成首先与人的功能赋予或功能指定(the assignment of function)活动相联系。所谓功能赋予,也就是将某种功能加于对象之上,使之获得相应的身份功能或地位功能(status function)。例如,赋予某种特定的"纸"以一般等价物的功能,使之成为货币或钱,而货币或钱便是一种社会实在。与功能赋予相关的是集体意向(collective intentionality),它具体表现为共同体中的彼此同意或接受。以货币或钱而言,如果某种"纸"被赋予货币或钱的功能,而这种功能又得到了集体的接受和认同,它便实际地成为货币或钱。塞尔将以上过程视为社会实在或体制性事实形成的过程,并着重强调了其建构性。[①]

相对于社会契约论之首先指向宏观的社会领域(国家),塞尔的功能赋予论同时兼及多样的体制事实,不过,尽管有不同的侧重,但二者在将社会实在理解为人的建构这一点上,无疑有相通之处。以建构或构造为形式,突出的主要是社会实在形成过程中的自觉之维及意识的作用。无论是个人权利的让渡,抑或功能的赋予,都表现为自觉的、有意而为之的活动。而行为的这种自觉性质,又首先与意识过程相联系:契约的达成,以自愿的同意为前提;而功能赋予则更直接地涉及集体意向。

作为知、行领域中的对象,社会实在的形成无疑难以离开人的自觉活动。与广义的人化之物一样,社会实在也体现了人的不同理想,其形成过程既处处渗入了人的目的、意向,也包含着理性的思虑、规划,等等。从国家等政治机构,到货币等具体对象,它们的产生、运作都涉及以上方面。人的活动与社会实在的这种联系,使后者(社会实在)不仅具有一般意义上的"为我"形式,而且被赋予自觉的形态。就此而言,社会契约论、功能赋予论对社会实在、体制事实的理解,并非一无所见。

[①] 参见 J. Searle, *The Construction of Social Reality*, The Free Press, 1995, pp.31 – 58。

然而,将社会实在仅仅视为人的有意建构或自觉构造的产物,则显然未能完全把握问题的实质。人固然在社会历史领域进行自觉的活动和创造,但这种活动本身并未完全与自在或自然之域相分离。以劳动这一实践活动的基本形式而言,其前提是"人自身作为一种自然力与自然物质相对立"①,作为人和自然之间的以上互动,劳动过程显然也渗入了自然及自在之维。同时,人的创造又是基于一定的条件和背景,后者(创造的条件与背景)并非出于人的任意选择。马克思已指出了这一点:"人们自己创造自己的历史,但是他们并不是随心所欲地创造,并不是在他们自己选定的条件下创造,而是在直接碰到的、既定的、从过去继承下来的条件下创造。"②人的创造条件的这种既定性、不可选择性,不仅仅在消极的层面构成了创造活动的限制,而且在更深沉的意义上展示了与自觉建构相对的另一面:它表明,社会实在总是具有自在的性质。正是后者(自在性),使社会实在同时表现为"一种自然历史过程"③。

历史地看,社会实在固然体现人的理想、目的,但它同时又总是折射了社会演化的客观需要。以国家而言,其形成既非基于个体或群体的意志,也非仅仅出于少数人的理性设计,而是在更本原的层面与经济的发展、所有制的变迁(首先是私有制的出现)、社会的分化(包括阶级的形成)等相联系,与之伴随的社会差异、冲突,则进一步孕育了产生国家的历史需要。同样,货币这一类体制事实的出现,也源于商品交换关系发展的客观需要。最初的货币或钱并非以赋予某种"纸"以货币的功能这种形式存在,事实上,相对于自觉的功能赋

---

① 〔德〕马克思:《资本论》第 1 卷,人民出版社,2004 年,第 208 页。

② 马克思:《路易·波拿巴的雾月十八日》,《马克思恩格斯选集》第 1 卷,人民出版社,1972 年,第 603 页。

③ 《马克思恩格斯选集》第 2 卷,人民出版社,1972 年,第 208 页。

予,一开始其出现更多地具有自发的形态:当物物交易已不适应交换关系发展的需要时,人们便自发地以某种或某几种物为一般等价物,货币便是以此为基础而发展起来的。历史发展过程中的这种自发性,从另一方面表现了社会实在的自在之维。

前文已提及,突出社会实在的自觉向度一开始便关联着强调意识或意向性的功能。从社会成员间的同意(社会契约论),到集体意向的接受(功能赋予论),意识或意向活动在社会实在中都被赋予重要作用,这种作用在某种意义上表现为意向的认同。就其外在形式而言,意向认同更多地与视作或看作(see as)相联系。在卢梭的社会契约论中,国家便通过意向认同而被"视作"所谓公意或总体意志的代表。在塞尔的功能赋予论中,某种对象(如特定的"纸")则通过意向认同而被"视作"货币或钱,如此等等。基于意向认同的这种"视作",涉及的是观念层面的活动;而以此为侧重,则意味着赋予这种观念活动以优先性。

与意向认同相对的是实践认同。意向认同以"视作"为外在形式,实践认同则首先指向实践中的接受和实际的"用"(use as)。社会实在的形成、运作固然涉及观念层面的同意,但同样离不开实践中的"用"。如前所述,从历史的角度看,社会实在往往便源于自发的"用",而它的现实形态,则更难以与实际的"用"相分离。体制以及体制性的事实本身并不具有生命力,只有在实际的"用"之中,它才获得内在的生命力和现实性的品格。在社会实在的形成与运作过程中,意向认同与实践认同无法截然相分。

可以看到,作为知、行领域的存在,社会实在一方面具有建构的性质,另一方面又表现为自然的历史产物,从而包含自在之维;其形成与运作的过程,同时交错着意向认同与实践认同。就其难以离开人的存在而言,社会实在不同于对象世界;就其通过实践认同而确证自身而言,它又不同于观念世界。在其现实性上,它既形成于人的知、行过程,又构成了人的知、行活动所以可能的条件。

相应于现实性的品格,社会实在同时有其形之于外的方面,后者往往取得物或物理的形态。政府,有办公大楼、各种保障政令落实的物质设施和手段;工厂企业,有厂房、机器、产品;军队,有武器、装备;学校,有教室、校园,如此等等。这种大楼、机器、装备等,无疑具有物理的性质,它们既将社会实在与观念世界区分开来,又从一个侧面进一步赋予前者(社会实在)以自在性。然而,社会实在之为社会实在,并不仅仅在于包含物理的形式,在更实质的层面,社会实在乃是通过人的存在及人的知、行过程而展示其内在规定。物理形态本身是无生命的,它的活力只有通过人的活动才能获得。当我们与不同形式的社会实在发生联系时,我们与之打交道的,并不仅仅是无人格的物,而且同时是给予体制以生命的人。在社会实在实际的运作过程中,总是处处包含着人的参与;其具体作用的实现也以人的活动为条件。如果说,离开了物理的形式,社会实在便难以展现其外在的现实形态,那么,剔除其人化的内涵,社会实在则将失去内在的生命。就其实质而言,社会实在的意义,源于人的存在及其活动;在此意义上,也可以说,它的核心是人。当塞尔将社会实在与功能赋予联系起来时,无疑也有见于此。

以物理形态与人化内涵的统一为形式,社会实在与为我之物呈现了某种相通性。不过,为我之物以本然世界的人化为前提,主要表现为被改造或被变革的对象;作为对象性的存在,它更多地以“器”为存在形态。社会实在则不同于对象世界,它内在于人与人的联系与互动之中,并且始终以人为其核心。儒家曾提出“君子不器”之说,[①]

----

① 参见《论语·为政》。

这一观念涉及多重向度,其内在涵义在于超越"器"之域。对"器"的超越首先表明不能停留于物或对象世界,而从社会实在的视域看,则意味着扬弃以"器"等形态呈现的外在形态,关注和把握其人化的内在实质。

在谈到礼的作用方式时,《论语》曾提出一个著名的论点:"礼之用,和为贵。"①如前文论及的,儒家所说的"礼",既指普遍的规范体系,又包括社会政治体制,后者即属社会实在;"和"则表现为一种伦理原则,它体现于人与人之间的交往过程:从消极的方面看,"和"要求通过人与人之间的相互理解、沟通,以化解紧张、抑制冲突;从积极的方面看,它则意味着人与人之间同心同德、协力合作。礼本来首先涉及制度层面的运作(包括一般仪式的举行、等级结构的规定、政令的颁布执行、君臣上下之间的相处等),但儒家却将这种制度的运作与"和"这样的伦理原则联系起来,强调礼的作用过程,贵在遵循、体现"和"的原则,这里已有见于体制组织这一类社会实在的背后,是人与人之间的关系,其中同时包含着扬弃器物层面的外在形式、把握"礼"的人道实质之意。在"礼云礼云,玉帛云乎哉"②等表述中,这一点得到了更明确的说明:玉帛作为外在形式,更多地属"器"之域;礼不限于玉帛,意味着从"器"走向"人"。这种理解,已从一个方面注意到"礼"作为社会实在以"人"为其核心。

正是以人为核心,蕴含了社会实在的意义之维。对象层面的"为我"之物固然也与人相联系,但作为被改造、被变革的对象,其作用、功能首先基于其物理的形态。相形之下,以人的存在及其活动为实质内容的社会实在,则更直接地展现为人的世界。如果说,"为我"之

---

① 《论语·学而》。
② 《论语·阳货》。

物作为意义世界,以人的知、行活动为中介,那么,社会实在之为意义世界,则内在并体现于知、行活动本身之中。同时,"为我"之物的价值首先体现于满足人的合理需要,其中内含某种手段的意义。与之有所不同,目的之维与手段之维在社会实在中往往彼此交融。不难看到,作为意义世界,社会实在首先体现了世界之为人的世界这一品格。

人的世界当然并不仅仅表现为打上了人的印记或体现了人的作用,在更内在的层面,它以合乎人性为其深沉内涵。宽泛而言,所谓合乎人性,意味着体现人不同于其他存在的普遍本质,而社会实在则构成了是否合乎人性或在何种程度上合乎人性的具体尺度或表征。儒家已注意到这一点,在谈到"礼"与人的关系时,《礼记》指出:"人而无礼,虽能言,不亦禽兽之心乎?"[1]"凡人之所以为人者,礼义也。"[2]在这里,作为社会实在的"礼"即被视为人区别于动物(禽兽)的内在规定。换言之,是否合乎礼,成为衡量是否合乎人性(人不同于动物的本质规定)的尺度。

道家从另一个角度涉及了以上问题。这里首先可以一提的是庄子的看法。以天人之辩为形式,庄子将人的存在处境提到了中心的地位。由此出发,庄子反对将人等同于物或"丧己于物":"丧己于物、失性于俗者,谓之倒置之民。"[3]"己"即以自我的形式表现出来或作为个体的人,"性"则是人之为人的内在规定或本质,在庄子看来,作为人的个体形态,自我具有对于物的优先性;同样,作为人的内在规定,人之性也高于名利等世俗的价值,一旦将自我消解在物之中或使

---

① 《礼记·曲礼上》。
② 《礼记·冠义》。
③ 《庄子·缮性》。

人的内在规定失落于名利的追求,便意味着颠倒人与物、性与俗的关系。基于同样的前提,庄子一再强调"不以物害己"①、"不以物易己"②。

　　对庄子而言,具有人化形式的社会实在,并不一定是合乎人性的存在。以礼乐仁义而言,其形式固然带有人化的性质,但它的衍化过程与人性化的存在形态往往并不一致:"屈折礼乐,呴俞仁义,以慰天下之心者,此失其常然也。天下有常然,常然者:曲者不以钩,直者不以绳,圆者不以规,方者不以矩,附离不以胶漆,约束不以纆索……故尝试论之,自三代以下者,天下莫不以物易其性矣。小人则以身殉利,士则以身殉名,大夫则以身殉家,圣人则以身殉天下。"③"常然"即未经加工、改造的本然形态,如非借助规、矩而形成的圆、方之类;人之"常然",便是合乎人性的本然形态。按庄子之见,礼乐、仁义是外在的准则,将人置于这些规范之下,往往导致以外在准则取代人的本然之性,从而使人失去人性化的"常然"。庄子将本然形态视为人性化的形态,显然未能真正把握人性化的实质内涵。不过,他对礼乐的批评,则又以否定的方式,把社会实在与人性化的存在联系起来:根据礼乐必然导向非人性化而对其加以拒斥,这一推论的逻辑前提便是社会实在应当合乎人性。如果说,儒家以明确的形式从正面将合乎人性视为社会实在的内在规定,那么,道家则以隐含的形式从反面表达了相近的观点;当然,关于何为真正意义上的合乎人性,二者的看法又存在重要差异。④

---

① 《庄子·秋水》。

② 《庄子·徐无鬼》。

③ 《庄子·骈拇》。

④ 道家在天人之辩上突出自然原则,但这并不意味着否定一切与社会相关的存在形态,在实质的层面,它所强调的乃是这种社会存在形态应当合乎自然的原则。

就人的存在而言,社会实在的意义与是否合乎人性无疑难以分离。如果说,以人为核心构成了社会实在不同于对象世界的特点,那么,合乎人性则在更内在的层面赋予它以存在的意义。作为意义世界的内在规定,合乎人性可以从不同的层面加以理解。宽泛地看,人性与社会性具有相通之处,合乎人性相应地意味着获得社会的品格或规定。人性的更实质、更内在的体现,涉及人的自由、人的潜能的多方面发展。如黑格尔所说,自然仅仅与必然性和偶然性相关,"没有表现出任何自由",①唯有人才具有自由的要求与能力,人性的发展与自由的实现在实质上表现为同一过程的两个方面。历史地看,正是在走向自由的过程中,人逐渐将自身与对象世界区分开来,也正是在这一过程中,人逐渐获得了不同于物或自然对象的本质规定。与人性的以上内涵相应,合乎人性同时蕴含着走向自由的要求:社会实在是否以及在何种程度上合乎人性,与它是否以及在何种程度上体现走向自由的历史进程具有一致性。

进而言之,作为意义世界的具体形态,社会实在不仅构成了人性化的一种表征,而且为走向合乎人性的存在提供了某种担保。在谈到礼的作用时,《礼记》指出:"讲信修睦,尚辞让,去争夺,舍礼何以治之?"②"讲信修睦,尚辞让"主要从正面体现了人与人之间的和谐关系,"去争夺"则以消解冲突为指向,二者从不同的方面表现了社会的有序性,而作为社会实在的礼则被视为以上存在形态所以可能的条件。具体而言礼如何体现这种作用?《礼记》对此作了进一步的阐释:"故朝觐之礼,所以明君臣之义也;聘问之礼,所以使诸侯相尊敬

---

① 参见〔德〕黑格尔:《自然哲学》,梁志学等译,商务印书馆,1980 年,第24 页。

② 《礼记·礼运》。

也;丧祭之礼,所以明臣子之恩也;乡饮酒之礼,所以明长幼之序也;昏姻之礼,所以明男女之别也。夫礼,禁乱之所由生。"①这里涉及君臣之间、诸侯之间、邻里之间、夫妇之间等不同社会关系,在这些关系之后,则是政治、外交、家庭等社会领域。按儒家之见,社会领域中的种种关系,都需要由一定的礼加以调节,正是礼的这种规范、调节作用,使社会避免了无序化(乱)。一般来说,冲突、对抗与无序对人的存在往往呈现负面的意义,和谐有序则更合乎人性发展的需要;通过消极意义上的化解冲突和对抗、积极意义上的维护秩序,"礼"同时从一个方面为达到合乎人性的存在提供了条件。

当然,与走向人性化的存在展开为一个历史过程相应,社会实在的意义也呈现历史的品格并有其复杂的一面。就其现实形态而言,社会实在本身可以体现历史的趋向和人性发展的要求,也可以与之相悖或冲突;唯有与历史演化趋向和人性发展要求一致的社会实在,才可能为达到合乎人性的存在提供担保。这里似乎蕴含着某种循环:社会实在唯有合乎人性的发展,才具有历史的合理性;达到合乎人性的存在,又以上述论域中的社会实在为其条件。不过,这种循环并不仅仅是逻辑意义上的互为前提,它在更实质的层面表现为历史过程中的互动。

以知、行过程的历史演进为前提,作为具体存在形态的意义世界形成并展开于不同的维度。通过化"天之天"(本然存在)为"人之天"(为我之物),对象世界扬弃了本然性而获得了现实的形态,后者既展现为自在与为我的统一,又以合乎人的需要为其内在规定,它在确证人的创造力量的同时,也展现了价值的意义;在日常生活的层面,通过超越个体生命存在与生命再生产过程的自然形式而赋予其

---

① 《礼记·经解》。

社会文明的形态,意义之域进一步渗入生活世界;就社会领域而言,以达到合乎人性的存在为指向,广义的社会实在既构成了人性化的表征,又为走向人性化的存在提供了某种担保,二者从不同方面展示了其深层的意义。在意义世界的以上形态中,对象的现实品格、人的本质力量、存在的价值内涵呈现了内在的统一。

第六章
意义的个体之维

　　基于成己与成物的历史过程,意义世界形成为不同的形态。无论是以观念的形式表现于内,抑或展开为外在的人化实在,意义世界都与人的存在难以分离。就意义世界与人之"在"的关系而言,个体或个人无疑是一个无法忽略的方面:所谓意义,首先敞开和呈现于具体的个体或个人。从更广的层面看,个体存在具有某种本体论上的优先性,社会领域的成就自己,同样以特定的个体为指向。作为一个历史过程,成物与成己以及意义世界的生成在形上之维与社会之域都涉及个体之在。对意义世界更具体的考察,显然难以回避个体的问题。

一　形上之域的个体

个体首先呈现个别的形态，"个"所体现的，便是此种形态，而代词"这"（this）则常常用于表示上述个别性。与"这"相联系的个别性具有界限的意义：此个体非彼个体，它使个体之间彼此区分。个体既是"个"或"这"，又有其"体"，"体"不仅赋予个体以实在性，而且使之成为不同属性或规定的承担者。作为多样属性或规定的承担者，个体同时表现为具体的统一体：特定个体内含的多样规定或属性总是统一于此"体"，并在其中彼此相关。从后一方面看，个体既具有个别性，又展现为特定的统一体，当16—17世纪的哲学家苏雷兹（Francisc Suárez）将个体称之为"单个的统一体"（individual unity）时，似乎已注意到"个"与"体"的以上关联。① 当然，他对个体的这种理解，又与其唯名论趋向相联系。

作为统一体，个体包含着自身的系统与结构，一旦个体原有的结构发生根本变化，则该个体便不复存在。一支粉笔如果被碾碎，化为粉状，便不成其为原有个体（即不再是原来意义上作为特定个体的粉笔），因为其原先的联结方式、结构已完全改变。这里同时也体现了

---

① 参见 *Suárez On Individuation*, *Metaphysical Disputation V: Individual Unity and Its Principle*, Translated by J. J. E. Gracia, Marquette University Press, 1982, p.31。苏雷兹（Francisc Suárez, 1548—1617）系西班牙哲学家，在哲学史上曾有重要影响，如沃尔夫（Christian Wolff）便对其甚为推崇，认为他对形而上学问题的沉思已相当深入，海德格尔也认为，就其提出问题的智慧及深入性、独立性而言，其地位在阿奎那之上（参见 M.Heidegger, *The Fundamental Concept of Metaphysics*, Indiana University Press, 1995, p.51）。在《存在与时间》一书中，海德格尔进一步将苏雷兹的形而上学论视为古希腊本体论与近代形而上学及先验哲学的中介（参见 M. Heidegger, *Being and Time*, State University of New York Press, 1996, p.19）。

个体不可还原的性质：个体所内含统一体，是个体存在的基本形态，如果被分解或还原为某一更原始的部分或构成，则原来的个体也就随之消逝。木制的家具由木材制成，但某一特定的家具（如一个书架）如果被全部拆解，便仅仅成为木材，而不再是作为个体的家具；动物包含骨架、肌肉、血液，等等，但某一动物（如一头牛）如果被分解为骨、肉、血，并还原到骨架、肌肉、血液的层面，同样也不复为原来的个体。这种不可还原性，使个体在某种意义上表现为原初的统一体或存在的基本单位。①

作为原初的统一体或存在的基本单位，个体虽属于一定的类，但它本身却无法再个例化。以人而言，人作为类包含苏格拉底、孔子等等不同的个体，但苏格拉底、孔子之下却无法再划分出其他的人类个体。与这一事实相联系，个体的根本特点有时被理解为"非个例性"或"不可实例化"（noninstantiability）。② 从名与对象的关系上说，"非个例性"或"不可实例化"首先与专名（如"孔子"）或限定之名（如"北京大学的现任校长"）相联系。个体的这种不可个例化以及它与专名或限定之名的关联，从不同的方面展示了个体的独特性或唯一性。

---

① 斯特劳森将个人（person）视为个体的基本形态之一，在从个体的意义谈个人时，斯特劳森认为，个人的概念是原初的实体概念，可以运用于个体性的实体（individual entity），其原初性就在于"它无法再以某种或某些方式加以分析"（参见 P.E. Strawson：*Individuals: An Essay in Descriptive Metaphysics*，Methuen & Co. Ltd，1959，p.104）。不可分析性主要表现为逻辑的特性，对个人的如上理解之后，蕴含着更广意义上对个体的规定。如上所述，从现实的存在形态看，个体（包括个人）的特点，首先在于它是原始的统一体，这一存在的品格较之逻辑意义上的不可分析性，无疑具有更本源的意义。以分析的形而上学为进路，斯特劳森对个体的理解似乎未能超出逻辑的视域。

② 参见 J.E. Gracia, *Individuality: An Essay on Foundations of Metaphysics*，State University of New York，1988，p.234。

独特性意味着每一个体都包含其他个体不具有的规定,唯一性则表明不存在两个完全相同的个体。

对个体本身来说,在其存在过程中,总是不断面临特殊化的问题。个体与殊相往往被视为同一类现象,在这种理解中,个体与殊相似乎并无实质的区分。① 事实上,二者不能简单地等而同之。如前所述,从形而上的层面看,个体首先表现为特定的统一体,殊相则与不同的时间与空间位置相关:所谓殊相,具体即表现为个体在时空位置上的差异。金岳霖曾考察了个体的特殊化问题,认为:"个体底特殊化,即个体底时—空位置化。"②个体的存在不可避免地涉及不同的时空关系,以人而言,个体在成长过程中往往经历生命的不同阶段,这种不同,在本体论上通常是通过相互区别的时空关系(从年轻到年长分别占有不同的时间与空间位置)表现出来。同一个体,在不同的时间与空间位置上,总是取得特定的存在形态。个体在时空关系中的这种特殊化,使个体的独特性既获得了现实的品格,又进一步具体化。

与个体在时空中特殊化相关的,是个体的变与不变的问题。个体经历不同的时空位置,意味着个体总是处于变动之中,由此自然发生如下问题:在什么意义上,变化中的个体仍为同一个体? 这里便涉及个体与普遍、殊相与共相的关系。个体在时空中的变动,使之不断形成特定的殊相,个体的特殊化即通过殊相而呈现出来,所谓变化,首先便表现为殊相的变迁。然而,个体同时又是一定类中的个体,具

---

① 斯特劳森在讨论个体(individuals)时,便没有将其与殊相(particulars)加以区分,在 *individuals* 这一书名之下,他直接讨论的便是殊相,但同时,他又将物体(material body)理解为基本的殊相(basic particulars)(参见 P. E. Strawson, *individuals: An Essay in Descriptive Metaphysics*, Methuen, 1959, p.39),这种看法至少在逻辑上易引起理论的歧义。

② 金岳霖:《论道》,商务印书馆,1987 年,第 128 页。

有类的可归属性(可以归属于相应的类),这种类的可归属性,以个体包含类的普遍共相为其前提。孔子之被归入人这一"类",便在于他具有人之为人的普遍规定,后者包括理性、社会性,等等。然而,共相或普遍的规定内在于个体之中时,又总是与个体的特定存在相融合而取得具体的形态,后者可以视为共相(普遍)的具体化或具体的共相(普遍)。具体的共相一方面表现为类的普遍规定,另一方面又与个体相结合而呈现为具体的存在形态。与以上事实相应,这里可以对共相、具体的共相、殊相加以区分。以人而言,"人"这一普遍共相将孔子、苏格拉底等个体与人之外的其他存在(包括无生命之物与有生命之物)区分开来。具体的共相进一步将人之中的不同个体区分开来:同为人之为人的共相,孔子的社会关系与社会活动所体现的社会性与苏格拉底的社会交往所体现的社会性,便具有不同的表现形态,在此,共相(社会性)的具体形态,便构成了同一类(人)之中的个体相互区别的重要方面。进而言之,每一个体在其存在过程中又经历了各种殊相的变化,在鲁国出仕时期的孔子不同于周游列国时期的孔子,少年苏格拉底也不同于老年的苏格拉底,但孔子与苏格拉底在不同时空中的殊相不管如何变,仍为孔子与苏格拉底。如何理解这种现象?这里需要再次关注具体的共相:个体的殊相虽变而仍为同一个体,其缘由即在于个体所内含的具体共相未变。孔子虽有鲁国与列国的空间位置之移,苏格拉底虽有少长之变,但作为普遍规定与个体存在统一的具体共相在他们的前后变化中并没有发生根本的改变,后者决定了他们依然为同一个体。在此,具体的共相似乎呈现双重意义,一方面,它使同一类之中的不同个体相互区别;另一方面,它又为个体在殊相的变化中保持自我同一提供了内在根据。

可以看到,个体的变与不变之后,是殊相与共相、个体性与普遍性的关系。在哲学史上,莱布尼茨以注重个体著称,然而,在关注个体、否定"二个实体完全相似而仅仅在数量上不同"的同时,莱布尼茨又强调:"每一个别实体(individual substance)都以自己的方式表现了整个宇宙。"更具体地说,"每一实体都如同整个世界和上帝之镜(a mirror of God)"①。这里所说的"表现了整个宇宙"或"如同整个世界",既是指个体之间的相互联系,也意味着个体之中蕴含普遍之维,所谓"上帝之镜"便以形象的方式表明了这一点:上帝在莱布尼茨看来即是最具有普遍性的存在。莱布尼茨的以上看法,无疑已注意到个体与普遍性的关联。

鲍桑奎(B.Bosanquet)对此似乎有更明确的意识,在他看来,个体无法与普遍相分离,正是由此出发,他将个体界定为"具体的普遍"(the concrete universal)。② 尽管作为新黑格尔主义者,鲍桑奎同时强调,在终极的意义上,只存在一个个体,这一个体即绝对(the absolute)。③但他所说的具体的普遍与前文所提及的"具体共相"无疑又有相通之处,其中包含邓·司格脱(Duns Scotus)所谓"这一"(thisness)与"共同本质"(common nature)的统一④。个体与普遍或殊相与共相的以上联系,使个体的变动与个体的绵延同一并行而不悖。

当然,个体与共相的如上关联,并不意味着个体仅仅内在于整体或大全之中。这里可以对个体存在与内在关系作一区分。内在关系论的代表人物是布拉德雷。按照内在关系论,每一事物都与其他所

---

① 参见 Leibniz, *Discourse on Metaphysics*, *Leibniz Selections*, Charies Scribner's Sons, New York, 1951, pp.300－301。

② 参见 B.Bosanquet, *The Principle of Individuality and Value*, Macmilian and Co., London, 1912, p.40。

③ Ibid., pp.68－72.

④ 参见 J.E. Gracia, *Individuality: An Essay on the Foundation of Metaphysics*, State University of New York Press, 1988, p.139。

有事物相联系,在内在关系中,关系中的一项若离开了与关系中另一项的联系,便将失去自己的同一性(identity),从而不再是原来的事物。帕普(A. Pap)曾从逻辑的层面,对内在关系的特点作了如下概括:"内在关系是这样的关系:它构成了描述某一特定之物的部分,以致该特定之物如果不再处于与其他特定事物的关系之中,则似乎便会失去自己的同一性。"[1]在本体论上,内在关系体现的是个体与整体之间的联系,然而,仅仅从内在关系来规定个体,则容易使个体消解于整体之中。事实上,个体的特性无法简单地还原于关系,个体固然处于普遍联系之中,但个体本身总是包含着不能为关系所同化或消融的方面,其个体性规定、独特品格非关系所能完全限定。个体之间总是存在某种界限:"此"非"彼","彼"亦非"此"。这种界限不仅表现在时空关系中,而且也体现于个体性规定的差异上。以上的差异和区分从不同的方面表明,个体与其他事物的关系,同时具有外在性。

事物之间的外在关系既以个体存在为本体论前提,又通过个体性规定对关系的超越,具体地表现了个体的相对独立性及存在的多样性。就其现实形态而言,个体之间的关系既有内在性的一面,也有外在性之维。关系的内在性表明个体非孤立的、抽象的存在;关系的外在性则表明个体具有非关系所能消解的自在性。如果说,布拉德雷在突出内在关系之时,对个体的自在性或相对独立性未能予以必要的关注,并多少表现出以整体消解个体的趋向,那么,后来罗素、摩尔在反叛布拉德雷的绝对唯心论时,则似乎走向了另一极端:由肯定事物间关系的外在性、强调存在的多元性,罗素与摩尔对个体与整体的联系以及存在的统一性,往往未能给予充分的关注。不难

---

① Arthup Pap, *Elements of Analytic Philosophy*, The Macmillan Co., 1949, p.208.

看到,布拉德雷与罗素、摩尔对个体的理解,都呈现某种片面性。唯有对内在关系论与外在关系论作双重扬弃,才能真正把握个体的具体品格。

从关系的内在性看,个体并不是孤立的存在,而是处于一定的系统或整体之中,并归属于一定的类,如孔子和苏格拉底作为个体,便属于"人"这一类。个体与类的这种关系,为同一类之中个体间的联系提供了内在的前提:个体对类的共同归属,同时也使它们彼此相联。但另一方面,个体之归属于类,又并非融于混沌;作为具体的存在,特定个体与系统之中的其他个体自始存在差异与界限,这种差异与界限既表现为个体的自我同一及独特性,又使个体之间彼此区别。个体与类以及个体之间的以上"合"与"分",从不同方面体现了个体所处关系的多样性与复杂性。

在关系的外在性这一层面,个体的存在与变动,总是涉及偶然性问题。特定个体的发生,仍是基于各种条件,这些条件是否形成、如何形成,往往受到各种因素的制约,其间包含着各种偶然性,后者同时也规定了无法将个体的发生与变动完全纳入必然的过程。以人而言,任何一个特定的个人,都不是人类衍化过程中必然的环节,相反,他之来到这个世界,具有偶然的性质。同样,特定的个人作为有限的存在,都难以避免死的归宿,但他在何时走向死亡、以何种方式走向死亡,却无法以必然的方式加以规定。要而言之,从事物之间的普遍联系及个体间关系的内在性来看,理有必然;从特定个体变动的不确定性及个体间关系的外在性来说,则势无必至。①

---

① 金岳霖在考察个体的变动时,已注意到这一点。参见《论道》,商务印书馆,1987 年,第 201—203 页;《势至原则》,载《金岳霖学术论文选》,中国社会科学出版社,1990 年,第 335—350 页。

二 个体与个人

从形而上的层面看,个体首先呈现为物。然而,在哲学的视域中,物的追问往往难以离开对人的沉思。海德格尔在《何为物》一书中曾指出:"'何为物'(what is a thing)的问题,也就是'何为人'(what is man)的问题。"①物与人的关联既在于物的意义总是对人敞开,也表现在物的考察总是引向人的存在。与个体相涉的人之存在形态,则首先是个人。

在个体之维上,个人首先以"身"为表征。"身"既具有物理的属性,也包含生物学意义上的规定,它从不同的方面赋予个人以实在的品格,使之不同于抽象的观念而呈现为有血有肉的具体存在。作为感性之"体"("身"—"体"),"身"同时具有界限的意义:此"身"非彼"身",正是"身",将不同的个人在"体"的层面相互区分开来,使之呈现为独特的个体。感性之"身"同时涉及不同的方面,从宽泛意义上的躯体,到具有不同功能的感官,都属个体之"身",而在"身"的形态下,这些不同的部分、方面都呈现内在的统一性。不妨说,"身"所体现的这种统一性,构成了个人成为现实个体的本体论前提。

作为个人的本体论表征,"身"构成了个人与世界联系的直接中介。从人与世界最基本的空间关系来看,外部对象之为上或下、前或后、东或西、南或北,等等,都以"身"为直接的参照。同样,以人的视域直观世界(所谓"以人观之"),也总是从"身"出发。"身"规定了个人考察对象的角度,制约着对象的呈现方式。在社会的层面,个体之

---

① M. Heidegger, *What is a Thing?*, Translated by W.B. Barton. Jr and. Vera Deutsch, Henry Regnery Company, 1967, p.244.

间的相互交往、彼此联系也首先基于"身",从最基本的家庭关系,到涉及经济、政治等利益的社会关联,都以"身"为本。对个人而言,"身"同时构成了一种社会的符号,并呈现为语言之外的表达形式。从另一方面看,身又表现为社会身份、社会角色的最终承担者:离开了"身",一切社会身份、社会角色便无实际的意义。

社会生活本质上具有实践的性质,人存在于世,也总是参与各种形式的社会活动和社会实践,并相应地表现为实践的主体。就其基本的形态而言,行动和实践包含感性之维,后者决定了它难以与"身"相分离。德勒兹(G. Deleuze)曾认为:"事件(event)来自身体,来自身体的组合,来自身体的行动。"①这里的"事件"是指人的活动所导致的结果,它基于人的作用,经历一定的时间,并具有相对独立的意义。肯定"事"与"身"的联系,其实质的涵义在于确认"身"与实践活动的关联,当德勒兹将"事件"与"身体的行动"联系起来时,无疑也注意到了这一点。

从历史的维度看,蕴含社会内涵(包括实践品格)的"身"或感性存在,本身形成于历史过程并凝结着历史发展的成果,马克思曾言简意赅地指出了这一点:"五官感觉的形成是以往全部世界历史的产物。"②"身"与实践活动的联系,也应当从这一历史之维加以理解。实践作为感性的活动固然离不开身,但"身"同时又是在实践活动的历史展开中获得社会的品格。马克思曾对此作了深刻的分析:"一方面为了使人的感觉成为人的,另一方面为了创造同人的本质和自然界的本质的全部丰富性相适应的人的感觉,无论从理论方面还是从

---

① G. Deleuze, *The Logic of Sense*, Translated by M. Lester with C. Stivale, Columbia University Press, 1990, p.182.

② 〔德〕马克思:《1844 年经济学哲学手稿》,人民出版社,1985 年,第 83 页。

实践方面来说,人的本质的对象化都是必要的。"①所谓"人的本质的对象化",也就是通过人的历史实践作用于对象,使之体现人的本质力量并成为人化的存在,正是在这一过程中,自然意义上感官以及与之相联系的感觉逐渐被赋予人化的性质。

与"身"相关的是"心"。作为精神性或观念性的存在,"心"包含不同的方面,从理性、情感、意志,到直觉、想象、体悟,精神的不同形态和能力体现了"心"的不同存在方式。就动态的层面看,"心"又展开为各种样式的活动,包括直观、推论、分析、综合、判断、选择、权衡,等等。然而,不管个体的精神形态和能力如何多样,也无论其意识活动怎样在时间中展开,它们都统一于作为整体的个人,是同一个体的精神世界和精神活动的不同表现形式。即使个体在观念的层面发生内在的张力,如道德选择中情与理的悖反,不同理想的冲突,等等,这些相互对峙的方面,仍是同一精神世界的相关形态。精神世界与精神活动的以上统一,从不同的方面体现了个体的统一性。

感性之"身"与观念之"心"不仅各自包含内在的统一,而且彼此相涉。作为个体的相关方面,身与心难以分离。从存在形态看,个体既有肉体的、感性的方面,又有意识、精神之维;无前者("身"),则个体便如同虚幻的幽灵;无后者("心"),则个体仅为行尸走肉,在以上二种情形中,均无法达到真实的个体。中国古典哲学强调形神相即,无疑也注意到了个体的具体形态在于身与心的统一。相形之下,二元论将身心视为相互平行的两个方面,则意味着承诺无"身"之"心"或无"心"之"身",从而在本体论上消解了真实的个体。

个体同时表现为实践的主体,身与心在个体之中的统一,也相应地展开于实践、行动过程。前文曾提及,德勒兹认为,事件来自"身"。

---

① 〔德〕马克思:《1844 年经济学哲学手稿》,人民出版社,1985 年,第 83 页。

事实上,更确切地说,与人的活动相关的事件既来自"身",也源于心。从日常的饮食起居,到经济、政治、文化领域的实践活动,身与心都以不同的方式互动互融。即使在无意识或下意识的行动中,也可以看到身与心的交互作用:作为行动,它不仅展开为躯体的活动,而且内含意识过程:尽管在下意识或无意识的情况下行动似乎没有意识的自觉参与,但它却渗入了以默会或隐默的形式展开的意识活动。不难看到,在行动、实践中,身与心彼此互动,赋予个人(个体)的统一以动态的形式。

个人的统一不仅仅涉及身心等关系,在更广的意义上,它同时关乎所谓个人的同一性问题(personal identity)。从成己(成就自我)的维度看,个人的自我同一显然是一个需要认真关注的问题。成己的基本前提是自我在时间中的绵延同一:如果昨日之"我"非今日之"我",明日之"我"也不同于昨日与今日之"我",则自我的成就便失去了根据。就本体论而言,当自我被分解为不同时空中互不相关的个体时,自我成就(成己)的统一主体也就不复存在。由价值观而考察,成己不同于外在的义务,而是个体对自身所承担的责任,然而,只有在主体前后同一的条件下,个体对自身的这种责任关系才具有意义:当昨日之"我"、今日之"我"与明日之"我"分别属于不同个体时,不仅"谁"之责任无法确认,而且为"谁"负责也难以澄清。进而言之,自我的成就本质上展开为一个过程,这种过程性本身基于自我的绵延同一性。然而,当个体被分解为不同片断时,便只有刹那的生灭,而不再存在成就自我(走向理想自我)的持续过程。

与前文论及的"变化中的个体是否仍为同一个体"这一问题相联系,个人的同一性问题首先牵涉个人的变迁与同一。如何确认在时间与空间中经历各种变化的个人仍为同一个人? 塞尔曾概括了以下标准:首先是身体的时空连续性(Spatio-temporal continuity of body),

尽管在分子层面,身体的有关部分不断被更替,但个人的身体自幼至老仍有其连续性。其次是结构在时间中的相对连续(relative temporal continuity of structure)。虽然个人的身体在时间中发生各种变化,如器官变得成熟,个子变得高大,等等,但其基本结构往往相对稳定:以形体而言,在通常情况下,人的身躯不会变得像非洲象那么大,也不会如长颈鹿那般高。其三是记忆(memory),前两条标准侧重于第三人称,这一标准则以第一人称为主,它所涉及的是意识状态之间的前后秩序。其四是人格的连续性(continuity of personality),它所关涉的是个人在性格、性情等方面的连续性。① 以上四项中的前二项,属"形"(生理及物理)的层面,第三项(记忆)则可归入心理或意识之域,事实上,较早从记忆的角度确认个人同一性的洛克,便直接将其表述为"意识"。②

在"形"(物理及生理)的层面,个人的同一与形上之域中个体的同一并没有根本的区别,二者都涉及物理形态的事物在时间中的延续性问题。基于记忆的个人同一,则主要指向意识之域;作为个人同一的根据,其侧重之点在于意识的连续性。个人的精神世界在其存在过程中总是经历了各种变化,但这并不意味着其前后的精神形态完全彼此隔绝,相反,作为同一个体的意识活动,它包含内在的延续性或连续性,而个体的记忆则是这种延续性或连续性所以可能的前提。尽管仅凭意识的这种连续性尚不足以担保个人的同一,大脑移植的思想实验,已从一个方面表明了这一点;然而,从消极或否定的意义上说,如果没有意识的这种延续性,则个人的同一同样难以想

① 参见 J. Searle, *Mind: A Brief Introduction*, Oxford University press, 2004, pp.196 - 198。

② 参见 John Lock, *An Essay Concerning Human Understanding*, vol. I, Dover Publications, INC., 1959, pp.448 - 451。

象。以身与心的统一为出发点，个人的同一显然无法离开意识的连续性和延续性。

意识的连续和延续涉及时间性，事实上，个人的同一自始便关乎时间问题。在社会的领域，时间的意义首先体现于历史性，正是社会过程的历史展开，使时间不同于抽象、空洞的先后流逝。对个人而言，时间的意义同样通过其现实的生活、实践过程得到展示。按其实质，时间意义上的前后相继，乃是以人的生活、实践过程的连续性为其现实内容；生活、实践过程的这种连续性既使个人自我认同及理解自己的统一性成为可能，也为他人把握其前后同一提供了前提。意识的延续固然也涉及时间，但这种时间同时在更本源的意义上体现于人的生活、实践过程，离开了后者，意识的主体便仅仅是普特南所假设的"缸中之脑"，在此假设情景中，意识本身的延续与其说是时间性的，不如说是逻辑性的。

个人的同一当然并不限于"形"（物理、生理）和"神"（心理、意识）以及它们在时间中的连续，它同时包含价值的内涵，后者首先体现于品格、德性等方面。塞尔所提及的人格的连续性，在某种意义上已触及了以上方面，但他的分析似乎仍主要偏重于性格、性情等心理的维度。事实上，从日常的为人，到更广的社会领域的行为取向，都可以看到个人存在过程相对稳定的方面，而这种稳定性往往又基于个人在品格、德性上的稳定性。较之特定境遇、行为的多样性、多变性，个人的品格、德性具有相对恒定或稳定的特点。尽管品格与德性本身也具有某种可变性，而并非绝对不变，但作为同一个人的存在规定，它们的变化、发展也具有内在的相关性，后者不同于仅仅通过记忆而达到意识的连续性，在更深层的意义上，它们以价值观念、取向的前后绵延为内容。相对于"形"（物理、生理）与"神"（心理、意识），德性与品格所体现的延续、同一，无疑具有更为内在的特点。

就更广的意义而言,个人的自我同一难以仅仅限定于个体。作为现实的存在,个体总是生活在社会之中,考察个体的自我认同,同样无法离开这一本体论的境域。每一个体在其存在的过程中,都与他人、社会以及其他背景形成了独特的关系,这种关系既构成了个体存在不可忽略的方面,又制约着个体的存在品格以及生活实践过程。从本原的方面看,个体从来到世界之时起,便与给予他生命的父母形成了难以分离的联系,这种关系既是自然的(以血缘为纽带),又是社会的。不管个体在以后如何变化,他与父母之间的如上关系,总是无法改变:个体可以有昨日之"我"与今日之"我"的不同,但无论是昨日之"我"抑或今日之"我",其生命都由他的同一父母所给予。广而言之,个体在社会生活中形成的政治、经济、文化等各个方面的关系,都不仅有变迁的一面,而且也具有延续性,非稍纵即逝、方生方灭的一面。社会关系的这种延续性既基于社会生活的延续性,也为社会生活本身的延续提供了担保。从个体的形态和存在方式看,社会生活与社会关系的以上连续性,同时又从本原的方面规定和展示了个体的绵延同一。

从成就自我的视域看,个体自我同一的意义,首先在于从本体论和价值论的层面,为成己的过程提供了前提。当个体虽经历时间上的变迁,但在形、神、社会关系、生活实践等方面仍保持绵延同一、表现为同一个"我"时,不仅成己过程的统一主体得到了确认,而且这一领域中"谁"之责任、为"谁"负责等问题也获得了解决的根据。以具有绵延同一品格的自我为主体,走向理想自我(成就自我)的过程性、延续性同样得到了内在的担保。

在观念的层面,个人的同一性同时涉及个人的自我确认,后者具有某种反身的性质。反身意味着以个人自身为对象,它与个体的自我意识及反思意识难以分离。泰勒在考察个人的内在特点时,曾对人与动物作了比较,认为人不同于动物之处就在于他不仅具有欲望,而且能够将自身所具有的欲望作为对象加以评价,后者同时构成了个人(person)或自我(self)的特征。① 泰勒所分析的这种评价过程,从另一个方面表现了个人的反思性和自身指向性(反身性)。就其外在的形式而言,以自身指向为特点的对象化与个体的自我认同似乎具有不相容的关系,因为对象化往往趋向于消解主体性。纳托尔普(Natorp)在批评现象学时,便以此为主要根据。在他看来,现象学所引入的反思方法涉及对象化过程,而在意识的对象化中,如何又能达到主体性?② 关于现象学的评价,此处暂且不论,在理论的层面,这里需要指出的是:纳托尔普的以上论点似乎忽视了,在以自身为指向的反思意识或自我意识中,个体事实上具有双重品格:他既是对象,又是主体。正是这种双重性,使个人的反身意识与反思意识同时成为其个体性的表征。

与个人的自我确认相联系的,是作为个体的自我与他人的区分,这种区分在逻辑上又以确认个体自身的独一无二性为前提。如前所述,在形而上的层面,个体的独一无二性首先体现于"非个例性"或"不可实例化"(noninstantiability)。对个人而言,这种独一无二性不仅仅表现为存在形态上没有相同的个体或个体的不可重复性、不可还原性,而且进一步体现在价值意义上个体的不可替代性。作为个体,人既在本体论上表现为一次性(无法重复)的存在,也在价值论上具有不可替代性或唯一性。个人的具体社会功能、作用,也许可以由

---

① 参见 Charles Taylor, What is Human Agency?, In *The Self: Psychological and Philosophical Issues*, Edited by Theodore Mischel, Basil Blackwell, 1977, pp.103 – 135。

② 参见〔丹麦〕丹·扎哈维:《主体性和自身性:对第一人称视角的探究》,蔡文菁译,上海译文出版社,2008 年,第 94—95 页。

其他人取代,但其具体的存在,则无法由他人替代。可以说,正是在个人之中,个体的独一无二性得到了更深刻的体现。

个人的独特品格当然并不仅仅限于本体论上的不可重复性以及价值论上的不可替代性。从更为内在的层面看,个人与个性难以分离。如前所述,在形而上的维度,个体主要通过特定的时空关系而展示其各自的殊相(在不同的时空位置中,个体呈现不同的形态),对个人而言,其具体性则体现于多样的个性。个性是具有综合性的存在形态,它既包括个人的气质、心理定势,也兼涉知、情、意;既关乎人的内在能力,也融入了人的品格、德性,从而在总体上表现为气质与定势、知与情意、能力与品格的综合统一。这种统一的精神形态内在于每一特定的个人,展现为使个体彼此区别的精神品质和特性。作为综合性的精神规定,个性不仅仅表现为一种心理倾向,而是以整体的方式体现了人的个体性特征。相对于特定时空位置中殊相的多变性,个性既具有统一性的特点,又呈现稳定的品格。它使个体性超越了单纯的时空关系,获得了更内在的呈现形态。

作为人的个体性品格的独特展现,个性同时也具体地突显了个体性与人之“在”的内在关联,在个体性与目的性的关系上,这一关联得到了更深刻的体现。在谈到个体性与目的性的关系时,鲍桑奎曾指出:“个体性(individuality)先于目的(purpose)。”[①]作为新黑格尔主义者,鲍桑奎所说的个体与绝对相关,不过,在引申的意义上,我们可以对此作更广的理解。目的具有价值的意蕴,个体先于目的所强调的是个体在本体论上的优先性,它意味着目的本于个体;较之个体即目的,目的本于个体无疑在更本源的意义上突出了个体的存在

---

① 参见 B. Bosanquet, *The Principle of Individuality and Value*, Macmilian and Co., 1912, p.70。

价值。

在目的这一层面,个人不同于物。海德格尔曾对科学视域中的物作了考察,在他看来,科学所关注的是普遍性,特殊之物仅仅被理解为个例(example)。① 引申而言,作为物的个体,仅仅呈现为类之中的个例,然而,作为人的个体(个人),则无法简单地将其归结为个例。类中之例仅仅是偶然的存在,从价值观的角度看,它们可以彼此替代,无独特的内在价值。个人则如上述,构成了目的之源,其存在意义具有不可替代性。在物理结构、性质等方面,同一类中的不同个例往往并无根本不同,但个人则不单纯是物理层面的存在,他既与其他个体存在个性的差异,又包含不可相互取代的存在目的和价值。以物观之,类中之例的变化、生灭对类本身的存在并无实质的影响;以人观之,则每一个人都具有不可消逝性,都不应加以忽视。

当然,个人包含个体性品格,并不意味着他仅仅表现为孤立的个体。从形而上的层面看,个体既呈现为原初的统一体,又内在于不同形式的系统之中,并涉及多样的关系。同样,个人也是关系中的存在,这种关系不仅仅体现于物理之维,而且在更实质的意义上展开于社会领域。当人来到这个世界时,他首先便被置于亲缘层面的家庭伦常关系。黄宗羲已指出:"人生坠地,只有父母兄弟,此一段不可解之情,与生俱来,此之谓实,于是而始有仁义之名。"②亲子、兄弟之间固然具有以血缘为纽带的自然之维,但作为社会人伦之本,它更是一种社会关系。从家庭所涉及的日常生活走向更广的社会空间,则进一步涉及经济、政治、文化的活动,而个人则相应地处于各种形式的

---

① M. Heidegger, *What is a Thing?*, Translated by W.B. Barton. Jr and. Vera Deutsch, Henry Regnery Company, 1967, p.15.

② 〔明〕黄宗羲:《孟子师说》卷四,《黄宗羲全集》第一册,浙江古籍出版社,1985 年,第 101 页。

社会关系之中。从外在的层面看,他人对个人而言似乎具有超越性:个体之外的他人在此意义上首先作为他者而与个人相对。然而,如前所述,在本体论上,个体之间及个体与系统、整体的关系又具有内在性,这种内在性同样存在于个人之间。就形而上的论域而言,正是这种具有内在性的关系,使他人对于个体的超越性得到了扬弃。

同时,作为社会关系中的存在,个人都既拥有一定的权利,又需要履行相关的义务。与个人在社会系统中所处的具体地位相应,这种权利与义务都具有特定的内涵。以前面提到的家庭关系而言,为人之父或为人之母,便既有在子女未成年时加以抚育的义务,也有在年老之时要求子女照料的权利;同样,为人之子或为人之女,也既有在未能自立时要求父母抚养的权利,也有在父母需要时加以关心、照料的义务,这里的子女、父母,都是具体的存在,与之相关的义务与权利也具有独特的性质:我对自己父母的责任与义务,不同于他人对其父母的责任与义务;同样,每一特定子女与其父母之间的权利和义务关系,也非他人可以替代。在此意义上,可以将个人视为特定权利与义务的承担者。个人所承担的权利与义务在不同的历史时代与不同的社会背景中当然有不同的内涵,每一时代不同的个体所涉及的权利与义务也具有各自的差异,但作为人,个体总是拥有最基本的权利(包括自身的生存权利)及与之相应的基本义务(包括"承认、尊重他人所拥有的相同权利"这一义务)。尽管这种权利与义务在特定的历史条件下可能受到种种限制从而无法真正实现,但它们是人这种社会存在的题中之义,这一点却无法改变。这种最基本的生存权利与承认、尊重他人相同权利的基本义务,与个体存在的不可替代性具有本体论上的内在联系,正如个人的存在是独一无二的,以上的权利与义务也具有独一无二性。个人所具有的独特权利与义务一方面从社会的层面进一步赋予他以个体性的存在规定,另一方面也展现了个人的社会品格。

马克思曾更具体地从利益的层面，分析了个人与社会之间的联系："每个人追求自己的私人利益，而且仅仅是自己的私人利益；这样，也就不知不觉地为一切人的私人利益服务，为普遍利益服务。……私人利益本身已经是社会所决定的利益，而且只有在社会所设定的条件下并使用社会所提供的手段，才能达到；也就是说，私人利益是与这些条件和手段的再生产相联系的。这是私人利益；但它的内容以及实现的形式和手段则是由不以任何人为转移的社会条件决定的。"[1]私人利益与个人紧密相关，它从一个现实的层面，彰显了个人的个体性品格。然而，即使在这一具有明显个体化性质的方面，依然可以看到其中包含的社会内涵。一个特定的生产者生产某种产品的最初动机，也许是谋自身之利，但他的产品价值要真正实现，便必须满足他人的需要，而在这种需要的满足过程中，社会的或普遍的利益也同时得到了实现。要而言之，从私人利益的具体内容，到其实现的方式与手段；从个体利益追求的目标，到这种利益追求的客观结果，个体与他人、个体与社会始终联系在一起。在进入近代以后，随着经济交往活动的发展，个人与他人的联系也更趋紧密："在世界市场上，单个人与一切人发生联系，但同时这种联系又不以单个人为转移。"[2]

个人的上述社会品格，是否将导致个性的消解？社会性与个体性是否彼此对峙、无法相容？从更广的视域看，这里涉及个性、社会性与天性之间的关系。天性也就是自然之性，它更多地关乎人在生

---

① 〔德〕马克思：《1857—1858 经济学手稿》，《马克思恩格斯全集》第 30 卷，人民出版社，1995 年，第 106 页。

② 同上书，第 111 页。

物学意义上的规定,并具体地体现于饮食男女等活动之中。就人而言,不同个体的自然之性,往往并没有根本的差异:饥而欲食、渴而欲饮、寒而欲衣,在这些基于天性的行为意向上,个体之间往往"同"多于"异"。仅仅从这些行为与意向中,也无法发现独特的个性。然而,从自然的层面走向社会之域,情况便发生了变化。当自然意义上的充饥、解渴转换为社会意义上的饮食文化时,饮食便有了个性的差异(美食层面上的口味分化)。同样,当自然层面的御寒之物成为象征身份、地位、品味的服饰时,个体之间在穿着(服饰文化)上的种种个性化区分便立刻形成。从本质的方面看,个性本身是一种社会的品格,也唯有在社会的背景中,个性才能获得真正的发展并得到深沉的体现。以思维方式为例,它所涉及的是人理解与变革世界的能力,较之与自然之性具有多方面联系的饮食、服饰层面的审美趣味,它在更内在的意义上体现了人的社会属性,而这一方面的个性差异,也以人的社会属性的充分发展为前提。经验论者休谟与思辨哲学家黑格尔在思维方式上的差异,便比一个英国人与一个德国人在饮食口味上的不同,更深刻地体现了人的个性差异。这一事实从一个方面展示了个性的多样化与人的社会性规定之间的相关性。

作为个体品格的内在体现,人的个性并非预成或既定,而是具有生成的性质,个性的这种生成过程固然与天性无法完全分离,但它更需要社会的引导、教育。从形式或外在的方面看,这里似乎存在某种悖反的现象:个性通常与独特性、多样性、差异性相联系,社会的引导、教育则旨在实现个体的社会化,而所谓个体的社会化,又意味着将个体的观念、行为纳入社会的普遍轨辙,使之按社会所要求、允许的方式存在于世。后者无疑蕴含着一致性、统一性等指向。不过,就更实质的意义而言,社会的引导、影响,与个性的形成并非彼此排斥。事实上,引导与教育既涉及普遍的规范,也以个体的差异为本。所谓因材施教、个性化教育,等等,都从不同方面表明了这一点。在前社会(自然)的层面,个体之间的差异总是显得相对有限;个性的培养、形成与个体的社会化,往往表现为同一过程的两个方面,在这一过程中,面向个体的教育、引导,无疑不可或缺。按其现实形态,社会的引导、影响并不是对个体的单向灌输,它与个体自身的理解、接受之间,存在着互动的关系。正是这种互动,从一个方面决定了个体的社会化与个性的多样化并行而不悖。

概而言之,在人的存在之域,个体以个人为具体的形态。个人既表现为身与心的统一,又展开为时间中的绵延同一,后者不仅涉及"形"(物理与生理)"神"(心理与意识),而且以德性与人格的延续性、连续性为内容。个人的以上绵延同一为成己过程提供了本体论的前提。作为具体的存在,个人具有独特的品格,这种独特性一方面呈现为本体论上的一次性、不可重复性,另一方面表现为价值论上的不可替代性。作为"物",个体常常被理解为"类"的殊相或个例,作为"人",个体(个人)则以目的性为其内在规定,并内含着独特的个性。个性既在本体论上展示了个人的独特品格,也在价值论上与目的性规定相融合而体现了个人的存在取向。个性的生成与发展过程,同时以个体(个人)与社会的互动为其历史内容。综合起来,个人的以上内涵具体地表现为个体性与总体性的统一,马克思曾对此作了具体的阐释:"人是一个特殊的个体,并且正是他的特殊性使他成为一个个体,成为一个现实的、单个的社会存在物,同样地他也是总体,观念的总体,被思考和被感知的社会的自在自为的主体存在,正如他在现实中既作为对社会存在的直观和现实享受而存在,又作为人的生命表现的总体而存在一样。"[①]与"特殊的个体"相联系的是个人的不

---

① 〔德〕马克思:《1844年经济学哲学手稿》,人民出版社,1985年,第80页。

可还原、不可重复、不可替代等品格,"总体"则表现了其内在规定、所涉及关系的多重性以及这些规定、关系的统一;二者构成了现实个人的相关方面。①

三　成就自我与个性发展

从更广的历史视域看,个人与社会的互动不仅仅表现为社会对个体的引导、影响,唯有通过个体的理解、接受才能实现,而且在于社会本身的衍化与个体存在形态变化之间的内在关联。马克思在谈到社会的变迁时,曾指出:"人的依赖关系(起初完全是自然发生的),是最初的社会形式,在这种形式下,人的生产能力只是在狭小的范围内和孤立的地点上发展着。以物的依赖性为基础的人的独立性,是第二大形式,在这种形式下,才形成普遍的社会物质变换、全面的关系、多方面的需要以及全面的能力体系。建立在个人全面发展和他们共同的、社会的生成能力成为从属于他们的社会财富这一基础上的自由个性,是第三个阶段。第二个阶段为第三个阶段创造条件。"②这里所分析的是社会的历史衍化。按马克思的看法,社会形态的变迁与个体存在形态的变化之间,呈现出对应的关系:社会的最初形态相应于个人对他人的依赖性,社会的第二大形式,以个人对物的依赖性为

---

① 顺便指出,如前文所提及的,斯特劳森虽然在《个体》一书中讨论了个人,但所关注的主要是身、心(意识)这一类问题(参见 P.E. Strawson, *Individuals: An Essay in Descriptive Metaphysics*, Methuen, 1959, pp.87 - 116),从而仍限于物理、生理、心理的层面,对德性、人格、目的性、义务与权利等所涉及的社会、价值规定,斯特劳森似乎未能作必要的论述,这种考察进路从一个方面表现了分析的形而上学对个体、个人理解的抽象性。

② 〔德〕马克思:《1857—1858 经济学手稿》,《马克思恩格斯全集》,第 30 卷,人民出版社,1995 年,第 107—108 页。

特点,社会发展的第三阶段,则基于个人的全面发展及自由的个性之上。在社会历史的以上衍化中,个人的存在意义无疑得到了突显:它的存在形态构成了区分不同历史阶段的重要依据。

个人在社会衍化中的以上历史作用,同时也使个人自身发展的意义变得突出了。历史地看,个人的发展、自我的成就,很早已为哲学家所关注,具有不同哲学立场的哲学家、哲学流派,往往对个人的发展、成就形成不同的理解。以中国哲学而言,儒家从先秦开始便将成人或成己提到了突出地位。孔子已区分"为己"与"为人",前者("为己")以自我的实现与完成为指向,后者("为人")则仅仅表现为对他人的迎合,孔子的基本取向是以"为己"否定"为人"。与注重"为己之学"相应,所谓"成人",也就是成就自我或成就理想人格,在这一意义上,"成人"与"成己"的涵义并无实质的不同。儒家之外的道家尽管在哲学立场上与儒家存在种种差异,但在注重个人这一点上又与之存在相通之处。庄子肯定"独有之人,是之谓至贵"①,主张"不以物易己"②、"顺人而不失己"③,都体现了对个人("己")价值的确认。

然而,肯定个人(个体)的存在价值,并不意味着真正把握了个体的存在意义或应然形态。儒家提出成人与成己,把自我的成就或自我的实现放在十分突出的地位,然而,在如何理解自我与个体的问题上,儒家又表现出自身的某种偏向。对儒家而言,成人或成己首先以成圣为指向,在张载的如下看法中,这一点得到了简要的概述:"君子之道,成身成性以为功者也;未至于圣,皆行而未成之地尔。"④成圣则

---

① 《庄子·在宥》。
② 《庄子·徐无鬼》。
③ 《庄子·外物》。
④ 张载著,章锡琛点校:《张载集》,中华书局,1978 年,第 27 页。

意味着以圣人为普遍的理想人格范型，并以此为准则塑造自我。不难看到，上述意义上的成人或成己虽然将自我或个人放在突出的地位，但从内容上看，这里的"己"或个人同时又以普遍的价值目标为导向，成己则旨在达到同一人格形态（圣人）。在这种普遍的、统一的人格取向中，人的多样性及个体性品格多少被遮掩了。同样，道家反对"以物易己"，固然体现了对个体的注重，但"己"或个体的理想形态，又主要被理解为"真人"或"天人"①，与天人之辩上将自然状态（天）理想化相应，此所谓"真"和"天"，也就是合于自然或与自然为一。在道家那里，对自然（天）的礼赞，同时又与扬弃目的性规定相联系，所谓"无为为之之谓天"②，便表明了这一点：这里的"无为为之"，首先相对于目的性的追求而言，其特点在于非有意而为；以"无为为之"为"天"的内涵，相应地包含着对目的性的疏离。"天"与"目的性"的这种相斥，同时也使"天人"与目的性规定形成了某种距离。如果说，儒家的成人理论蕴含着普遍的人格取向对个体性规定的弱化，那么，道家的"真人"与"天人"之说，则在逻辑上将导向目的性规定的消解。

儒家与道家对个体或"己"的如上理解，从不同的方面折射了自然经济条件下人的生存状况。前文已提及，按马克思的理解，当"生产能力只是在狭小的范围内和孤立的地点上发展着"时，人所处的是"最初的社会形式"，与之相联系的则是"人的依赖关系"，这种依赖性既体现于某一个体（处于较低社会等级的特定个体）对另一个体（处于较高社会等级的特定个体）的依赖，也展开于个体对群体以及社会等级系统本身的依赖性。在"生产能力只是在狭小的范围内和孤立

---

① 参见庄子："不离于宗，谓之天人。"（《庄子·天下》）"古之真人，以天待人，不以人入天。"（《庄子·徐无鬼》）这里"天人"之中的"天"为限定词，表示与人化相对的自然，所谓"天人"，也就是合乎自然或与自然为一之人。

② 《庄子·天地》。

的地点上发展着"的条件下,人的存在无法离开群体,儒家肯定"人生不能无群"①、人"离居不相待则穷"②,已多少意识到人的这种生存处境。儒家对人格的普遍规定与社会内涵的注重,似乎也从一个方面反映了个体与群体、社会的以上关系。相对于此,道家之推崇、向往前文明形态的自然(天),则表现了另一趋向。对道家而言,社会的体制、规范系统,都呈现为对人的束缚、限定,这种束缚、限定,在某种意义上折射了人的依赖关系,与之相联系,回归自然(天)既意味着超越以上的种种限定,也似乎以独特的方式表达了对人的依赖关系的某种不满。

从"最初的社会形式"走向近代,"人的独立性"逐渐取代了"人的依赖性"。较之各种形式的"人的依赖性"(包括个体之归属于类、群体、社会系统),"人的独立性"无疑为个人的多方面发展提供了更多的可能。然而,另一方面,随着物质交换关系的普遍展开,个性的发展逐渐受到另一重意义上的限定。近代以来,与资本主义生产方式相联系的市场经济将"普遍的社会物质变换"提到了突出的地位。从经济的层面看,社会物质变换以商品交换为核心,后者的基本原则是等价交换。按其本来形态,等价交换以消解商品在物理特性、使用价值等方面的差异为前提。进而言之,对于参与交换活动的个人来说,他们之间的区别往往显得无足轻重,事实上,在同一等价交换原则下,个体的特殊性并不进入交换过程,相反,这些特性常常被抹平:"不管活动采取怎样的个人表现形式,也不管活动的产品具有怎样的特性,活动和活动的产品都是交换价值,即一切个性,一切特性都已

① 《荀子·王制》。
② 《荀子·富国》。

被否定和消灭的一种一般的东西。"①"主体只有通过等价物才在交换中相互表现为价值相等的人,而且他们通过彼此借以为对方而存在的那种对象性的交替才证明自己是价值相等的人。因为他们只是彼此作为等价的主体而存在,所以他们是价值相等的人,同时是彼此漠不关心的人。他们的其他差别与他们无关。他们的个人的特殊性并不进入过程。"②要而言之,商品交换所确认的,不是个体的独特性、差异性,而是个体之间的相等、相同;以等价交换为普遍原则,人的个性每每难以得到真正的彰显。随着劳动力的商品化,人本身也开始进入了交换市场,而在同一等价交换原则下,人的个性特点进一步被掩蔽于一般等价物之下。

商品交换过程对个体性的消解,本身又以劳动的抽象形态为其前提。商品的使用价值形成于具体劳动,商品的交换价值则源于抽象劳动。使用价值的差异性相应于具体劳动的多样性,交换价值则与抽象劳动相联系。为了使商品的交换价值可以在量上相互比较,就需要扬弃劳动的特殊形式而将其还原为抽象的一般的劳动:"生产交换价值的劳动,同使用价值的特殊物质无关,因此也同劳动本身的特殊形式无关。其次,不同的使用价值是不同个人的活动的产物,也就是个性不同的劳动的结果。但是,作为交换价值,它们代表相同的、无差别的劳动,也就是没有劳动者个性的劳动。因此,生产交换价值的劳动是抽象一般的劳动。"③在抽象劳动的层面,不仅劳动对象的差异被忽略,而且劳动者及其操作活动的具体特点也隐而不显。劳动在质上的这种同一,使劳动者的个性差异变得似乎没有实质的

---

① 《马克思恩格斯全集》第 30 卷,人民出版社,1995 年,第 106—107 页。
② 《马克思恩格斯全集》第 31 卷,人民出版社,1998 年,第 359 页。
③ 同上,第 421 页。

意义。

抽象劳动及与之相关的交换关系对个性的掩蔽,使个体的内在价值也面临被消解之虞。如前所述,与形上领域个体的不可重复性相联系的,是价值层面个体的不可替代性。然而,基于抽象劳动的交换和流通过程不仅使个体之间彼此同一、相等,而且也使个体可以相互替换:"流通在一定的环节上不仅使每个人同另一个人相等,而且使他们成为同样的人,并且流通的运动就在于,从社会职能来看,每个人都交替地同另一个人换位。"①当个体主要被视为可替换的对象时,其存在的内在价值便开始消隐。

个体价值的这种弱化,在更内在的层面表现为人的物化或工具化趋向。当抽象劳动将劳动者的个性特点完全抹平之时,个体与其他存在之间便不再有实质的差异,而劳动力的商品化,则进一步将人(劳动者)化为可以用同一尺度加以衡量的物。在普遍的社会物质变换关系中,人与人之间的关系往往蕴含于物与物的关系之中,人自身的价值也每每通过还原为某种等价物而得到体现,与之相联系的是人对物的依赖性。

人的商品化与物化过程的进一步发展,则表现为外在之物对内在之我的支配。在现代社会中,这一点表现得愈益明显。无所不在的体制约束以及与之相联系的程式化过程,使个体的创造性愈益变得多余:他的作用不外是履行制度的功能或完成某种体制中的程序,而大众文化的膨胀,又使个体从审美趣味到行为方式都趋向于划一化并逐渐失去批判的能力。与技术导向的逐渐形成相联系,各个专业领域的专家、权威通过不同的途径和方式不断向人们颁布各种行为与选择的准则,并由此造成习惯性的服从:除了接受与听从权威的

---

① 《马克思恩格斯全集》第31卷,人民出版社,1998年,第360页。

意见之外,人们似乎别无他择。作为物的依赖性的延伸,以上过程使现实的个体及其价值都难以彰显。

如何使个体的内在价值真正得到实现?从人格理想的维度看,这里无疑应当对"自由个性"予以特别的关注。马克思将"自由个性"视为社会发展第三阶段的主要特征,同时也从历史的维度突显了其意义。以社会的衍化为视域,自由个性首先表现为超越人的依赖关系。如前所述,社会发展的"最初形式"以人的依赖性为其特点,在这种依赖关系中,个体往往归属于他人或外在的社会系统(包括等级结构),缺乏真实的个性与自主品格。作为以上依赖关系在人格形态上的体现,理想的人格目标往往也趋向于普遍化、划一化,以"成圣"规定成己,便多少表现了这一点。通过超越人的依赖关系而达到人的自主性与独立性,构成了发展自由个性的重要方面。与人的依赖性前后相关的,是物的依赖性。如果说,前者(人的依赖性)蕴含着对人的个体性、自主性的消解,那么,后者(物的依赖性)则意味着通过人的工具化或物化而掩蔽人的目的性规定或内在价值。在超越人的依赖性的同时,自由个性同时要求扬弃物的依赖性。从正面看,后者的实际涵义,就在于确认人的内在价值、肯定人的目的性规定。

对人的依赖性与物的依赖性的双重超越和扬弃,更多地从否定或消极的层面体现了自由个性的特点。从肯定或积极的方面看,自由个性具体地体现在个人的全面发展之上。马克思在谈到自由个性时,便同时将其与"个人全面发展"联系起来。在宽泛的层面上,个人的全面发展首先涉及身与心的关系。这里的"身"包括广义的感性存在以及与之相联系的感性能力,"心"则泛指意识及精神世界,"全面发展"在此意义上意味着身与心的并重。"身"作为感性存在,同时又与"天"(天性或自然的规定)相联系,"心"作为精神世界则包含着人的文化内涵,与之相应,"个人全面发展"也关乎"天"与"人"的关系。

历史地看,儒家与道家分别侧重于"人道"和"天道",对二者的扬弃则既意味着避免无视自然之性(天),也蕴含着对文明或人化规定(人)的注重。

人化之维作为文明发展的历史积淀,更多地体现了人的社会性品格,相对于此,自然之性则内在于每一具体个体,并与人的个体性规定有着更切近的联系。个体的全面发展一方面表现为以"他们的社会关系作为他们自己的共同的关系",①并充分地实现其社会的潜能;另一方面又展示其独特的个体规定。不难看到,在这里,个人的"全面发展"以社会性与个体性的双重展开为其具体的内涵。

广而言之,自由的个性意味着扬弃存在的片面性。就意识层面而言,它要求超越知、情、意之间的界限和彼此的限定,使个体在理性与情意等方面都获得充分的发展;在人格规定上,它所指向的是真、善、美的统一;从精神世界看,它则以现实能力与内在境界的融合为理想目标。个性的以上发展,意味着超越整齐划一的人格形态。从知情意的交融,到真善美的统一,从能力的发展,到境界的提升,个体成就的现实形态都多样而丰富,其间不存在普遍的模式和单一的进路。

以人的全面发展为内容,自由的个性同时体现于价值创造的过程。个性的自由形态并不单纯地以观念的、精神的方式存在,它总是渗入人的价值创造过程,并通过这一过程而得到具体的展示。价值创造既指向世界的变革,也包括自我的造就,无论是知情意的统一,抑或真善美的交融,都形成于变革世界与成就自我的过程,并进一步作用、体现于后者。对个体而言,价值创造的过程不仅构成了个性自由发展的现实之源,而且为自由的个性提供了丰富而具体的内容。

---

① 参见《马克思恩格斯全集》第 30 卷,人民出版社,1995 年,第 112 页。

与之相应,自由的个性本身也以创造性为其题中之义。

自由的个性体现于个体的具体存在方式,便表现为扬弃不同形式的限定。当人尚受到人的依赖性或物的依赖性制约时,人的能力、兴趣、活动方式,等等,往往也处于各种形式的限定之中。在人的依赖性处于主导地位的历史条件下,个人首先被定格于某种凝固不变的社会角色;在物的依赖关系中,个人则往往被归结为某种物化功能的承担者。工业化大生产典型地体现了这一点:在大工业的生产流水线中,个体常常被化约为这一物质生产过程中的一个环节。就人的存在形态和存在方式而言,个性的自由发展以突破以上的种种限定为其历史前提,它既要求个体潜能的多方面实现,也以个体活动在深度与广度上的多方面展开为指向。马克思在谈到个人的理想存在方式时,曾对此作了形象的阐述:在未来的理想社会中,"任何人都没有特殊的活动范围,而是都可以在任何部门内发展,社会调节着整个生产,因而使我有可能随自己的兴趣今天干这事,明天干那事,上午打猎,下午捕鱼,傍晚从事畜牧,晚饭后从事批判,这样就不会使我老是一个猎人、渔夫、牧人或批判者"①。这里重要的是个人不会"老是"同一特定个体,它意味着不囿于外在角色、功能对个人的限定,使个人真正得到多方面的发展。

个性的多样形态,内在地涉及个性发展的定向性与不同发展可能之间的关系。从过程的层面看,发展的后起阶段总是以先前的阶段为其出发点和前提,但发展的先前阶段却并不一定必然引向后起的阶段,这里存在着某种不对称性。个人在品格、能力等方面的相对成熟、稳定存在形态,往往可以从其早期的环境、教育、自身的努力之中找到某种端倪或源头,然而,这并不是说,他的早期发展已必然地

---

① 《马克思恩格斯选集》第 1 卷,人民出版社,1995 年,第 85 页。

规定了后来的形态。由于个体自身及社会境遇等的变化与作用,其个性常常蕴含着不同的发展可能,这里不存在绝对不变的定向。基于以上事实,我们似乎可以区分潜能的现实化(actualization of potentiality)与可能的实现(realization of possibility)。潜能的现实化在某种程度上预设了一种确定的趋向,作为结果的发展形态相应地业已作为发展的定向蕴含于出发点之中,可能的实现则并不以既成、单一的定向为前提,它蕴含了不同的可能趋向,同时也为个体自身的创造性发展提供了必要的空间。不难注意到,这里交错着个性发展过程中的必然性与可能性及偶然性、定向与自我的创造性等关系。个性的形成与发展无疑有其内在的根据,这种根据同时也规定了发展的趋向,然而,不能因此将其仅仅理解为一个必然的、命定的过程。个性发展过程中总是受到个体自身及各种社会因素、条件的影响,其中既包含与境遇变迁等相联系的偶然性的制约,也渗入了个体自身内在的创造作用。将个性的自由发展单纯地视为潜能的现实化(actualization of potentiality)或仅仅归结为可能的实现(realization of possibility),都有其片面性。潜能所蕴含的定向性与可能所蕴含的创造性,在个性的自由发展过程中更多地呈现互动的形态。

可能的实现及潜能的现实化在不同意义上都展开为一个过程。广而言之,个性的发展本身内在地蕴含着历史性和过程性。从过程的维度看,个人的全面性具有不同的历史内涵。在社会衍化的较早时期,个体似乎也呈现某种全面的形态,但这是一种在社会关系的分化与劳动的分工都尚未充分发展的历史阶段中具有原始意义的"全面",它与自由个性论域中的全面发展,不能等量齐观。马克思已指出了这一点:"在发展的早期阶段,单个人显得比较全面,那正是因为他还没有造成自己丰富的关系,并且还没有使这种关系作为独立于他自身之外的社会权力和社会关系同他自己相对立。留恋那种原始丰富,是可笑的,相信必须停留在那种完全的空虚化之中,也是可笑的。"①作为自由个性体现的全面发展,是扬弃了物的依赖性与人的依赖性之后所达到的人的存在形态;相对于原始的全面性和原始的丰富性,它奠基于社会发展的更高阶段,包含着更为深刻的历史内涵。正是在上述意义上,马克思强调:"全面发展的个人——他们的社会关系作为他们自己的共同的关系,也是服从于他们自己的共同的控制的——不是自然的产物,而是历史的产物。"②

作为历史的产物,自由的个性和人的全面发展有其现实的前提,除了在社会历史层面扬弃人的依赖性及物的依赖性等之外,需要予以特别关注的是自由时间。自由时间首先相对于必要劳动时间而言,从社会的角度看,只有当用于生产生活资料与生产资料的劳动时间减少到一定程度之时,精神等领域的生产才成为可能。投入到前者的时间越少,则花费于后者的时间便越多:"社会为生产小麦、牲畜等所需要的时间越少,它所赢得的从事其他生产,物质的或精神的生产的时间就越多。"③同样,对个体而言,在个人的所有时间完全为必要劳动所占据的条件下,其多方面的发展只能是空幻的理想,唯有获得可以自由支配的时间,个体的多方面发展才可能提上日程。通过劳动时间的节约而使个体拥有更多的自由时间,其意义首先也在于为个体的充分发展创造条件:"节约劳动时间等于增加自由时间,即增加使个人得到充分发展的时间。"④在个人的充分发展与必要劳动时间的减少、自由时间的增加之间,不难看到内在的相关性。一旦通过缩减必要劳动时间而给所有的人提供自由的时间,则个性的自由

---

① 《马克思恩格斯全集》第 30 卷,人民出版社,1995 年,第 112 页。

② 同上。

③ 同上书,第 123 页。

④ 《马克思恩格斯全集》第 31 卷,人民出版社,1998 年,第 107—108 页。

发展便会成为现实:"个性得到自由发展,因此,并不是为了获得剩余劳动而缩减必要劳动时间,而是直接把社会必要劳动缩减到最低限度,那时,与此相适应,由于给所有的人腾出了时间和创造了手段,个人会在艺术、科学等等方面得到发展。"①在这里,个性的自由发展与个人在不同领域的多方面发展之间彼此统一,而二者的共同前提,则是自由时间的获得。可以看到,以自由时间为基础,自由的个性同时展示了其现实性的品格。

从个性自由发展的前提与基础,转向这一发展的内在过程,便进一步涉及自由的不同形态。从积极的方面看,个性的自由发展意味着通过创造性的活动,实现具体的、多样的价值理想,后者在个体的层面表现为个人的自我实现或自我成就。从消极的方面看,个性的自由发展则以摆脱各种形式的支配、干涉、限定为指向,在历史的维度上,这种"摆脱"首先表现为对人的依赖性与物的依赖性的双重扬弃和超越。②

就其原初及抽象的形态而言,积极意义上的自由源于自我决定、自作主宰等意愿,其更一般的内涵则是"自由地走向或达到"(freedom to)③。后者往往趋向于从一定的价值立场出发,坚持、推行某种观念、主张,努力贯彻与实现与之相关的理念,并以此来变革世界、成就自我。这种进路如果单向地、过度地发展,在个体的层面上容易导向以自我的

---

① 《马克思恩格斯全集》第 31 卷,人民出版社,1998 年,第 101 页。

② 这里所说自由的积极形态与消极形态与伯林(Isaiah Berlin)所区分的消极自由(negative freedom)与积极自由(positive freedom)有相通之处,但又不尽相同。伯林的以上区分虽不完全限于政治之域,但主要侧重于政治的层面,本书所讨论的自由的二重形态,则主要以个性的自由发展为视域。同时,伯林在总体上对积极自由持批评性的立场,并较多地肯定了消极自由的意义,本书则倾向于对二者作双重扬弃,详见后文。

③ 参见 Isaiah Berlin, *Four Essays On Liberty*, Oxford University Press, 1969, pp.131 – 132。

意志、观念、理想影响他人甚或强加于他人；在社会的层面上则将导致以某种单一、普遍的范式塑造人，由此常常进而引向独断的思维方式与强制的行为方式。同时，理念的推行常常与理性的设计联系在一起，当二者与思想的灌输和实践的改造相结合时，便易于导向理性的专制。这里似乎存在某种悖论：对自由"积极"的追求使人常常走向了自由的反面。历史地看，理性、民主、平等、革命等观念在片面地推行、贯彻之下，每每被赋予某种强制的性质。在积极地实现、达到某种主张、理念的形式下，这种主张、理念本身往往异化为抑制、干涉、操纵人的思想与行为的工具。意识形态对某种既成存在形态的维护与乌托邦对虚幻蓝图的追求，便从不同的方面表现了以上趋向。在这里，积极形式下的自由进路，无疑呈现了某种负面的意义。

相对于自由的积极形态，消极形态的自由以摆脱外在的支配、控制、限定为指向。换言之，这是一种通过摆脱而获得的自由（freedom from）。① 然而，在要求摆脱限定的同时，消极形态的自由似乎或多或少趋向于消解既成的价值理想与目标。如果说，积极形态的自由蕴含着"应当成就什么"的要求，那么，消极形态的自由则更多地对以上要求持怀疑、否定的态度。这种怀疑、否定的立场如果单向地发展，每每引向放弃实质的、普遍的价值承诺。当伯林将"绝对价值"与"原始的往日"联系起来、并把超越个人信念相对有效性的要求视为"无可救药的形而上学需要"时，②便既表现出拒斥独断的立场，又多少流露出对普遍价值的某种责难和疏离。在摆脱、消解成为主要乃至唯一的选择和进路时，价值的认同、价值的承诺常常就失去了内在的根

---

① 参见 Isaiah Berlin, *Four Essays On Liberty*, Oxford University Press, 1969, p.127, p.131。

② Ibid., pp.171－172.

据,由此导致的,往往是消解意义的虚无主义价值取向,所谓"后现代主义",便从一个方面体现了消极形态的自由理想。后现代主义以解构既成的意义世界(包括价值原则)为指向,但在超越、消解、否定已有意义系统的同时,又不承诺和敞开新的意义世界。在摆脱、消解了一切之后,剩下的往往便是无意义感或虚无感。

同时,个性的发展过程涉及规范的制约。规范既包含实质层面的目的性规定,又具有引导与约束双重作用。引导表现为积极意义上的指引,约束则以消极意义上的限制为指向。与注重一般观念在变革世界与成就自我中的作用相应,积极形式下的自由取向以认同和肯定普遍规范的意义为其题中之义。相形之下,以超越、摆脱、否定等为进路,消极形式下的自由则在逻辑上蕴含着对规范的疏离,后者与价值目标的消解彼此相应,往往将使价值原则对变革世界、造就自我的范导作用难以落实。

不难看到,自由的以上二重形式各有自身的限定。与个人全面发展相联系的自由理想(个性自由),显然不能与之简单等同。积极形式的自由取向固然肯定了人的创造性并确认了价值导向的意义,但片面地强调以上方面,又蕴含着独断与强制的偏向;消极形式的自由取向诚然有助于抑制积极自由可能导致的独断性与强制性,但自身又因缺乏价值的承诺及忽视规范的引导而在逻辑上容易走向虚无主义。从历史上看,孔子已提出了"忠"与"恕"的原则,所谓"忠",即"己欲立而立人,己欲达而达人",其内在的趋向是由己而及人,以自己的价值理想影响、作用他人,使之成为自我与他人共同追求的目标;"恕"则指"己所不欲,勿施于人",尽管它还没有完全摆脱以我观之,但其中又包含尊重他人意愿、避免干预他人之意。[①] 前者展示的

---

① 参见《论语·颜渊》。

是积极的方面,但仅仅以此为原则,似乎容易导致将自己的理想或价值观念强加于人,从而走向独断;后者体现的是消极的一面,它对于前者("己欲立而立人,己欲达而达人"①)所蕴含的负面趋向显然具有抑制作用,但单纯坚持这一方面,也可能导向悬置价值的理想。孔子将二者的统一视为实现仁道的途径和方式("仁之方"),多少内含着某种避免"积极"进路与"消极"形式各自片面性的意向。尽管孔子并未越出以成圣规定成人的思维模式,但在"为仁"的途径、方式上,其以上看法显然体现了思想的深沉性。以"忠"("己欲立而立人,己欲达而达人")与"恕"("己所不欲,勿施于人")互补、统一的视域具体地理解个性的自由发展,便可以进一步注意到,这一过程一方面离不开价值理想的引导与价值创造的展开,另一方面又应当充分尊重个体的内在特点,避免以独断、强制的取向消解个体存在的多样性、具体性。进而言之,在肯定价值理想与价值创造的同时,不能将其抽象化、绝对化,而应当把它们置于历史过程中加以理解。这里既蕴含着积极自由与消极自由的某种交融,又表现为对二者的双重扬弃。

以自由个性为指向的成己过程,从价值内涵与历史衍化等方面具体展示了个体的存在意义。如果说,个体先于目的主要在本体论的层面突显了个体的价值意义,那么,与个人的全面发展相联系的自由个性,则赋予这种意义以具体的、实质的内蕴。以扬弃人的依赖性与物的依赖性为前提,自由的个性既体现了人的目的性规定,又折射了社会形态的变迁和发展,个体存在的意义由此获得了更为深广的价值内涵与历史意蕴。意义的如上生成过程,进一步从个体存在的层面展示了意义世界的历史之维与价值向度。

---

① 《论语·雍也》。

第七章

成己和成物：意义世界的价值走向

　　自由的个性以及人性能力、内在境界，都较为直接地牵连着自我的空间或个人的领域，并在更广意义上关乎个体之域与公共空间的区分和互动。作为社会领域的相关方面，个体之域和公共空间同时为成己与成物的历史过程提供了具体的背景。就其现实形态而言，成己与成物离不开多样的社会资源，资源的获取、占有、分配则涉及社会正义。与成己和成物的统一相应，公共领域和个体领域并非彼此隔绝，自我实现与社会正义也非相互疏离。从社会的衍化看，正义本身具有历史性，并将随着历史的演进而被超越。以社会资源或物质财富的高度增长为历史前提，人的存在价值的真正实现，具体地表现为人的自由发展，后者既以成就自我为内容，也以成就世界为指向。在每个人的自由发展与一切人自由发展的互动中,成己与成物作为意义世界生成的历史过程而获得了更为深沉的价值内涵。

一　个体之域与成己过程

历史地看,私人领域曾被理解为与政治领域相对的社会之域,按哈贝马斯的考查,近代苏格兰的哲学家便将与公共权力相对的市民社会(civil society)视为私人领域。① 在另一些视域中,私人领域则与私人性生活相联系,其特点在于退隐于公共的世界或非暴露于公众:"私人领域与公共领域的区分相当于应该显现出来的东西与应该隐藏起来的东西之间的区分。"②与私人领域相对的公共领域,则或者被视为区别于社会领域的政治领域,③或者被理解为呈现于外并将人聚集在一起的"共同的世界"④,或者被规定为"介于国家与社会之间进行调节的一个领域",这一领域向所有公民开放,公众及公共意见均形成于其中。⑤ 本章所讨论的"个人之域"(或私人领域)以及"公共之域"(或公共领域)与近代以来社会政治论域中的"私人领域"和"公共领域"既有相通之处,又非完全重合。大致而言,关于个体之域

① 参见〔德〕哈贝马斯:《公共领域的结构和转型》,曹卫东译,学林出版社,1999 年,第 12 页。

② 参见〔美〕阿伦特:《公共领域和私人领域》,《文化与公共性》,生活・读书・新知三联书店,1998 年,第 100—101 页。

③ 参见〔加〕威尔・金里卡:《当代政治哲学》,刘莘译,上海三联书店,2004 年,第 691 页。

④ 〔美〕阿伦特:《公共领域和私人领域》,《文化与公共性》,生活・读书・新知三联书店,1998 年,第 84 页。

⑤ 参见〔德〕哈贝马斯:《公共领域(1964)》,《文化与公共性》,生活・读书・新知三联书店,1998 年,第 125—126 页。

（或私人领域）与公共之域（或公共领域），本书所侧重的，主要是个人与社会之分。这一视域中的个体之域或私人之域涉及与个人相关的各个方面，后者既非直接呈现或展开于社会之中，也不能完全为社会所控制和支配。与之相对的公共之域，则建立在人与人之间的社会交往、相互作用之上，具有开放性、外在性、公开性等特点。① 如果说，将个人与私人领域联系起来，主要在于指出个人的存在形态中包含着无法消解于社会的方面，那么，从公共之域的角度理解社会，则突出了社会的存在形态所具有的相互交往、共同生活、公开参与等性质。如后文将论述的，个体之域与公共之域并非彼此隔绝，二者的区分本身也具有某种相对性。当然，就个体的存在而言，其自我认同和自我成就往往多方面地关涉上述意义中的个人之域或私人领域。事实上，从现实的形态看，与私人空间相关的精神活动与实践过程，同时构成了成己的重要方面。

如上所述，公共领域或社会领域往往呈现外在的形态，相对于此，个体之域或私人领域的特点则首先体现于内在的观念层面。从内在的观念之维看，品格在个体之域或私人领域之中无疑有独特的意义。此处的品格是就广义而言，既包括伦理之域的德性，也兼及人的多样个性和精神素质。品格的不同形态具有不同的意义，作为伦理品格的德性与善相联系，更多地展示正面的价值意义；洞察力、理解力等精神品格，则具有某种价值中立的特点。但不管其具体的价值内涵如何，品格都与自我的存在无法分离，并相应地呈现个体之维。

这里似乎可以对作为伦理品格的德性与外在的伦理规范作一区分。伦理规范作为普遍的社会准则，具有公共的性质，相形之下，德

---

① 以上述理解为前提，本书在具体行文中对"个体之域"和"私人之域""公共之域"和"社会之域"不再作严格区分。

性作为个体的内在规定,则呈现某种私人性。通常所谓公德,主要与德性所涉及的对象或德性作用的背景相关,就其存在方式而言,作用于外在社会对象、社会关系的德性依然内在于自我,并具有个体性的特点。与以上区分相联系的,是社会的改造与自我的完善之别。社会的改造以体制的变革、社会形态的转换等为内容,涉及的是外在的社会对象;自我的完善如果从伦理层面加以考察,则以德性的培养等为指向,它更多地关涉个体精神的发展、人格的提升。自我的完善当然并非与社会的改造毫不相关,事实上,在社会的改造与自我的完善之间,总是存在着互动的关系。然而,以体制等层面的变革为目标,社会变革毕竟更直接地涉及公共的领域,与之相对的自我完善则首先基于个体自身的要求和努力,并体现为内在德性的培养,后者显然不同于公共性的过程。社会改造与自我完善的以上分别,决定了不能将二者简单等同。一旦把自我的完善理解为社会对人的外在改造,便意味着将私人领域完全公共化。由此导致的结果不仅仅是对私人空间的漠视,而且是对个体与自我的消解。历史上,"腹诽"与"心谤"曾被作为治罪的依据,①所谓"腹诽"、"心谤",涉及的便是个体内在的意识活动,以此问罪,不仅意味着控制个体的内在意识活动,而且也相应地否定了个体可以拥有能够自由思想的内在自我。在极左思潮的影响之下,社会的变革曾伴随着所谓"思想改造"、"灵魂革命"等主张和要求,这些主张和要求往往又被进一步引向对个体的外在灌输、强制,其逻辑的趋向表现为无视或抑制个性,而与后者相联系的则是自我的虚无化。

个体的品格当然不限于伦理之域的德性。与人的存在形态以及

---

① 〔汉〕班固撰,〔唐〕颜师古注,中华书局编辑部点校:《汉书・窦田灌韩传》,中华书局,1962 年,第 2389 页。

实践活动的多样性相应,个体的品格也具有多样的形态。从情感到意志,从理性到直觉,从体验到感受,自我在个性、能力、心理定势、精神素质等方面,都呈现不同的特点。这一层面的个体品格,其形成无疑涉及个体与社会的互动,这种互动包括个体间情感的沟通、通过接受和掌握社会形成的知识成果而培养并提升理性的能力,等等。然而,以上的互动同时又始终基于个体自身的情意体验和所思所悟,无论是个性,抑或其他精神品格,其形成过程和存在形态,都有自身的特点,这种形成过程和存在形态既无法完全公共化、普遍化,也难以纳入整齐划一的外在模式。诚然,内在的精神品格总是以不同的方式展现于广义的知、行过程之中,并通过现实的作用而渗入于公共领域的实践活动,但是,作用并参与公共领域的实践过程,并不意味着精神品格本身也仅仅以公共性为其形态,在作用于外的同时,精神品格总是存在于具体的自我之内。以情感世界而言,自尊、敬重分别涉及对待自我与对待他人的态度。作为真诚的情感体验,它们同时表现为内在于自我的个体性感受,而有别于公共领域中的公众评论或公众意见。这些感受一旦刻意地"展示"于公共之域,便往往流于外在的姿态,具有某种矫饰的意味,从而不再是自我的真情实感。情感体验、精神品格与自我的不可分离性以及它的内在性,使之在存在形态上区别于外在的体制、普遍的规范,具有不同于公共性的个体特点,后者又在更广的意义上构成了人的个性及精神品格多样性、丰富性的根据和前提。

作为社会的存在,个体不仅内含多样的精神品格,而且有着不同的价值关怀,后者具体展开于道德理想、政治信念、人生取向、终极关切、宗教信仰,等等。精神品格主要表现为人的内在存在规定,比较而言,价值关怀更多地涉及意义的追求和理想存在形态的期望。当然,精神品格和价值关怀并非彼此分离,以伦理德性与道德理想的关系而言,二者所呈现的,是互融互渗的关系:伦理德性以道德理想为其题中之义,道德理想在个体之中的形成则基于个体所具有的伦理德性。这种相通性,在更内在的层面又以二者都涉及个体存在为根据:尽管伦理德性与道德理想都包含普遍的、社会的内容,但它们同时又表现为个体性的规定或个体性的追求,并且都只有在具体的个体中,才取得现实的存在形态。

同样,在政治领域,其体制机构、运作过程,无疑具有公共性,但体现一定价值取向的政治信念,却首先与特定个体相联系,表现为个体的追求与期望。个体倾向于什么样的政治理念、选择何种政治理想,固然受到多方面的影响,但这种认同和选择,最终又总是落实于个体自身。作为政治领域的实践主体,自我诚然需要遵循一定的规范,以使自身的行为具有合法性。然而,个体的政治角色与政治意识并非完全重合,在公共的领域履行某种政治职责,也并不意味着其内在的政治意识与之完全同一,例如,君主政体中的政治人物,便可以在参与君主体制内各种政治活动的同时,又接受某种共和的理想。在观念层面,即使政治实践的主体,仍然可以有自我的空间。相对于政治机构及其运作的公共性,以内在政治信念等形式表现出来的价值关怀,无疑具有个体性或私人性,忽视了后者,不仅将抹杀体制事实与政治意识的区分,而且容易导致对政治领域实践过程的简单化理解。

价值关怀的个体之维,在宗教信仰中得到了更内在的体现。宗教作为一种文化现象,有其形之于外的方面,包括宗教组织、宗教仪式、宗教建筑、宗教戒律、宗教活动,等等,这些方面在不同的意义上呈现了公共的、社会的性质。但同时,作为终极关切的体现,宗教又有内在的方面,后者具体地表现为自我的信仰、信念、期望等形态。相对于组织(如教会)、仪式、戒律等的外在性,信仰、信念等更多地渗入了个体在情感上的体验、认同;是否皈依某种宗教、对超验存在抱有何种程度的信仰,都表现为自我在精神领域的不同选择。如果说,以社会组织形态出现的宗教具有公共性质,那么,个体的宗教信仰则具有私人性。如果将信仰等同于公共领域的行为,往往会导致对私人领域的外在干涉,甚至对个体的迫害。欧洲的中世纪,便曾出现把个体信仰加以公共化的趋向,与之相伴随的,常常是对私人空间的各种干预,包括各种形式的宗教迫害。

较之终极关切的形上性质,个体之域的另一些存在形态更多地与日常生活世界相关。就观念的层面而言,首先可以一提的是个人的兴趣、爱好、习惯,等等,从饮食上的个人口味,到服饰上的好尚;从业余的兴趣,到休闲的意向;从作息起居方面的个人习惯,到体育健身方面的嗜好,个人的生活空间以不同的形式得到了体现。作为生命生产与再生产借以实现的形式,日常的生活构成了人在世过程的重要方面,与之相联系的兴趣、习惯、爱好,等等,则赋予日常生活以个性化的特点和丰富、多样的品格。以日常生活的现实展开为背景,兴趣、习惯、爱好,等等,本身也体现了自我的个体性生存方式和存在形态,忽视了自我存在的这一形态,不仅难以达到对日常生活的真实理解,而且将导致个体本身的抽象化。

兴趣、习惯等主要涉及日常存在中意向性的方面,在更现实的方面,人的日常存在还包括各种形式的私人性活动。以家庭生活而言,从家庭成员的就业、收入,到家庭内部的预算、支出;从子女教育,到老人照料;从日常饮食,到旅游休闲;等等,家庭生活展开于不同的层面。这些活动主要表现为私人性的事务,这一点,从家庭预算与政府预算、子女培养与学校教育、家庭中的老人赡养与社区的老人照料等区分中,就不难看到。作为私人性的事务,家庭生活中的以上诸种问题,既不能完全依靠社会来解决,也不能由社会任意地加以干预。同样,个人固然存在于社会之中,但其意念、活动,都有私密性的方面,有些也许不便敞开,有些则不宜公之于众。即使所谓公众人物,其生活也总是有不为公众所知的一面。一般所说的隐私权,便表现为对个体生活私密性的肯定和尊重。广而言之,人与人之间的交往,也并非仅仅表现为公共领域的现象,而是包含个体性与私人性,后者不仅限于私人关系,如私人间的友情、个人之间的彼此感通、朋友间的亲密交往,等等,而且涉及更广的层面,从政治、经济领域的共事、合作,到国际关系中的交往,都往往会渗入个人间关系,包括私人性的情谊或友谊。交往关系的这种个体之维,既表现了公共领域与私人领域关系的交错性、复杂性,也从一个方面展示了人的存在过程中的个体向度。

人的存在中的个体之维,根源于人与人之间关系的外在性。从本体论的层面看,人与人之间的关系既有内在性,又有外在性。个体固然不能离开与他人的关系而存在,而只能存在于关系之中,但他总是包含着不能为关系所同化或消融的方面。关系相对于个体而言,具有为我而存在的一面。个体之间总是存在某种界限:"我"不是"你","你"也不是"我"。这种界限不仅表现在时空上,而且具体化为心理距离、利益差异等。前文曾提及,"我"承担的某些社会角色固然可以为他人所替代,但"我"的个体存在却具有不可替代性。存在与角色的差异从一个方面表现了个体或自我不能完全为关系所消解。

关系中的个体有其内在世界。人与人之间的相互理解、沟通固然需要内在世界的彼此敞开,但敞开之中总是蕴含着不敞开。"我"之中不敞开的方面不仅非关系所能同化,而且构成了理解和沟通所以可能的条件:当"我"完全敞开并相应地取得对象形态时,理解的主体也就不复存在。个体间的沟通至少包含着为他人所理解与理解他人两个方面,如果仅仅注重为他人所理解这一维度,则"我"便仅仅是一种为他的存在(being-for-others),其特性更多地表现为对他人的适应和肯定,而选择、批判、否定等主体性品格则将由此落空。从另一方面看,交往和理解既指向个体间的行为协调,也指向自我内在世界的安顿,单纯地以前者为指归,便很难避免"我"的工具化。

历史地看,专制形态的政治体制往往无视个体之域或私人之域。在前近代的传统社会中,臣民的一切,包括其生活方式、思想观念,都属君权支配的范围,与之相联系的是各种形式的思想钳制;当教权处于至上地位时,个人的信仰往往也被纳入其控制的范围。在纳粹这样的现代极权主义视域中,个人的政治信念、宗教信仰、伦理观念,等等,都构成了支配的对象,个人的全部生活都必须无条件地服从极权下的所谓国家利益。极左思潮中的查抄个人日记、监察私人通信,等等,则以另一种方式表现了对个体之域或私人之域的粗暴干预。所有这些形式,都以公共领域向私人领域的扩张为指向,而在这种扩张之后,则是对个体之域的侵犯甚至消解。

就其现实性而言,人的存在包含多重方面,人与人关系的外在性以及与此相联系的私人性生活虽然在一定意义上使人处于公共领域之外,但同时又赋予人的存在以具体性和现实性。排除了个体性和私人性的人,是抽象的存在,人的自我成就或自我实现,难以建立在抽象的个体之上。从这一方面看,对个体之域或私人之域的尊重和肯定,也构成了成己与成物的重要内容:它意味着扬弃这一过程的抽象性。在这里,确认存在的具体性与肯定成己过程的现实性,表现为同一过程的两个方面。进而言之,成就自我以个体的多方面发展为价值目标,后者既涉及人的社会属性,也关联着个体性规定。从内在德性、能力、精神素质,到政治信念、人生取向、终极关切,从个人趣味到日常习惯,从个人的私密空间,到个体间的感通,自我存在境域所涉及的以上各个方面,同时也是自我成就、自我提升的题中应有之义。略去了与个体之域或私人之域相关的内容,自我便难以避免片面性。历史上,董仲舒曾将"我"与"义"加以等同,认为"义之为言我也",①这里的"义"与应当相联系,主要表现为一种社会的普遍规范,将"我"纳入作为普遍规范的"义",意味着消解自我的个体性品格而将其普遍化。以此为出发点,成己的过程显然无法达到真实的自我。

成就自我同时展开为一个意义的追求过程,自我的实现与意义世界的生成难以相分。无论从观念的形态看,抑或就现实的层面而言,个体的意义世界都非基于片面的自我认同或普遍化的"我",而是与自我的整个存在相联系、以自我的整体认同或全面认同为前提。作为自我认同无法忽略的方面,与个体之域相关的存在规定也渗入自我的意义世界,并构成其真实而具体的内容。要而言之,在成就自我与意义世界的生成过程中,对个体之域的确认和注重既意味着肯定个体存在的具体性,又意味着赋予意义世界本身以多方面性和现实性。

二 社 会 正 义

以自我的完善为指向,成己的现实过程无法离开个体之域或私人之域。然而,承认和尊重私人之域,并不构成自我成就的全部内容。自我的实现和完善既不限于观念的层面,也非仅仅涉及个体的自我认同。作为展开于多重方面的具体过程,成就自我同时基于经济、政治、教育、文化等方面的条件,后者表现为成己过程的现实资源。

---

① 董仲舒撰,朱方舟整理,朱维铮审阅:《春秋繁露·仁义法》,上海书店出版社,2012 年,第 154 页。

资源作为成己的现实条件,具有社会的品格。吉登斯在谈到社会结构时,曾特别指出了其中的两个要素,即规则(rules)与资源(resources)。规则涉及对人的活动的协调,资源则关乎物质产品及物质世界各个方面的控制。① 这里的资源是就整个社会的构成而言,在引申的意义上,也可以将资源理解为成就自我与变革世界的社会前提之一。作为人存在与发展的广义条件,资源的意义本身也是在人的实践过程中获得和体现的。矿石只有进入开采、冶炼的过程,才构成现实的生产资源。同样,唯有当教育的程度直接影响人的潜能的发展以及人在社会中的地位时,教育机会才实际地表现为发展的资源。在这一意义上,资源与人的发展似乎呈现互动的关系:人的发展和潜能的实现离不开现实的资源,资源的意义又由人的实践过程具体赋予。资源与人的以上关系,也决定了资源本身的历史性。从衣食住行这些生存活动的基本形式看,在人类发展的早期,凡能满足蔽体果腹、挡风遮雨等需要者,便构成了人生存与发展的资源。然而,在现代社会,"衣"已不仅仅是蔽体之物,而是同时具有修饰、身份表征等作用;"食"的意义也非单纯的果腹,而是与营养、保健、口味等需要相联系。与之相应,只有同时具有后几方面功能者,才构成满足衣食之需的现实资源。引申而言,随着社会的演进,经济上的财富、政治中的地位、受教育的机会、获得信息的条件,等等,都逐渐构成了与人的存在与发展息息相关的多样资源。

可以看到,人的发展、自我的成就,并不仅仅表现为精神层面的提升过程,它既以一定的社会存在为背景,又离不开经济、政治、文化、教育各个领域的现实资源,后者作为成己与成物过程的历史条件,同时也

① 参见〔英〕安东尼·吉登斯:《社会的构成》,李康、李猛译,生活·读书·新知三联书店,1998 年,第 52—53 页。

从一个方面使这一过程超越了内在心性或观念的层面,获得了具体的内容。如果说,人性能力作为人的本质力量的体现构成了成己(成就自我)与成物(变革世界)所以可能的内在条件,普遍规范作为实然、必然与当然的统一,为成己与成物过程提供了建构性或调节性的引导规则,那么,社会资源则表现为成己与成物的现实基础和物化条件。在成己与成物的过程中,人性能力、普遍规范、社会资源呈现互动的关系。

作为成己与成物过程的现实条件,资源具有社会性。资源的社会品格不仅体现在其作用和意义形成于知与行的历史过程,而且在于其获得、占有和分配总是完成于社会领域。个体的发展固然需要不同的社会资源,但这并不意味着每一个体都可以自然地获得所需的发展资源。如何合理、公正地分配社会资源? 在资源相对有限的历史条件下,这里便涉及正义的问题。诚然,对于正义,可以作多样的理解;历史地看,关于正义内涵的看法,也存在不同的侧重。然而,从实质的层面看,正义问题的核心无疑在于社会资源的合理占有和公正分配。①

就资源与个体的关系而言,其获得、占有与分配,首先涉及个体的权利。可以合理并正当获得、占有的资源,也就是有权利获得或占

---

① 当代哲学家对正义的考察往往展现了不同的视域。以当代批判理论而言,霍尔特强调"承认"在正义中的优先性,弗雷泽则在指出"承认"与"再分配"不可化约的同时,又提出了正义的第三个维度,即政治参与中的代表权或代表资格。(参见〔美〕南茜·弗雷泽,〔德〕阿克塞尔·霍尔特:《再分配,还是承认?》,周穗明译,上海人民出版社,2009 年,第 5—149 页;〔美〕南茜·弗雷泽:《正义的尺度》,欧阳英译,上海人民出版社,2009 年,第 12—34 页)不过,在正义的上述理解中,基本之点依然无法离开社会资源的确认、合理占有或公正分配:"承认"首先与文化层面的身份相关,而"为承认而斗争"(包括承认平等的文化身份),其实质的意义并不仅仅在于争取抽象的名分,而是获得公正分享相关资源的权利;"再分配"从狭义上看,直接涉及的是经济资源的重新调节;代表权或代表资格则指向政治资源的合理共享。这里不难看到资源的合理占有在正义之域中的意义。

有的资源,在此意义上,正义所直接关联的,是人的权利。不难看到,在这里,正义意味着对权利的肯定和尊重。事实上,当柏拉图、亚里士多德将正义理解为得其应得时,似乎也首先着眼于此:得其应得,也就是获得有权利获取者。① 在以上论域中,权利体现于积极和消极两个方面:从积极的方面看,它表现为一种以正当理由为根据的要求,在这一层面,所谓有权利获得,也就是有正当的理由要求得到或获取;从消极的层面看,权利意味着他人或社会不能干预、漠视、限制个体基于自身权利的诸种要求。

在当代哲学中,罗尔斯对正义问题的考察无疑较为系统,而其关注之点,首先也指向人的权利。对罗尔斯而言,功利主义以人的感性意欲为出发点,从而无法达到普遍的正义原则。同时,功利主义又以最大多数人的最大利益为追求目标,从而在逻辑上蕴含着对少数人权利的忽视。与功利主义不同,罗尔斯首先将人视为理性的存在,并将正义与人的理性品格联系起来,认为"只有通过按正当与正义的原则行动,我们显示自己作为自由和平等的理性存在之本质这一愿望才能得到满足"。② 以无知之幕与原初地位的预设为前提,罗尔斯提出了正义的两个基本原则:其一,"每一个人都拥有对于最广泛的、整

① 柏拉图曾把正义理解为"让每一个人得到最适合他的回报",(Plato, *Republic*, 332/c, *The Collected Dialogue of Plato*, Princeton University Press, 1961, p.581)这一看法的实质涵义便是得其应得。亚里士多德将"相同者应给予同等对待"视为正义的题中之义("equals ought to have equality",参见 Aristotle, *Politics*, 1282b30, *The Basic Works of Aristotle*, Random House, 1941, p.1193),而同等对待的具体涵义,则首先体现在根据应得来分配。(参见 Aristotle, *Nicomachean Ethics*, 1131a25, *The Basic Works of Aristotle*, p.1006)以上看法在不同的意义上都蕴含着对个体权利的关注。

② John Rawls, *A Theory of Justice*, The Belknap Press of Harvard University Press, 1971, p.574.

个同等基本自由体系的平等权利,这种自由体系和其他所有人享有的类似体系具有相容性"①;其二,"社会和经济的不平等,应被这样安排,以使它们(1)既能使处于最不利地位的人最大限度地获利,又合乎正义的储存原则;(2)在机会公正平等的条件下,使职务和岗位向所有人开放"。② 这种略显繁复的表述,往往被更简要地概括为正义的自由原则与差异原则,前者(自由原则)指出了正义与平等权利的联系,后者(差异原则)则强调了社会和经济的不平等只有在以下条件下才是正当的,即在该社会系统中处于最不利地位的人能获得可能限度中的最大利益,同时它又能够保证机会的均等。

罗尔斯将平等的权利视为正义的核心,在理论上更侧重于权利的平等之维,相对于此,诺齐克将注重之点更多地转向了权利的个体性。罗尔斯的平等原则与差异原则在逻辑上蕴含着肯定个体间利益的再分配,而在诺齐克看来,获取或拥有的正义具有更本源的意义,他具体地提出了如下的原则:"其一,一个人根据获取的正义原则而获得了某种持有物(a holding),他便有资格拥有该物;其二,一个人根据正义的转让原则,从别人中获得某一持有物,则他便有资格拥有该物;其三,除非通过原则一和原则二的(重复)运用,任何人都没有资格拥有某一持有物。"③合乎以上原则的拥有,便是有资格的拥有,它同时也是正义的拥有。以上正义观念,又被称之为正义的资格理论。

---

① 此句的英文原文为:"Each person is to have an equal right to the most extensive total system of equal basic liberties compatible with a similar system of liberty for all",参见 John Rawls, *A Theory of Justice*, The Belknap Press of Harvard University Press, 1971, p.302。

② 参见 John Rawls, *A Theory of Justice*, The Belknap Press of Harvard University Press, 1971, p.302。

③ R. Nozick, *Anarchy, State, and Utopia*, Basic Books, Inc., Publishers, 1974, p.151.

这里所说的资格,与权利相通,所谓有资格拥有,也就是有权利拥有,而在对权利的以上理解中,个人的拥有权或所有权又被提到重要地位。从逻辑上看,正义的拥有就在于按正义的获取原则或正义的转让原则而拥有,这种表述似乎多少带有某种循环的意味,而其内在的意义则是突出个人的权利(首先是个人的拥有权利)。

在诺齐克那里,正义的这种资格理论同时又与所谓历史原则相联系,后者(历史原则)要求对获取或拥有的以往状况作历史的回溯:"正义的历史原则主张,人们的过去情况或行为能够形成对于事物的不同资格或应得关系。"①尽管诺齐克并没有实际地从历史的角度,对原初的所有关系究竟如何发生这一点作具体的考察,但历史的原则本身却蕴含着向本原回溯的要求。对诺齐克而言,从本源的层面看,最原初的所有权,就是"自我所有"(self-ownership),对人的权利最基本的侵犯,便是侵占人的劳动或迫使人做某种没有报酬的事,因为后者意味着被侵占者或被强制者被他人"部分地拥有":"他们不经过你而作出这种决定使他们成了你的部分所有者,它给予他们对你的一种所有权。"②作为最基本、最原初的权利,自我所有包括人对自己的身体、时间、能力等的所有权,按诺齐克的理解,正是这种所有权,既在历史的层面、又在逻辑上为基于权利的正义提供了出发点。

诺齐克与罗尔斯对正义的考察无疑体现了不同的视域。尽管对功利主义的批评内含着超越忽视少数人或个体权利的视域,但就总体而言,罗尔斯侧重于在形式的、程序的层面规定正义:从强调人是理性的存在、预设无知之幕和原初状态,到以契约的方式确定正义原

---

① R. Nozick, *Anarchy*, *State*, *and Utopia*, Basic Books, Inc., Publishers, 1974, p.155.

② Ibid., p.172.

则,都体现了对普遍形式、程序的注重。相形之下,诺齐克通过突出"自我所有",将人的存在(首先是个体的存在)作为前提引入了正义的论域,从而对正义的实质层面有所涉及。不过,诺齐克所说的"自我所有",本身仍具有抽象的性质。在其现实性上,个体一开始便不是孤立的存在,他所"拥有"或"所有"的,也并不是纯粹的个体之物或个体性规定。就个体所"拥有"的最基本的方面——生命、身体而言,其获得、生成,便并非仅仅以自我本身为源,儒家所谓"身体发肤,受之父母,不敢毁伤"①,便已指出了生命、身体的超个体性这一面。从自我所拥有的个体能力看,其形成也并非仅仅以自然禀赋为条件,而是涉及社会的教育、影响、历史地形成的认识成果,等等。此外,"自我所有"所蕴含的"拥有"自身,与实践关系中的"运用"自身也不同,即使个体"拥有"自身,也并不意味着他可以随意地"运用"自身:我可以"拥有"双腿,却不能在未经准许的条件下,随心所欲地"运用"我的双腿进入他人的私宅;"身"的运用(广义的"行"或实践)总是受到各种社会条件的制约。在以上方面,自我所有都仅具有相对的意义。尽管诺齐克表现出对历史性的某种关注,但将正义所涉及的个体权利建立在这种抽象的"自我所有"之上,显然仍缺乏现实的社会历史意识。②

———————

① 《孝经》。

② 康德曾对人的自我所有观念提出了批评,在他看来,"人不是自己的所有物",因为"如果人是自己的所有物,那么,人就成了他可以拥有的物。"从现实的形态说,"人不可能既是个人,又是物;既是拥有者,又是被拥有之物。"(参见 Kant, *Lectures on Ethics*, Translated by Louis Infield, Hackett Publishing Company, 1963, p.165)这里同时涉及价值的视域与逻辑的视域:从价值视域看,人不是物,把自我作为所有物,意味着将人等同于物;从逻辑的视域看,既是拥有者,又是被拥有之物蕴含着逻辑上的悖论。康德的以上看法似乎也提供了分析诺齐克论点的一个角度,以此为前提考察诺齐克的"自我所有",亦可注意到它在逻辑与价值论上的问题。

正义在实质的层面涉及个体发展资源的公正获得和占有,而资源的公正获取和占有,又具体地表现为对个体权利的肯定、尊重和落实。以上视域中的正义,其内在的根据究竟何在? 此处首先应当关注的是个体自主的原则。这里所说的个体自主包括选择和确定自身多方面的发展目标、通过正当地运用自身的能力(包括体力、智力)以实现不同的目标,等等,这些方面具体地表现为个体自由发展的权利。罗尔斯以个体间的自由平等为正义的第一原则,诺齐克以自我所有为正义的出发点,也从不同的方面注意到了这一点,尽管二者在如何理解个体权利上存在分歧,但在肯定个体具有自由发展的权利这一点上,又有相通之处。早期的启蒙思想家如洛克等,在某种意义上亦以此为注重之点。个人的自由发展权利既涉及经济、政治等领域,也包括文化、教育等方面。

然而,作为现实的存在,个体在诺齐克所谓"自我所有"这一本源的层面,便呈现种种的差异:就能力而言,无论是体力,抑或智力,个体之间都非完全同一。马克思已指出这一点:"默认不同等的个人天赋,因而也就默认不同等的工作能力是天然特权。"①如果引入个体存在的社会历史境域,则可以进一步看到,个体的出身、家庭背景、社会关系同样各不相同,可以运用的社会资源也存在种种差别。这些自然的、社会的差异,不仅使个体在自由发展的出发点上彼此相异,而且也使之在价值目标的实际选择以及能力的运用、目标的实现等方面,呈现多样的差别。由此导致的,往往是个体之间在发展资源拥有方面的不平等,经济领域中一部分人的劳动被另一部分人所无偿占有,便具体地表现了这一点。可以看到,基于自主权利的个体自由发

---

① 〔德〕马克思:《哥达纲领批判》,《马克思恩格斯选集》第3卷,1972年,第12页。

展,往往逻辑地导向现实的不平等,这种不平等又将进一步使处于弱势的个体失去自身发展所需要的资源。

　　个体自主所蕴含的以上后果,决定了社会正义无法仅仅建立于其上。如何克服单纯的个体自主原则可能引发的消极趋向?这里似乎可以引出社会正义的另一原则,即人性平等原则。这里的人性,是指人的价值本质,所谓人性平等,也就是承认和肯定人在价值层面的平等性。儒家已较早地注意到这一点。孟子提出性善之说,而人性皆善则意味着从人性上看,人与人之间并无本质的差异。由此出发,孟子进而强调"圣人与我同类"①、"尧舜与人同耳"②。这里的着重之点在于从"同"的角度理解人与人(包括圣人与普通人)之间的关系。如果扬弃其对人的抽象理解,则不难看到,这种看法也在某种意义上渗入了人性平等的观念。就其现实形态而言,个体之间诚然有天赋、能力、社会背景等方面的差异,但人本身即是目的,在自身即目的这一价值的层面,人与人本质上是相互平等的。对个体来说,人在价值层面的这种平等性,为其平等地获得和接受发展资源提供了内在根据;从社会的层面看,这种平等性则构成了社会公正地分配个体发展所需资源的前提。如前所述,个体自主的原则确认了个体自由发展的权利。相对于此,人性平等则肯定了个体获得发展资源的权利。前者意味着:限制、否定个体的自由发展是非正义的,因为它剥夺了个体的自主权利;后者则表明:让个体失去发展的资源同样是不正义的,因为它未能保障基于人性平等(价值平等)的个体获取权利。

　　基于人性平等(人在价值上的平等性)的个体获取权利,无疑涉及社会对资源的分配与再分配。罗尔斯的差异原则,在某种意义上

---

① 《孟子·告子上》。
② 《孟子·离娄下》。

也关乎这种分配。不过,罗尔斯同时又强调,"差异原则事实上代表了一种协议,即把自然天赋作为共同的资产来分配,而且,不管其分配的结果如何,都共同分享这种分配的利益"①。在诺齐克看来,这一意义上的差异原则,便意味着对个体的不正当剥夺。从理论上看,罗尔斯对社会分配的如上理解,显然未能把握问题的实质。这里的前提,首先在于分辨"自然天赋"与人的现实能力,自然的禀赋固然构成了个体发展的某种开端,但它本身还不是现实的能力,这一点,在谈到诺齐克所预设的"自我所有"时已作了分析。人的现实能力的形成,总是基于多方面的社会背景和前提,并且离不开社会的具体制约和影响。从历史地积累起来的知识成果,到文化教育、社会实践,等等,这些社会历史的因素都以不同的方式渗入于个体现实能力的形成过程。从上述意义看,个体在能力等方面的差异,并不完全由个体的自然天赋所决定,而是一开始便包含着社会的参与、体现了社会的作用。进而论之,个体能力的运用,自我才干的施展,也受到社会条件的多方面制约。与此相应,在人的自由发展中具有优势并由此占有更多资源的个体,其所达到的成果,并非仅仅归属于该个体,而是同时具有社会的性质(表现为某种社会的"共同资产"),正是这一点,为社会的再分配与社会的调节提供了内在的根据。不难看到,作为"共同资产"进入社会分配和社会调节过程的,并不是罗尔斯所谓的"自然天赋",而是具有社会品格的现实能力所产生的社会资源,也正是这一事实,决定了这种分配和调节不同于诺齐克所谓对个体的剥夺。

不难注意到,正义在实质的层面无法离开权利,个体自主与人性

①　John Rawls, *A Theory of Justice*, The Belknap Press of Harvard University Press, 1971, p.101.

平等则从不同的方面构成了个体基本权利的根据。离开了个体自主,个体自由发展的权利将难以落实;漠视人性平等,则个体获得发展资源的权利便无法保障,在此意义上,个体自主的原则与人性平等的原则无疑构成了社会正义的双重前提。

历史地看,早期的启蒙思想家在自然法、天赋人权等预设之下,将个人的自由、个体的权利提到了突出地位①,洛克所肯定的个人权利,便包括生存的权利,享有自由的权利以及财产权等。这种权利观念的核心之一,是个人的自由发展,后来的市场经济则从一个方面为这种权利的具体落实,提供了现实的空间。然而,市场经济固然在形式上构成了个人自由驰骋的疆域,但由于前文提及的个体差异及社会的限定,形式上的个人自由在历史过程中所导致的是实质的不公正。19、20世纪的工人运动和更广意义上的社会主义运动,可以看作是对种权利观念及其后果的历史回应。与上述运动相联系的,是对个体的社会保障权利的突出,后者包含个体从社会中获取其生存、发展资源的权利:它要求社会给予在市场化的自由发展中被剥夺或处于弱势的个体以他们应得的资源。近代以来权利观念的以上衍化既折射了社会的现实变迁,也从历史的层面涉及了个体自主与人性平等(价值平等)的社会正义原则。

就理论的视域而言,上述论域中的社会正义,涉及权利、正当与善的关系。在形式的层面,正当往往与普遍的原则、规范相联系,这一意义上的正当,主要被理解为合乎普遍的原则或规范。正当同时又与权利相关,在此意义上,正当便表现为对人应有权利的承认和维

---

① 登特列夫已指出了自然法与权利观念的联系,认为自然法理论实质上"是有关权利的一套理论"。(参见〔英〕登特列夫:《自然法法律哲学导论》,李日章、梁捷、王利译,新星出版社,2008年,第68页)

护,西方哲学语境中的"right"既表示权利,又有正当之义,似乎也表现了二者之间的联系。同样,在中国哲学中,一方面,礼和义作为普遍的规范为个人的权利规定了界限;另一方面,合乎礼与义,又体现了行为的正当性,其中也蕴含着权利与正当的统一。善作为正面的价值,不限于道德之域,它的范围在广义上包括对人的存在具有正面价值意义(有利于人的存在与发展)的所有存在形态。以人的正当权利的确认与保障为内容,正义在实质的层面同时指向善,而人存在与发展的资源,便是上述广义之善的具体体现。罗尔斯的正义理论固然也注意到了善,但同时又强调"正当的概念优先于善的概念"①,这种看法似乎未能完全把握正当与善的统一。从逻辑上看,上述思维趋向与罗尔斯注重正义的形式之维(程序正义)显然不无关系:当形式、程序成为首要的方面时,实质意义上的善便难以获得同等的关注。然而,以形式与实质的统一为前提,则权利、正当与善,便都构成了正义的题中应有之义:对权利和正当的肯定,无法与现实的善相分离。

要而言之,人的生存、个体的发展、自我的成就离不开必要的社会资源,后者体现于经济、政治、文化各个方面;社会资源的合理获得与分配,又进一步构成了社会正义的实质内涵。社会资源的获得与占有,一开始便与个体的权利相联系:资源的公正分配,体现的是个体的正当权利;相应于此,社会正义也以个体权利的确认和尊重为其题中之义。从总体上看,个体的权利既表现为自由发展,又以资源的平等获取为内容,二者分别基于个体自主的原则与人性平等(价值平等)的原则。作为个体权利之本,个体自主与人性平等同时构成了社会正义的内在根据。

---

① 参见 John Rawls, *A Theory of Justice*, The Belknap Press of Harvard University Press, 1971, p.396。

三　个体之域与社会之域

以社会资源的公正分配为指向,社会正义从发展资源的合理占有等方面为成己过程提供了某种担保。在更广的意义上,社会正义又可以视为正当的社会秩序的表征:正义的社会形态不仅在形式的层面,而且也在价值的层面表现了社会的有序性。作为存在的形态,社会的有序性既关乎成物的过程,又涉及个体之域与公共之域的关系。

从现实的形态看,个体之域与公共之域固然有不同的规定和内涵,但并非互不相关。以前文提及的个体能力而言,它既与个体的自然禀赋等相联系,又表现为个体在本体论意义上的存在规定,从而无法与个体相分离。然而,如前所述,从能力的形成,到能力的运用,都基于一定的社会背景和条件,从而难以离开公共之域。广而言之,观念作为个人的所思所想,具有个体性的品格,其形成、提出都需要通过个体的意识活动而完成,并首先存在于个体之域。任何对个体观念的强行禁绝或强制灌输,都同时表现为对个体之域的干预和侵犯。但是,个体观念的形成,都既以已有的思想、知识系统为前提,又受到现实的存在形态的制约。同时,个体的观念形成之后,又可以通过各种形式的表达、交流、传播,对公共领域中的他人产生不同的影响,从而获得某种公共性的品格。

个体之域与公共之域的相关性不仅体现于观念性的层面,而且更深刻地表现于实践的领域。这里首先可以一提的是经济领域的实践活动。在生产资料私人占有的条件下,生产的规划、产品的交换、流通,都属于私人性的经营活动,企业生产什么、以何种价格交换产品,等等,都由企业的所有者决定,他人无法干预。然而,企业的经营活动同时又构成了整个社会经济结构的一个单位,其生产、流通既受到别的经济实体乃至整个社会结构的制约,又对社会领域其他的经济运行过程产生多重方面的影响。在这里,私人性的经济活动与公共性的经济运行,同样呈现了内在的相关性。

以上情形表明,个体之域与公共之域既非截然隔绝,也非完全不可转换。然而,在区分私人领域与公共领域之时,一些哲学家往往对二者的内在相关性未能给予必要的注意。在对政治与伦理关系的看法中,这一点表现得尤为明显。罗尔斯在谈到道德与政治的关系时,便将作为道德主体的个人与政治上的公民区分开来,认为道德个体与道德人格相联系,公民作为政治及法律的身份,则主要涉及政治权利与政治义务。① 对罗尔斯而言,正义首先体现于公共领域;与政治和道德的如上分野相应,罗尔斯主张:"我们应该尽可能把公共的正义观念表述为独立于各完备性宗教学说、哲学学说和道德学说之外的观念。"②在这里,政治主要被归入公共领域,而道德、宗教等则被定位于私人领域。按照这一理解,人格、德性作为个体领域的规定,主要与私人性的信念、选择相联系,而与公共领域的政治实践无实质的关系。

在其现实性上,政治、法律领域的公民,与道德领域的个人,并不是以彼此分裂的形式存在:二者表现为同一个体的不同"在"世方式。作为具体的存在,人总是参与不同的实践生活,并在社会实践的多方面展开中,形成了多重的"身份"和角色,政治领域的公民与道德领域的个人,也可以视为广义上的不同"身份"或角色。作为同一存在的

---

① 参见〔美〕约翰·罗尔斯:《政治自由主义》,万俊人译,译林出版社,2000年,第31—32页。

② 同上,第153页。

不同形态,这些不同的角色或身份具有本体论上的相关性,这种相关性,同时也使身份之后的存在领域难以相互分离。孔子曾提出:"君君、臣臣;父父、子子。"①这里的君、臣、父、子,都同时表现为一种身份,前二者(君、臣)存在于政治关系之中,后二者(父与子)则体现于伦理关系。当孔子将君臣与父子彼此联系起来时,他也在实质上肯定了政治领域与伦理领域的互融。事实上,儒家确实已较早地注意到政治与伦理的统一性。尽管伦理与政治的交融在某些情况下可能会影响对政治实践领域特点的深入把握,但它确乎又有见于在现实的形态中二者的相关性。

从历史上看,儒家在肯定政治与伦理相关性的同时,也对二者在政治实践中的关联,作了多方面的考察。孟子在谈到治国过程时,便特别指出其中所运用的规范与道德人格之间的相关性:"规矩,方圆之至也;圣人,人伦之至也。欲为君,尽君道;欲为臣,尽臣道,二者皆法尧舜而已矣。"②规矩本来是工匠测定方圆的准则,引申为一般的行为规范,圣人是指完美的理想人格,"法"则有依循、仿效之意。孟子将圣人与规矩加以对应,蕴含着如下之意:在"为君"、"为臣"这一类政治实践中,行为规范可以取得道德人格的形式。换言之,道德人格能够被赋予某种规范的意义:当圣人成为效法对象时,他同时也对如何"为君"、如何"为臣"的政治实践具有了范导、制约的功能。

赋予人格以规范的意义,意味着确认道德品格在政治实践中的作用。从另一方面看,规范本身的作用,也存在如何约束和调节的问题。孟子曾以技艺或技术性活动为例,对此作了阐释:"矢人岂不仁于函人哉?矢人唯恐不伤人,函人唯恐伤人。巫、匠亦然。故术不可

---

① 《论语·颜渊》。
② 《孟子·离娄上》。

不慎也。"①制造弓箭者总是希望自己所制的弓箭能置人于死地,而盔甲的制造者则每每担心自己所制的盔甲不能使人免受弓箭的伤害,这并不是因为弓箭的制造者比盔甲的制造者更残忍,而是其从事的特定之"术"使然。在这里,孟子似乎已注意到,"术"作为程序性的结构,有其自身的运作模式,一旦完全陷于"术"之中,则往往会身不由己地受"术"所支配。质言之,"术"本来为人所用,但若无道德原则的制约,则往往会导致对人本身的否定,所谓"术不可不慎"之说,便是基于以上事实。运用"术"的活动在宽泛意义上具有公共性,然而它的合理定向,却离不开个体内在的价值观念。广而言之,政治实践也包含着与"术"相联系的程序性活动,其中不仅涉及公共之域与个体之域的关系,而且关乎政治运作与道德观念的关系。也正是以上述思考为前提,孟子对自我的修养予以了相当的关注:"君子之守,修其身而天下平。"②平天下属于广义的政治实践,修身则是个体的道德完善。以修身为平天下的前提,进一步表明政治实践无法离开道德的制约。

孟子以为修其身则天下平,无疑表现出过分强调道德修养作用的倾向。然而,肯定人格修养在政治实践中的意义,却并非毫无所见。人既是政治法制关系中的存在,也有其道德的面向,作为人的存在的相关方面,这些规定并非彼此悬隔,本体论上的这种存在方式,决定了人的政治生活和道德生活不能截然分离。从制度本身的运作来看,它固然涉及非人格的形式化结构,但在其运作过程中同时也处处包含着人的参与,作为参与的主体,人自身的品格、德性总是不同程度地影响着参与的过程,在此意义上,体制组织的合理运作既有其

---

① 《孟子·公孙丑上》。
② 《孟子·尽心下》。

形式化的、程序性的前提,也需要道德的担保和制衡;①离开了道德等因素的制约,政治体制运行的理性化只能在技术或工具层面得到实现,从而难以避免片面性。同时,在仅仅关注体制运作的形式、程序的背景下,体现价值内涵的实质正义也无法充分地得到实现。

个体修养与公共领域的关联,不仅仅体现在政治实践领域,而且渗入于更广意义上的社会生活。以现代社会而言,公共政策的实施和落实,需要得到一般社会成员的理解和支持,人的内在品格、精神素质在这一过程中具有不可忽视的作用。威尔·金里卡曾对此作了具体的分析:"公共政策在许多方面实际上都有赖于个人对自己的生活方式作出负责的决定:如果公民们不以有利于自己健康的方式而负责地生活,譬如,摄取健康饮食、经常锻炼、限制自己的烟酒量,国家就无法提供足够的保健措施;如果公民们不同意分担照顾亲属的责任,国家就无法满足儿童、老年人或残疾人的需要;如果公民们不愿意降低自己的消费量、重新使用循环再生的产品,国家就无法保护环境;如果公民们不节制自己的贷款或对工资增长提出过分要求,政府管理经济的能力就要受到削弱;如果公民们逐渐对差异性失去宽容并且普遍缺乏正义感,创建一个更公平社会的企图就会困难重重。"②从生活方式的选择,到家庭伦理责任的确认;从环保意识,到消费取向,等等,所有这些方面,都首先表现为个体之域的观念,然而,它们同时又以不同的方式、在不同的程度上影响和制约着公共之域的实践。在这里,个体之域的观念、意识、品格无疑体现了对公共之

---

① 参见杨国荣:《伦理与存在——道德哲学研究》第一章第四节,上海人民出版社,2002 年。

② 〔加〕威尔·金里卡:《当代政治哲学》,刘莘译,上海三联书店,2004 年,第 513—514 页。

域的社会生活的实质作用,而个体的正义感与公平社会的互动,则在更深的层面展示了以上关联。

在公民的资格理论中,公民的品格进一步被提到重要的地位。作为获得政治、法律资格的前提,公民身份并不仅仅表现为一种静态的规定,而是与实践活动紧密相关,当特纳认为"公民身份可以定义为各种实践的集合"时,[①]无疑亦有见于此。只有在实践活动中,个体才能实际地融入社会生活,成为国家这一类政治共同体的成员。以实践中的现实化为特点,公民身份的形成与确证,涉及多方面的品格或素质。威廉姆·甘斯便认为,公民资格需要具备相关的品德,包括一般品德(勇气、守法、诚信)、社会品德(独立、思想开通)、经济品德(工作伦理、有能力自我约束、有能力适应经济与技术变迁),政治品德(有能力弄清和尊重他人的权利、具有从事公共讨论的意愿,等等)。[②] 泰勒则将"对决策者形成有效影响"的能力,视为公民应有的素质。[③] 品德或素质作为个体性的规定,属私人之域,但它们又分别涉及不同层面的社会生活:品德的多样性在某种意义上对应于社会生活的多元性。一定领域社会生活的有效展开和运行,需要其中的个体具备相关的品格,而个体具有何种品格,又总是对社会生活产生相应的影响。质言之,社会生活参与者所具有的精神素质,必然会在社会生活本身的展开过程中打上自己的印记。

---

① 〔英〕布赖恩·特纳:《公民身份理论的当代问题》,载〔英〕布赖恩·特纳编,郭忠华、蒋红军译:《公民身份与社会理论》,吉林出版集团有限责任公司,2007年,第2页。

② 参见〔加〕威尔·金里卡:《当代政治哲学》,刘莘译,上海三联书店,2004年,第519页。

③ 参见 Charles Taylor, "The Liberal-communitarian Debate", in *Liberalism and the Moral Life*, edited by N. Rosenblum, Harvard University Press, 1989, p.178。

对个体品格与社会生活(包括政治实践)的以上关系,一些哲学家未能充分地加以理解。从区分公共领域与私人领域出发,他们往往忽视了个体的内在品格、精神素质对于公共之域的作用,仅仅或主要强调公共之域对个体的塑造。在罗尔斯那里,我们便多少可以看到这一倾向。政治社会结构是罗尔斯关注的重要领域,对罗尔斯而言,这种结构的作用之一,便是塑造作为个体的公民:"基本结构的各种制度具有着深刻而长远的社会效果,并在一些根本方面塑造着公民的品格和目的,亦即塑造着他们所是的和渴望成为的那种个人。"①一方面,前文已提及,在罗尔斯看来,道德人格属政治领域之外的存在形态;另一方面,个体品格却可以由社会政治结构来塑造,公共之域与个体之域在此呈现单向的作用关系。这种看法虽不同于以公共之域干预个体之域,但对公共之域与个体之域的互动,却未能具体地把握。

不难看到,作为成己与成物的现实背景,公共领域与私人领域具有不同的向度。从存在形态看,二者的关系,首先体现于内在性和外在性。以个体的情意、信念、取向、价值关怀、品格、德性等为内容,私人之域取得了观念的形式;在这一层面,它同时内在于个体的精神世界,并相应地呈现内在性的特点。比较而言,公共领域则更多地展现于相互交流、共同生活、公开参与等社会交往和社会实践过程,从而超越了个体之域和内在之维,具有外在性的特点。与之相关的是个人与社会的关系:相对于私人领域的个人维度,公共领域同时表现为社会之域。当然,二者的区分也具有相对性:同一观念,作为个人的所思所想,属个体之域,但一旦表达出来,便进入公共之域。在此意义上,个体之域与公共领域不同于界限分明的空间区域,而是同时在

---

① 〔美〕罗尔斯:《政治自由主义》,万俊人译,译林出版社,2000 年,第 71—72 页。

实质的层面表现为个体性与公共性等存在规定。就成己与成物的过程而言,个体之域的确认,蕴含着对人的独特个性的关注。前文(第六章)曾对个体与个性的关系作了考察,与之相联系,这里可以进而对一般层面的人性与人的独特个性作一区分。一般层面的人性体现了人的类的本质,并由此将人与其他存在(物)区分开来,人的独特个性则与个体的特定存在过程,包括他在社会结构中的身份、角色、精神世界等相联系,体现了存在的具体性。如果说,个体之域以及与之相关的独特个性决定了成己过程总是基于个体的意愿和理想、自我的选择和追求,那么,个体存在与公共之域的关联,则使成己的过程始终难以离开社会的引导和制约。

个体选择与社会引导、自我努力与社会制约的统一,主要从成己的方面体现了个体之域与社会之域的关联。从更广的视域看,个体之域与社会之域又涉及成物的过程。事实上,社会正义的落实,同时具有成物的意义。就社会正义本身而言,其实现则同样关乎个体领域与公共领域。按其实质的内涵,正义不仅以个体权利为关注之点,而且表现为社会领域中合理秩序的建立,从而,内在地关联着个体领域与公共领域。个体的完善展开于各个方面,它一方面基于其独特的个性,另一方面又离不开现实的条件,后者包括发展资源的合理获得与占有。不难看到,这里蕴含着个体之域与公共之域、成己与成物、自我实现与社会正义的交融和互动。从现实的形态看,个体之域与公共之域的统一既从一个方面体现了社会正义,又构成了正义所以可能的前提。

四　意义世界与自由之境

以个体之域与公共之域的统一为前提,正义渗入于社会生活的不同方面,并在某种意义上体现了社会的秩序。然而,从历史的层面看,正义同时又是社会衍化过程中的一种历史形态,其存在并不具有终极的性质。作为历史发展中的产物,正义本身也将随着历史的进一步演进而被超越。

正义的历史性,首先与正义存在根据和理由的历史性相联系。如前所述,在实质的层面,正义涉及人存在与发展所需各种资源的获得、占有与分配。具体而言,它以资源的有限性以及有限的资源与人的发展需要之间的张力为历史前提:当一定时期社会所拥有的资源无法充分满足所有个体发展需要时,有限资源如何公正地获得、分配便成为社会需要解决的问题,以上背景同时构成了正义所以必要的历史根据。在社会的发展使其拥有的资源在实质上能充分满足成己与成物的需要、从而社会所具有的现实资源和个体发展之间的张力得到实质的化解之时,正义原则本身也就不再表现为社会所需要的调节原理,从而将由此淡出历史。

不难看到,正义的超越,首先以社会资源的充分发展和积累为其前提。就资源的获得与分配而言,正义以得其应得为原则。所谓应得,也就是有权利获得或有资格获得,这里的基本之点在于权利。在社会所具有的资源难以充分满足个体发展需要的条件下,按个人所拥有的权利来分配通常被理解为保证公正的原则。然而,一旦社会资源得到充分发展和积累,则资源本身的分配,便无需继续以权利为依据,而是可以按照个体存在与发展的需要来实施,当马克思将"集体财富的一切源泉都充分涌流"与"按需分配"联系起来时,①便表明了这一点。作为以需要为依据的资源分配原则,"按需分配"无疑已

---

① 参见〔德〕马克思:《哥达纲领批判》,《马克思恩格斯选集》第 3 卷,人民出版社,1972 年,第 12 页。

超越了基于权利的正义视域,体现了实质层面的平等。

正义主要与已有资源的占有、分配、调节相联系,相对于此,"按需分配"以及与之相联系的实质平等作为对正义的超越,则首先基于资源本身的发展、积累。从历史的衍化看,资源的发展、积累显然更多地展示了本源的意义。然而,社会资源的发展能否对正义的超越提供如上前提? 一些哲学家对此表示怀疑并提出了责难。在这方面,柯亨具有一定的代表性。按柯亨的理解,马克思认为在物质高度富裕的状态下可以消除正义问题,这是一种"技术麻醉剂"。在他看来,"'集体财富的一切源泉'可能永远不能'充分涌流'"。① 柯亨以上立论的根据之一,是所谓生态危机等现象已使"我们不能像马克思一样在物质的可能性上保持乐观主义"②。概而言之,对柯亨来说,物质财富的发展必然是有限的,从而,以此为前提的实质平等也无法真正实现。

这里首先似乎应该对社会资源或物质财富的无穷膨胀与它们发展的无止境性作一区分。社会资源或物质财富的无穷膨胀意味着通过物质资料和能源的无节制消耗而在量上无限扩展和增加,发展的无止境性则是指物质财富的发展总是不断超越已有的限度,无法预先为其规定一个界限或终点。前者蕴含着物质财富在一定时期可以达到量上无限化的乐观确信,后者则肯定了物质资源发展的过程性,拒绝人为地规定界限、终止过程。历史地看,随着对世界认识的逐渐深化以及变革世界力量的日益增强,人类总是不断超越既成界限,走向新的发展阶段。一定阶段出现的问题,也总是能够在进一步的发

---

① 〔英〕G.A 柯亨:《自我所有、自由和平等》,李朝晖译,东方出版社,2008年,第145—147页。

② 同上,第12页。

展中逐渐解决。在消极的方面,可以将近代工业革命的后果及其克服作为一个历史事例:工业革命在其初起及展开过程中曾出现了各种问题,如城市中烟尘的弥漫和笼罩、森林被大量砍伐、河流因污染而黑臭,等等。然而,随着现代化过程的进一步深化,这些现象在现代化起步较早的国家中已逐渐成为历史。同样,今天所面临的各种新的生态问题,也正在日益得到关注并开始逐步提到解决的日程,尽管这些问题的完全解决将是一个漫长的过程。从积极的方面看,物质财富的增长固然受到资源、能源的各种制约,但这并不意味着可以据此给这种发展设定一个终点。以能源而言,如果仅仅着眼于石油、煤炭等传统能源,则世界无疑将面临能源的短缺等问题,而且这类问题在未来将越来越突出,因为石油等传统能源的储量确实是有限的。然而,如果将太阳能、风力、潮汐等作为未来的多样能源,则问题便会发生实质性的变化:对人类来说,太阳能等能源几乎取之不尽。现代的科技已经表明,太阳能等能源的实际利用在目前尽管有各种技术问题,但并不存在无法逾越的障碍,事实上,新能源的发展,今天正在酝酿某种突破。人类的知、行之域在相当长的时期中曾仅仅展开于有限的空间,然而,近代以来,人却逐渐从地球的这一面走向另一面,并正在一步一步地越出地球,奔向浩瀚的宇宙。神话(如嫦娥奔月)、科幻小说中的内容,曾长久地被视为遥远的梦想,但现在其中的不少想象已逐渐化为现实。每当人们试图为某一领域的发展规定一个尽头时,进一步的发展却总是会跨越这一尽头。历史表明,以关于世界的现有认识和对世界的现有变革能力而为人类的知、行之域规定一个界限或为人类的知、行过程预设一个终点,无疑过于独断。

　　社会资源与物质财富本身的发展方式,可以进一步区分为基于对自然的片面掠夺而实现的扩张,与依靠资源循环利用而达到的增长。前者表现为单向地消耗资源,其结果是难以持续性地发展;后者则以资源的可再生性与发展的可持续性为指向。从资源的层面看,增长的极限,首先导源于对资源的无节制消耗、掠夺性利用:在单向消耗的模式下,资源显然蕴含着被耗尽的可能。如果超越单向消耗的方式,以资源的循环运用、资源的可再生性、可持续性等为发展方式,那么,上述意义中的增长极限,便不再表现为一种宿命的形态,反之,"集体财富的一切源泉"之"充分涌流",则有充分的根据加以预期,而不能简单地斥之为"技术麻醉剂"。当然,发展过程总是涉及天(自然)与人(社会)的关系,人的需要和目的与自然之间往往存在某种张力;自然既不会自发地满足人的需要,也不会仅仅以肯定的方式适应人的目的。另一方面,人不可能在某一阶段穷尽对自然的认识,认识自己与认识世界(包括自然)在不同的时期都有其历史性。与以上背景相联系,天与人在走向相合的同时,也无法完全避免相分。事实上,自从人类作为自然的"他者"而走出自然之后,历史的衍化,总是同时表现为天人之间不断由相分而相合、在出现张力之后又重建统一。这种在发展过程中不断重建天与人统一的过程,在未来社会中无疑将以新的形式延续。它同时也表明,社会资源与物质财富的高度增长与发展,本身也将实现于动态的平衡过程之中。

从成己与成物的视域看,资源的增长与化本然之物为现实世界(广义的为我之物)的过程之间存在着历史的联系。作为成己(成就自我)与成物(变革世界)过程的历史成果,以资源的高度增长或物质财富的"充分涌流"为特点的这种存在形态,同时表现为超越了观念之维而具有现实品格的意义世界。就社会的历史演进而言,以上形态的意义世界既是成己与成物过程的历史产物,又作为广义的为我之物构成了成己与成物过程进一步展开的出发点。以人自身的成就与本然之物的人化(合乎人的需要)为指向,成己与成物的过程内在地与人类自身的历史相伴随,从而在本质上具有无止境的性质。与之相联系的意义世界生成过程,同样难以预定终点。

作为意义世界生成的具体形态,资源增长的意义,首先体现于对个体存在与个体发展需要的满足。这里同时涉及如何理解发展需要的问题。以成己与成物为指向,发展的需要本身既有历史性,也与人的价值理想、人生取向、追求目标等相联系,理想、目标的确立,往往规定了相应的需要。就历史的层面而言,初民时代的人,不会有掌握信息技术或欣赏现代艺术的需要。就需要与价值理想的关系而言,对致力于在现实世界中追求自我实现的人来说,宗教意义上的超越关切,不会成为其生活中的主导性需要。与需要受价值理想的制约相联系,人的需要内在地涉及如何合理引导的问题。如果地球上的每一个人都以拥有月球或火星作为自己的目标,那么,不管"财富的一切源泉"如何"充分涌流",达到以上目标所"需要"的条件恐怕都无法完全满足。可以看到,价值理想和价值目标的合理引导、确立,在这里具有无法忽略的意义:社会资源、物质财富的高度增长能否充分满足人的发展需要,与需要本身的合理定位紧密相关。进而言之,价值理想同样存在如何合理确立的问题,如果脱离了现实所提供的可能,价值理想不仅难以实现,而且往往容易导向不同理想之间的冲突。在认识自己与认识世界的过程中达到善与真的的统一,由此形成既包含善的内涵又具有现实根据的价值理想和价值目标,避免价值追求与现实存在以及不同理想之间的冲突,这是一个与社会资源或物质财富充分发展相辅相成的过程。通过二者在历史过程中的互动,社会所提供的资源与个体的需要、理想之间,也将逐渐形成彼此协调的关系。综合起来,在未来社会中,正义的超越、实质平等的实现,既以"集体财富的一切源泉都充分涌流"为前提,又关联着理想和需要的合理引导、调节与定位,如果离开了后一方面,那么,通过物质财富的高度增长来充分满足人的需要、由此实现实质的平等,就会流于抽象、浪漫的空想。

社会资源或物质财富的充分增长与个体需要的价值调节,既从不同的方面为化解资源的有限性与个体发展需要之间的张力提供了前提,也使正义的超越成为可能。如前文所论,正义的原则始终与权利相联系,无论是根据个体自由发展的权利分配资源,还是依照个体从社会获取发展资源的权利来调节资源,正义的体现都基于个体的权利。权利就其本身而言,往往内在地蕴含着张力和冲突:它以自我的肯定和要求为内容,而不同个体之间的要求往往彼此相异,与之相应,对自身权利的坚持与维护,常常容易引向个体间的分离或冲突。布坎南曾指出了这一点:作为权利的承担者,人总是表现为"冲突的潜在一方"。① 正义原则的功能之一,就在于调节与化解由权利的差异而可能引发的紧张与冲突。在此意义上,正义与权利之间的关系似乎具有双重性:它既以对个体正当权利的肯定和尊重为出发点,又调节着不同权利承担者之间的关系。②

与正义和权利的以上关系相应,对正义原则的超越,同时意味着扬弃以权利为中心的视域。在资源的有限性与人的发展需要之间的张力得到历史的化解、实质的平等成为社会的现实之时,需要本身便开始走向关注的中心。按其内涵,权利首先与人的身份、资格、要求相联系,因而更直接地涉及法理关系。相形之下,需要则表现为一种价值规定,它不同于具有主观意义的要求,而更多地呈现为本体论层

---

① 参见 Allen E. Buchanan, *Marx and Justice: the Radical Critique of Liberalism*, Methuen, 1982, pp.75–76。

② 布坎南在注意到权利将导致冲突的同时,又认为正义使相关主体成为难以妥协的权利拥有方,从而使冲突无法避免,这一看法似乎忽视了正义的调节功能。(参见 Allen E. Buchanan, *Marx and Justice: the Radical Critique of Liberalism*, Methuen, 1982, p.178)

面人的存在形态或存在条件：就最本原意义上的生存而言，人的存在"需要"空气、阳光与水，这种需要，同时便构成了人基本的存在条件。如果说，权利体现了人的价值要求，那么，需要则构成了价值的本体论根据或本体论之源。作为本体论规定与价值论规定的统一，需要无疑呈现了某种形而上的意义，而以需要为关注的中心，则意味着在形而上的层面对人的存在价值作本原性的肯定。从历史的角度看，随着社会的价值关注由个体权利转向人的需要，以权利为中心的正义原则也将逐渐退隐。

基于需要的成己与成物过程，当然并不是在未来社会中突兀地呈现。事实上，在社会的历史演进中，已经存在与之相关的某种趋向，这方面可以一提的首先是家庭与个体发展的关系。作为社会的基本单位之一，家庭中的不同成员，也存在资源的获得与分配的问题。然而，即使在市场经济的条件下，家庭之中资源的获取与分配也主要不是以个体权利为依据，而是在更实质的层面基于不同成员的现实需要。蕴含于以上资源获取与分配模式之后的，是一种责任的原则或责任的观念。权利侧重于自我的资格和要求，相对于此，责任所指向的是对他人的关怀和关切，而在资源的分配之中，这种责任和关切具体地便体现于对相关成员现实需要的注重。较之其他社会存在形态或单位，家庭对自身成员发展资源的安排，确乎更多地出于责任、基于需要，在这一社会结构及其运行过程中，我们不难看到对基于权利的正义原则的某种超越。从实质的层面看，家庭确乎主要不是奠基于正义原则之上。以上事实同时也表明，在社会本身的演进中，走向以关注需要为中心的实质平等、真正实现人的存在价值，并不是完全没有任何历史前提与内在的根据。

就更广的意义而言，责任意识与关注需要的以上统一，同时体现了仁道的观念。历史地看，早在先秦，儒学的开创者孔子已提出了仁道的原则,孟子进而将性善说(人皆有"不忍人之心")与仁政主张联系起来,从内在的心理情感与外在的社会关系上展开了孔子所奠定的仁道观念。在汉儒的"先之以博爱,教以仁也"①、宋儒的"民吾同胞,物吾与也"②等信念中,仁道的原则得到了更具体的阐发。仁道的基本精神在于尊重和确认每一个体的内在价值,它既肯定个体自我实现的意愿,又要求个体之间真诚地承认彼此的存在意义。这里不仅蕴含着人是目的这一理性前提,而且渗入了个体之间相互关切的责任意识。值得注意的是,倡导仁道原则的儒学,同时又将家庭伦理放在某种优先的地位,二者的这种联系,也从一个方面显示了仁道原则与超越权利本位、在实质层面确认个体价值之间的相关性。不难看到,在社会的历史演进中,仁道原则与正义原则内含着不同的价值向度。当社会的发展为人的存在价值的真正实现提供历史前提之时,以权利为本的正义原则便将失去存在的根据而被扬弃,而在以上的社会形态中,以存在价值的内在确认为指向的仁道原则,却将在更现实的基础与更深刻的意义上得到体现。

需要指出的是,如前文所论,在更现实的基础与更深刻的意义上实现仁道原则所蕴含的价值趋向,离不开社会资源或物质财富的充分增长。只有当社会所拥有的资源能够充分满足成己与成物的需要之时,权利的关注才可能转向需要的关注,以人的内在存在价值为本的个体发展,也才可能实现。马克思将"集体财富的一切源泉都充分涌流",作为"按需分配"的历史前提,强调的也是这一点。在社会资源或物质财富的增长之外谈个体存在价值的充分实现,往往容易使

---

① 董仲舒撰,朱方舟整理:《春秋繁露·为人者天》,上海书店出版社,2012年,第164页。

② 张载:《正蒙·乾称》,张载著,章锡琛点校:《张载集》,中华书局,1978年,第62页。

价值的关怀流于观念、精神层面的抽象追求,而无法使之获得现实的内涵和具体的历史品格。作为历史中的价值理念,儒家的仁道原则在某种意义上似乎多少表现出如上趋向。以内在的心性为出发点,仁者爱人首先呈现为观念上的关切,成己与成人则主要以精神世界的提升为内容,个体发展的现实前提,往往未能进入其视域。所谓在更现实的基础与更深刻的意义上实现仁道原则所蕴含的价值趋向,同时意味着扬弃仁道原则的以上抽象性。

以社会资源或物质财富的高度增长为历史前提,人的存在价值的真正实现,具体地表现为人的自由发展,后者既指向个体,也展开于个体之间。当《中庸》以"合外内之道"概述成己与成物的统一时,已从形而上的思辨层面,涉及了上述关系。马克思以更为具体的历史视域,对人的以上发展作了考察。在谈到未来社会的存在形态时,马克思曾提出了"自由人联合体"的概念,①并对其内在特征作了如下阐释:"在那里,每个人的自由发展是一切人自由发展的条件。"②从价值内涵看,自由发展意味着将人理解为目的性存在(自身即目的),全面地实现其自身的内在潜能。而社会所拥有的资源能充分满足个体发展的需要,则是这一过程的现实担保。在"自由人的联合体"中,社会资源与个体发展需要之间的张力已经在实质的层面得到化解,个体之间因发展资源的有限性而发生的冲突、对抗也失去了基本的前提。从而,自我存在价值的确认与实现和他人或类的价值的实现不仅彼此相融,而且互为前提:我的自由发展不再是对他人的限制,而是构成了他人发展的条件,与此一致,他人的发展对我也呈现同样的意义。正是在这种互动中,自由人的联合体展示了其历史和价值的

---

① 参见〔德〕马克思:《资本论》第 1 卷,人民出版社,2004 年,第 96 页。
② 参见《马克思恩格斯选集》第 1 卷,人民出版社,1972 年,第 273 页。

内容。

　　作为一个历史过程,每个人的自由发展与一切人自由发展之间的互融、互动,内在地关联着成己与成物的过程。社会正义在一定的历史时期诚然也从一个方面构成了成己与成物的条件,但以权利为关注的中心,使之既难以超越形式意义上的平等和程序层面的公正,也无法担保人的存在意义的充分实现。较之以正义为原则的社会形态,自由人的联合体更多地从实质的层面为存在价值的实现提供了可能。人的自由发展不仅以成就自我为内容,而且以成就世界为指向。在这一过程中,一方面,人的存在与世界之"在"通过人的创造活动不断被赋予更深沉的价值意义;另一方面,广义的意义世界也由此在真正合乎人性的层面进一步生成和提升。以每个人的自由发展与一切人自由发展的互动为背景,自我与社会、个体之域与公共之域、观念层面的意义世界与现实之维的意义世界逐渐走向内在的统一,成己(认识自己与变革自己)与成物(认识世界与变革世界)作为意义世界的生成过程开始真正展开于自由之境。

附录

学以成人^①

本文内含两个基本概念,即"学"与"成人"。学以成人的讨论,既涉及如何理解"学"(何为学),也关乎怎样"成就人"(如何完成人自身)。以中西哲学的相关看法为背景,可以注意到以上论域中的不同思维趋向。由此作进一步考察,则不仅可深化对"学"与"成人"关系的理解,而且将在更广意义上推进对如何成就人自身的思考。

一

"学"在宽泛意义上既涉及外部对象,又与人相

① 本文原载《江汉论坛》,2015 年第 1 期,原标题为:《广义视域中的"学":为学与成人》。

关,"成人"则指成就人自身。从"学"与人的相互关联看,其进路又有所不同。首先可以关注的是以认知或认识为侧重之点的"学",在这一向度,"学"主要表现为知人或认识人,其传统可追溯到古希腊。如所周知,在古希腊的德尔菲神庙之上,镌刻着如下箴言,即"认识你自己"(Know yourself)。这里的"你",可以理解为广义上的人,认识人自身,则旨在把握人之为人的特点。在当时的历史背景之下,对人自身特点的把握,一方面意味着把人和动物区别开来,确认人非动物;另一方面也关乎人和神之别:人既不是动物,也不是神。在此意义上,认识人自己,意味着恰当地定位人自身。

差不多同时,古希腊的哲学家苏格拉底提出了其著名的观点,即"美德即知识"。这里的美德主要是指人之为人的基本规定,正是这种规定,使人区别于其他对象。把人之为人的这种规定(美德)和知识联系起来,体现的是认识论的视域。作为与知识相关的存在,人主要被理解为认识的对象。以"美德即知识"为视域,与人相关的"学",也主要展现了狭义的认识论传统和进路。

在近代西方,对"学"的以上看法,依然得到了某种延续。这里可以简单一提康德的相关问题。康德在哲学上曾提出了四个问题,即我可以知道什么? 我应该做什么? 我能够期望什么? 人是什么? 最后一个问题("人是什么")具有综合性,涉及对人的总体理解和把握。当然,作为近代哲学家,康德对"人"的理解涵盖多重方面,包括从人类学的角度考察人的规定,以及从价值论的层面把握人的价值内涵,在康德关于人是目的的看法中,即体现了后一视域。然而,从实质的层面看,何为人(人是什么)这种提问的方式,仍然主要以认识人为指向:这里的问题并没有超出对人的理解和认识。就此而言,康德对人的理解基本上承继了古希腊以来"认识你自己"、"美德即知识"的传统。

当然,在康德那里,情况又有其复杂性。如前所述,他同时也提出了"我应该做什么"这一问题。"应该做什么"的提问,意味着把"做"、行动引入进来。但是,从逻辑上看,"我应该做什么",是以人("我")已经成为人作为其前提,在这里,"如何成为人"这样的问题似乎并没有进入其视域。从这方面看,康德所关注的似乎主要还是人的既成形态,而不是"人如何成就"的问题。

　　除以上传统外,对与人相关之"学"的理解,还存在另一进路。这里,可以基于中国哲学(特别是儒学)的背景,对其作一简略考察。如果回溯儒家的发展脉络,便可注意到其中一种引人瞩目的现象,即对"学"的自觉关注。先秦儒家的奠基人是孔子,体现其思想的经典是《论语》,《论语中》第一篇则是《学而》,其中所讨论的,首先便是"学"。先秦时代儒家最后一位总结性的人物是荀子,荀子的著作(《荀子》)同样首先涉及"学":其全书第一篇即为《劝学》。从这种著作的系列中,便不难注意到儒家对"学"的注重。就"学"的内涵而言,儒家的理解较之单纯的认知进路,展现了更广的视野,后者具体表现为对"知人"(认识人)与"成人"(成就人)的沟通:在儒家的论域中,"学"既涉及"知人",也关乎"成人",从而表现为知人和成人的统一。这种理解,同时也体现了中国哲学关于"学"的主流看法。

　　理解人的以上视域,在中国哲学中首先与人禽之辨相联系。人禽之辨发端于先秦,其内在旨趣在于把握人区别于动物的根本所在,事实上,"人禽之辨"所指向的,是"人禽之别"。就其以人之为人的根本规定为关切之点而言,"人禽之辨"所要解决的,也就是"人是什么"的问题。历史地看,中国古代的哲学家,也主要是从这一角度展开人禽之辨。孔子曾指出:"鸟兽不可与同群,吾非斯人之徒与而谁与?"[1]在这

---

[1] 《论语·微子》。

里,他首先把人和鸟兽区别开来:鸟兽作为动物,是人之外的另一类存在,人无法与不同类的鸟兽共同生活,而只能与人类同伴(斯人之徒)交往。"人禽之辨"在此便侧重于人和动物(鸟兽)之间的分别。

人禽之辨关乎对人的认识,在中国哲学中,这种认识也就是与"成人"相联系的"知人"。孔子的学生曾一再地追问何为"仁"、何为"知"。关于何为"知",孔子的回答便十分直截了当,即:"知人"。在孔子看来,"知"的内涵首先就体现于"知人"。这里的"知人"既涉及前文所说的人禽之辨,又在引申的意义上关乎人伦关系的把握。人伦(人与人之间的关系)展开于不同的层面,从家庭之中的亲子(父母和子女)、兄弟,到社会领域的君臣、朋友,等等,都体现为广义的人伦,"知人"一方面需要理解人不同于禽兽的根本之所在,另一方面则应把握基本的人伦关系。

作为人禽之辨的引申并与成人过程相联系的"知人",在中国哲学中常常又与"为己之学"联系在一起。这里又涉及"学"的问题。孔子曾区分了"为己之学"与"为人之学":"古之学者为己,今之学者为人。"[①]这里的"古""今"不仅仅是时间概念,在更内在的层面,二者展现的是理想形态和现实形态之别:"古"在此便指理想或完美的社会形态,其特点在于注重并践行"为己之学"。此所谓"为己",并不是在利益的关系上追逐个人私利,而是以人格上的自我完成、自我充实、自我提升为指向。质言之,这一意义上的"学",旨在提升自我、完成自我,可以视为成己之学或成就人自身之学。与此相对的"为人",则是为获得他人的赞誉而"学",也就是说,其言与行都形之于外,主要做给别人看。不难看到,在区分"为人之学"与"为己之学"的背后,是对成就人自身的关注。

---

① 《论语·宪问》。

以"为己"、"成己"为目标的"学",在中国哲学中同时被赋予过程的性质。在《劝学》中,荀子开宗明义便指出:"学不可以已"。"不可以已",意味着"学"是不断延续、没有止境的过程。作为过程,"学"又展开为不同阶段,与之相应的是人成就自身的不同目标。荀子对此也作了具体的考察。他曾自设问答:"学恶乎始? 恶乎终?""其义则始乎为士,终乎为圣人。"①这里,荀子区分了学以成人的两种形态,其一是士,其二为圣人,学的过程则具体表现为从成就"士"出发,走向成就圣人。作为"学"之初始目标的"士",关乎一定的社会身份、文化修养:所谓"士",也就是具有相当文化修养和知识积累的社会阶层。从人的发展看,具有知识积累、文化修养,意味着已经超越了蒙昧或自然的状态,达到了自觉或文明化的存在形态。如所周知,中国传统文化中有所谓"文野之别"。这里的"野"即前文明的状态,"文"则指文明化的形态。中国哲学,特别是儒家,所追求的就是由"野"而"文"。荀子所谓"始乎为士"中的"士",首先便可以理解为由"野"而"文"的存在形态:对荀子而言,"学"以成人的第一步,便是从前文明("野")走向文明化("文")。"士"在此具有某种象征的意义:作为受过教育、具有文化修养和知识积累的社会成员,他同时体现了人由"野"而"文"的转换。

与"始乎为士"相联系的是"终乎为圣",后者构成了学以成人更根本的目标。相对于"士","圣"的特点在于不仅仅具有一定的文化修养和知识结构,而且已达到道德上的完美形态。正是道德上的完美性,使圣人成为"学"最后所指向的目标。在这一意义上,中国哲学中的"人禽之辨"同时涉及"圣凡之别":"人禽之辨"主要在于人和其他动物的区分,"圣凡之别"则关乎常人(包括"士")与道德上的完美

---

① 《荀子·劝学》。

人格(圣人)之间的分别。从内在的理论旨趣看,以"圣人"为"学"的终极目标,意味着学以成人不仅仅在于获得知识经验或达到文化方面的修养,而且应进而达到道德上的完美性。当然,与肯定"学不可以已"相联系,所谓"终乎为圣人",并不是说人可以一蹴而就地成为圣人。事实上,从孔子开始,儒家便强调成圣过程的无止境性,在这一过程中,圣人始终作为范导性的目标,不断地引导人们趋向于圣人之境。

从另一方面看,无论"士",抑或"圣",其共同特点都在于已超越了自然或前文明("野")的状态,取得了文明化的存在形态。无独有偶,在西方思想史上,黑格尔也曾提出过类似的观点。黑格尔在谈到教育时曾指出:"教育的绝对规定就是解放",这种解放"反对情欲的直接性"。①"绝对规定"是其特有的思辨用语,"情欲"则表现为一种自然的趋向,与之相对的"解放",意味着使人从自然的形态或趋向中解脱出来。在这里,黑格尔似乎也把教育看作是人发展过程中超越自然的环节。"教"与"学"不可分,谈教育,同时也从一个侧面涉及"学"。不难看到,黑格尔的以上观念在逻辑上包含着肯定广义之"学"与超越自然的关联。

在中国思想传统中,由"野"而"文"、超越自然状态的成人的过程,同时离不开"礼"的制约。自殷周开始,中国文化便非常注重礼。"礼"涉及多重维度,从基本的方面看,它主要表现为一套文明的规范系统,其作用体现于实质和形式两重向度。在实质的层面,"礼"的作用又具体展开于两个方面:就肯定或积极的方面而言,礼告诉人们应该做什么、应该如何做。作为规范,"礼"总是具有引导的作用,后者

---

① 〔德〕黑格尔:《法哲学原理》,范扬、张企泰译,商务印书馆,1982 年,第202 页。

体现于对应该做什么与应该如何做的规定。从否定的方面来说，"礼"的作用则表现为限制，即规定人不能做什么或不能以某种方式去做。在形式的层面，礼的作用之一在于对行为的文饰。中国早期的经典《礼记》在谈到礼的作用时曾指出："礼者，因人之情而为之节文，以为民坊者也。"①这里的"节"主要表现为节制，亦即实质层面的调节和规范，"文"则是形式层面的文饰。通过依礼而行，人的言行举止、交往的方式便逐渐地取得文明化的形态，这种文明的行为方式、交往形式，体现了礼的文饰作用。从"学"与"礼"的联系看，学以成人即意味着基于礼之"节文"，使人逐渐地超越前文明的状态、走向文明的形态。

荀子对"学"与"礼"的以上关联给予了特别的关注。在前面提到的《劝学》中，荀子强调：学只有臻于"礼"，才可以说达到了最高的境界，所谓"学至乎礼而止矣"。这样，一方面，如前所述，荀子认为学"终乎为圣人"；另一方面，他又在此处肯定"学至乎礼而止"。在荀子那里，上述两个方面事实上难以分离：从为学目标上说，圣人构成了"学"的终极指向；从为学过程或为学方式看，这一过程又离不开礼的引导。学"终乎为圣人"和"学至乎礼而止"相互关联，从不同方面制约着为学过程。

与礼相联系的"学"，在中国哲学的传统中又与"做"、行动紧密联系在一起。在礼的引导之下展开的成人过程，同时也表现为按照礼的要求去具体地践行。《论语》开宗明义便指出："学而时习之，不亦说乎？"②这里，"学"和"习"即联系在一起，而"习"则既关乎温习，也包含习行之意，后者亦即人的践履。从"习行"的角度看，所谓"学而

---

① 《礼记·坊记》。
② 《论语·学而》。

时习之"，也就是在通过"学"而掌握了一定的道理、知识之后，进一步付诸实行，使之在行动中得到确认和深化，由此提升"学"的境界。

"学"的以上含义，在中国哲学中一再得到肯定。孔子的学生子夏在谈到何为"学"时，曾指出："贤贤易色；事父母，能竭其力。事君，能致其身。与朋友交，言而有信。虽曰未学，吾必谓之学矣。"[①]这里所涉及的，是如何理解"学"的问题。"事父母"即孝敬父母，属道德领域的践行，"事君"，属当时历史条件下政治领域的践行，"与朋友交"，则涉及社会领域的日常交往行动。在此，"学"包括道德实践、政治实践，以及日常的社会交往。按照子夏的看法，如果个体实际地进行了以上活动，那么，即便他认为自己没有从事于"学"，也应当肯定他事实上已经在"学"了。根据这一理解，则"学"即体现于"做"或践行的过程之中。孔子也曾经表达了类似的看法："君子食无求饱，居无求安，敏于事而慎于言，就有道而正焉，可谓好学也矣。"[②]这里涉及如何确认"好学"的问题。何为"好学"？孔子提出的判断标准便是：从消极的方面看，避免在日常生活中过度追求安逸，从积极的方面着眼，则是勤于做事、慎于言说（"敏于事而慎于言"），在积极践行的基础上，进一步向有道之士请教。在这里，"好学"主要不是抽象地了解知识、道理，而是首先体现于日用常行、勤于做事的过程。

荀子对学的以上意义作了更简要的概述。在《劝学》中，荀子指出："为之，人也；舍之，禽兽也。""为之"，即实际的践行，"舍之"，则是放弃践行。这里的"为"，也就是以"终乎为圣人"为指向、以礼为引导的践行。在荀子看来，如果依礼而行（"为之"），便可以成为真正意义上的人；反之，不按照礼的要求去做（"舍之"），那就落入禽兽之域、

---

① 《论语·学而》。
② 同上。

走向人的反面。这里再一次提到了人禽之辨,而此所谓"人禽之辨",已经不仅仅限于从观念的形态去区分人不同于禽兽的特征,而是以是否依礼而行为判断的准则:唯有切实地按照礼的要求去做,才可视为真正的人,悖离于此,则只能归入禽兽之列。在此,实际的践行("为之")构成了区分人与禽兽的重要之点。

广而言之,在中国文化中,为学和为人、做人和做事往往难以相分。为学一方面以成人为指向,另一方面又具体地体现于为人过程。前面提到的道德实践、政治实践、社会交往,都同时表现为具体的为人过程,人的文明修养,也总是体现于为人处事的多样活动。同样,做人也非仅仅停留于观念、言说的层面,而是与实际地做事联系在一起。在以上方面,"学"与"做"都无法分离。

二

前文一再提及,在中国哲学尤其是儒学中,对"学"的理解首先与人禽之辨联系在一起。从狭义上说,"人禽之辨"主要涉及人与动物之别,在引申的意义上,"人禽之辨"则同时关乎对人自身的理解,后者具体表现为区分本然意义上的人和真正意义上的人。本然意义上的人,也就是人刚刚来到这一世界时的存在形态,在这一存在形态中,人更多地呈现为生物学意义上的对象,而尚未展现出与其他动物的根本不同。这种生物学意义上的存在,还不能被视为真正意义上的人。要而言之,这里可以看到两重意义的区分:其一,人与动物之别,亦即狭义上的人禽之辨;其二,人自身的分别,即本然形态的人与真正意义上的人之分。

从历史上看,中国哲学上不同的人物、学派不仅关注人禽之别,而且对后一意义的区分也有比较自觉的意识。以先秦而言,孟子和荀子是孔子之后儒家的两个重要代表人物,两者在思想观点上固然存在重要差异,有些方面甚至彼此相左,然而,在区分本然意义上的人和真正意义上的人这一点上,却有相通之处。孟子的核心理论之一是性善说,后者肯定人一开始即具有善端,这种"善端"为人成就圣人提供了前提或可能。但同时,孟子又提出"扩而充之"之说,认为"善端"作为萌芽,不同于已经完成了的形态,只有经过扩而充之的过程,人才能够真正成为他所理解的完美存在。所谓"扩而充之",也就是扩展、充实,它具体展开为一个人自身努力的过程。从逻辑上看,这里包含对人自身存在形态的如下区分:扩而充之以前的存在形态与扩而充之以后的存在形态。扩而充之以前的人,还只是本然意义上的人,只有经过扩而充之的过程,人才能成为真正意义上的人。在荀子那里,也有类似的分别,当然,两者的出发点又有所不同。在荀子看来,人的本然之性具有恶的趋向,只有经过"化性"而"起伪"的过程,才能够成为合乎礼义的存在。所谓"化性",也就是改变恶的人性趋向,"伪"则是人的作用或人的努力过程。总起来,"化性起伪"也就是经过人自身的努力以改变人的本然趋向,使之走向真正意义上的人——合乎礼义之人。在此,化性起伪之前的人和化性起伪之后的人,同样表现为人自身的不同存在形态。上述观念在先秦之后依然得到延续。明代的王阳明提出了良知和致良知之说,一方面,他肯定凡人都先天地具有良知,另一方面,又强调这种良知最初还处于本然状态,在这种本然状态之下,人还没有达到对其内在良知的自觉把握,从而"虽有而若无"。只有经过致良知的过程,才可能对这种本然具有的良知获得自觉意识,由此进而成为合乎儒家道德规范的、真正意义上的人。这里,致良知之前的人与致良知之后的人,也相应于本然的存在形态与真正的存在形态之分。

类似的观念,也存在于西方一些哲学家之中,黑格尔便是其中之一。

在黑格尔看来，"人间（Mensch）最高贵的事就是成为人（Person）。"①所谓"成为人"，意味着个体一开始还未真正达到"人"的形态，只有经过"成"的过程，个体才成其为人。从逻辑上看，这里也隐含着"成为人"之前的个体与"成为人"之后的个体之分别。从以上方面看，中国哲学与西方哲学在对人的理解上，有理论上的相通之处。

本然意义上的人一方面尚不能归入真正意义上的人，但另一方面又包含着成为真正意义上的人的可能。儒家肯定"人皆可以为尧舜"，其中便确认了每一个人都具有成为圣人（尧舜）的可能性，后者即隐含于人的本然形态中，正是这种可能，构成了人成为真正意义上的人的内在的根据。进而言之，可能既为成人提供了内在根据，也使之区别于现实的形态，并使后天的作用成为必要：唯有通过这种后天作用，本然所蕴含的可能才会向现实转化。

真正意义上的人，也就是应当成为的人。作为"应当"达到的目标，真正意义上的人同时具有理想的形态。理想的特点在于"当然"而未然，从而不同于实际的存在形态。这样，一方面，本然不同于当然，本然形态的人也不同于理想形态的人，但这种本然形态之中又隐含着当然：本然之人具有走向当然（理想）的可能性。另一方面，当然又不同于实然（实际的存在）：作为理想形态，当然只有经过人的努力过程，才能化为实际的存在。这里可以看到本然、当然、实然之间的关联，学以成人的过程，具体便展开于本然、当然、实然之间的互动：本然隐含当然，当然通过人自身的努力过程进而化为实然。此所谓本然隐含当然，具有本体论或形而上的意义：每一个人都包含着可以成为圣人的根据，这是从存在形态（本体论意义）上说的。与之相关的化当然为实然，则侧重于理想形态向实际存在形态的转换，这一转

---

① 〔德〕黑格尔：《法哲学原理》，商务印书馆，1982 年，第 46 页。

换包含价值的内容。与以上内涵相应,本然、当然、实然之间的互动,同时体现了本体论与价值论的统一。学以成人(成为真正意义上的人),具体表现为以上不同方面的相互作用,在这一互动过程中,价值论的内涵和本体论的内涵彼此关联,赋予成人过程以多方面的意义。

从中国哲学的角度看,成人的以上过程同时又与本体与工夫的互动联系在一起。作为中国哲学的重要范畴,"工夫"和"本体"的具体内涵可以从不同角度去理解。前面提到,本然蕴含当然,这里的本然,也就是最原初的存在,其中包含达到当然(理想形态)的可能性。在中国哲学中,"本体"往往与以上视域中的本然存在相联系,其直接的涵义即本然之体或本然状态(original state)。这一意义上的"本体"没有任何神秘之处,它的具体所指,就是内在于本然之中的最初可能。对中国哲学而言,正是这种可能,为人的进一步成长提供了内在的根据。以本体(内在于本然之中的可能)为根据,意味着成就人的过程既不表现为外在强加,也非依赖于外在灌输,而是基于个体自身可能而展开的过程。

在中国哲学中,"本体"同时被用以指称人的内在的精神结构、观念世界或意识系统。人的知、行活动的展开过程,往往与人的内在精神结构以及意识、观念系统相联系。这种精神结构大致包含两方面的内容,其一,价值层面的观念取向,其二,认知意义上的知识系统。成人的过程既关乎"成就什么",也涉及"如何成就",前者与发展方向、目标选择相联系,后者则关乎达到目标的方式、目标。比较而言,精神世界中的价值之维,更多地从发展方向、目标选择(成就什么)等方面制约着成人的过程;精神世界中的认知之维,则主要从方式、目标(如何成就)等方面,为成人过程提供了内在的引导。

与"成人"相关之"学"既涉及认识活动,也关乎德性涵养,作为精神结构的本体相应地从不同方面制约着以上活动。从"知"(认识)这一角度看,认识过程并不是从无开始,将心灵视为白板,是经验主义者(如洛克)的抽象预设。就现实的形态而言,在认识活动展开之时,认识主体固然对将要认识的对象缺乏充分的认识,但总是已经积累、拥有了某些其他方面的知识,后者构成了认识活动展开的观念背景。这种以知识系统为内容的观念背景,构成了精神本体的认知之维,而现实的认识活动,即以此为具体的出发点。同样,德性的涵养也离不开内在的根据。在走向完美人格的过程中,已有的道德意识构成了德性进一步发展的出发点和根据。作为道德意识发展的根据,这种业已形成的道德意识,具体呈现为精神本体的价值之维。

以知识、德性等观念系统为具体内容,以上本体既非先天形成,也非凝固不变,而是在人的成长过程中,逐渐地生成、发展和丰富。关于这一点,明清之际的重要思想家黄宗羲曾作了言简意赅的概述:"心无本体,工夫所至,即其本体。"①精神形态意义上的本体并非人心所固有,而是形成于知、行工夫的展开过程。在知行工夫的展开过程中所形成、发展和丰富的本体,反过来又影响、制约着知行活动的进一步展开。在这一意义上,精神本体具有动态的性质。

与本体相联系的是工夫。从学以成人的视域看,工夫展开于人从可能走向现实、化当然(理想)为实然(实际的存在形态)的过程之中,其具体形式态也包含多重方面。大致而言,上述视域中的工夫可以概括为两个方面。其一为观念形态的工夫,亦即中国哲学所理解的广义之"知",其二,实践形态的工夫,亦即中国哲学所理解的"行","知"和"行"构成了工夫的两个相关方面。事实上,如前所述,广义之"学"便不仅体现于"知",而且也包含"行"("做"),对于后一意义上的工夫("行"),中国传统哲学同样给予了相当的关注。以明代哲学

---

① 黄宗羲:《明儒学案·自序》,《黄宗羲全集》第七册,1992年,第3页。

家王阳明而言,作为心学的重要代表,他首先以心立说,然而,在关注心性的同时,王阳明对实际践行意义上的行,也给予了高度重视。他特别强调要"事上磨练","事上磨练"即践行的过程,后者同时被理解为工夫的重要内容。

践行意义上的工夫,具体展开为两个方面。首先是天人关系上人与自然的互动。在这一层面,人从一定的价值目的和理想出发,不断地运用自身的知识、能力作用于自然,使本然意义上的自然对象,逐渐地合乎人的需要和理想。在这一过程中,一方面,自然对象发生了改变:本来与人没有关联的自然之物逐渐被打上人的印记,成为合乎人的理想、需要的存在;另一方面,在人与自然的互动中,人自身的德性和能力也得到了提升。从以上方面看,以天人互动为内容的"行"或工夫,同样也与成人的过程密切相关:通过作用于自然,人不仅改变对象,而且也改变自身、成就自己。

工夫(行)的另一重形式,体现于人与人之间的交往过程,后者具体展开为政治、经济、伦理、法律等社会领域中多样的践行活动。在社会领域中,个体总是要与他人打交道,并参与多样的社会活动。这种活动,也可以视为"做事"的过程,它对人的成长并非无关紧要,而是具有密切的关联。事实上,"是什么"(成为什么样的人)与"做什么"(从事何种实践活动),往往无法相分。以道德领域而言,人正是在伦理、道德的实践(包括儒学所说的"事亲"、"敬长"等)过程中,成为伦理领域中的道德主体。在这里,"是什么"和"做什么"紧密相关。广而言之,正是在社会领域展开的多样活动中,人逐渐成为多样化的社会存在。

要而言之,"学"既涉及本体,又和工夫相联系。如中国传统哲学所强调的,"学"应有所"本",这里的"本"既指本然存在中所蕴含的成人可能,也指内在的精神世界、观念系统。"学"有所"本"则相应地既意味着以人具有的内在可能为学以成人根据,也指"本于"内在的精神世界而展开"为学"过程。在学以成人的过程中,一方面,"学"有所"本",人的自我成就离不开内在的根据和背景;另一方面,"本"又不断在工夫展开的过程中得到丰富,并且以新的形态进一步引导工夫的推进。本体和工夫的以上互动,构成了学以成人的具体内容。

当然,从哲学史上看,对本体和工夫的关系,往往存在理解上的偏差。以禅宗而言,其理论上趋向之一是"以作用为性",理学家曾一再对此提出批评。"性"这一概念在中国哲学中蕴含本质之意,引申为本体(性体),所谓"作用",则指人的偶然意念和举动,如行住坐卧、担水砍柴,等等。在禅宗看来,人的偶然意念、日常之举,都构成了"性",由此,本质层面的"性"亦被等同于偶然意念和活动。这种观点的要害在于消解了作为精神世界、观念系统的本体(性体)。理学家批评禅宗以作用为性,显然已注意到这种观点将导致性体的虚无化。从当代哲学看,实用主义也表现出类似的倾向。实用主义的重要特点在于重视具体问题和情境,它在某种意义上将"学"的过程理解为在特定情境中解决特定问题的过程,对于概念、理论这种涉及普遍本体或内在精神结构的方面,实用主义往往也持消解的态度。就此而言,实用主义也表现出将本体虚无化的倾向。

另一方面,在工夫的理解方面,也存在不同偏向。王门后学中,有所谓"现成良知"说。前面曾提到,在王阳明那里,良知和致良知相互关联:本然的良知还不是真正意义上的良知,唯有经过"致"的工夫,良知才能达到自觉的形态。然而,他的一些后学,如王畿、泰州学派,往往仅仅强调良知的先天性,略去"致"良知的过程,将先天良知等同于现成良知或见在良知。所谓"现成良知"或"见在良知",意味着先天具有的良知,同时已达到自觉的形态,从而,不需要通过工夫过程以走向自觉,这一看法最终将引向否定工夫的意义。从学以成人的现实过程看,工夫和本体这两者都不可以偏废,人的自我成就,乃是在工夫和本体的动态互动中逐渐实现的。

三

作为本体和工夫的统一,"学"所要成就的,是什么样的人? 从现实的方面看,人当然具有多样的形态、不同的个性。然而,在多样的存在形态中,又有人之为人的共通方面。概括而言,这些共通方面可以从两个方面去理解,其一是内在德性,其二为现实能力。中国古代哲学曾一再提到贤能,所谓"选贤与能",便意味着对贤和能的注重。这里的"贤"主要与德性相联系,"能"则和能力相关。不难看到,在中国古代哲学中,内在德性和能力已被理解为人的两个重要规定。从学以成人的角度看,德性和能力更多地从目标上,制约着人的自我成就。

上述意义上的德性,首先表现为人在价值层面上所具有的内在品格,它关乎成人过程的价值导向和价值目标,并从总的价值方向上,展现了人之为人的内在规定。与德性相关的能力,则主要是表现为人在价值创造意义上的内在的力量。人不同于动物的重要之点,在于能够改变世界、改变人自身,后者同时表现为价值创造的过程,作为人的内在规定之能力,也就是人在价值创造层面所具有的现实力量。在中国哲学所理解的圣人这一理想人格中,也可以看到德性和能力的统一。孔子对圣人有一简要的界说,认为其根本特点在于:"博施于民而能济众。"①一方面,这里蕴含着对民众的价值关切,后者所体现的是圣人的内在德性;另一方面,博施于民、济众,又意味着实

---

① 《论语·雍也》。

际地施惠于民众,这种实际的作用即基于价值创造的内在能力。以上看法表明,在圣人那里,价值关切意义上的德性和价值创造意义上的能力,也具有相互关联性。圣人一般被视为理想的人格形态,对圣人的这种理解,从理想的人格目标上,肯定了德性和能力的统一。

德性与能力的相互关联所指向的,是健全的人格。人的能力如果离开了内在的德性,便往往缺乏价值层面的引导,从而容易趋向于工具化和与手段化,与之相关的人格,则将由此失去价值方向。另一方面,人的德性一旦离开了人的能力及其实际的作用过程,则常常导向抽象化与玄虚化,由此形成的人格,也将缺乏现实的创造力量。唯有达到德性与能力的统一,"学"所成之人,才能避免片面化。

从学以成人的角度看,这里同时涉及德性是否可教的问题。早在古希腊,哲学家们已经开始自觉地关注并讨论这一问题。在柏拉图的《普罗泰戈拉》和《美诺》篇中,德性是否可教便已成为一个论题。在这方面,柏拉图的观点似乎有含混之处,就某种意义而言,甚至存在不一致。一方面,他不赞同当时智者的看法,后者认为德性是可教的。柏拉图则借苏格拉底之口对此提出质疑:"我不相信美德可以教。"①另一方面,按照前面提到的所谓"美德即知识"这一观点,则美德又是可教的:知识具有可教性,美德既然是一种知识,也应归入可教之列。事实上,柏拉图也认为,假定美德作为一个整体是知识,那么,"如果它不可教,那就是最令人惊异的"。② 以上两种看法,显然存在内在的不一致。从总的趋向看,柏拉图主要试图由此引出德性的神授说:美德既不是天生的,也不是靠教育获得,只能通过神的

---

① Plato, Protagora, 320b, *The Collected Dialogues of Plato*, Princeton University Press, 1961, p.320.

② Plato, Protagora, 361b, *The Collected Dialogues of Plato*, Princeton University Press, 1961, p.351.

施赐而来。① 从逻辑上看,"教"与"学"相关,不可"教",至少意味着与"教"相对应意义上的"学"无法实现。这里的"教"包括传授、给予,与之相对应的"学"则关乎获得、接受。德性既不可通过"教"而传授、给予,也就难以借助"学"而获得和接受。

以上观点与柏拉图的认识论立场具有一致性。如所周知,在认识论上,柏拉图的基本观点是将认识活动理解为回忆的过程。对柏拉图而言,认识既不是完全发端于无知,也不能完全从有知开始:若人一开始就已有知识,则任何新的认识就成为多余的。反之,如果人一开始就完全处于无知状态,那么,他甚至无法确认认识的对象。由此,他提出了回忆说,即人的灵魂在来到这一世界之前已经有知识了,认识无非是在后天的各种触发之下,回忆灵魂中已有的知识。柏拉图关于德性不可教而来自神赐的观点,与认识论上的回忆说无疑具有相应性。

较之柏拉图,中国哲学对上述问题具有不同看法。按中国哲学的理解,不管德性,抑或能力,都既存在不可教或不可学的一面,也具有可教、可学性。中国哲学对这一问题的理解,以"性"和"习"之说为其前提。从孔子开始,中国哲学便开始讨论"性"和"习"的关系,孔子对此的基本看法是:"性相近也,习相远也。"②这里所说的"性",主要是指人的本性(nature)以及这种本性所隐含的各种可能。所谓"性相近",也就是肯定凡人都具有相近的普遍本性,这种本性同时包含着人成为人的可能性。作为人在本体论意义上的存在形态,"性"是不可教的:它非形成于"教"或"学"的过程,而是表现为人这种存在所

---

① Plato, Meno, 100b, *The Collected Dialogues of Plato*, Princeton University Press, 1961, p.384.

② 《论语·阳货》。

具有的内在规定;人来到这一世界,就已有这种存在规定。所谓人禽之辨,从最初的形态看,就在于二者具有相异的存在规定(本然之性)以及与之相应的不同发展可能和根据。与"性"相对的是"习",从个体的层面看,"习"的具体内涵在广义上包括知和行,这一意义上的"习"与前面提到的工夫相联系,既可"教",也可"学":无论是"知",抑或"行",都具有可以教、可以学的一面。

可以看到,中国哲学对"性"和"习"的以上理解,展现了更广的理论视野。一方面,中国哲学注意到人在本体论意义上的规定,包括其中蕴含的发展可能、根据,具有不可教、不可学的性质;另一方面,中国哲学又肯定与人的后天努力相关的"习"既可以教,也可以学。这种看法在确认学以成人需要基于内在存在规定的同时,又有见于这一过程离不开人的知与行。以先天根据和后天努力的统一为视域,中国哲学对学以成人的理解,无疑展现了更合乎现实过程的进路。

学以成人不仅关乎价值取向意义上的德性,而且涉及价值创造层面的内在能力。从能力这一角度看,同样涉及可教、可学与不可教、不可学的问题。与德性一样,人的能力既有其形成的内在根据,又离不开后天的工夫过程,两者对能力的发展都不可或缺。王夫之曾以感知和思维能力的形成为例,对此作了简要的阐述:"夫天与之目力,必竭而后明焉;天与之耳力,必竭而后聪焉;天与之心思,必竭而后睿焉;天与之正气,必竭而后强以贞焉。可竭者天也,竭之者人也。"[1]目可视(不可听)、耳可听(不可视),心能思(不可感知),这一类机能属"性",它们构成了感知、思维能力形成的根据,作为存在的规定,这种根据不可教、不可学,所谓"天与之",突出的便是这一方

---

① 王夫之:《续春秋左氏传博议》卷下,《船山全书》第5册,岳麓书社,1996年,第617页。

面。"竭"则表现为人的努力过程(习行过程),这一过程具有可教、可学的性质。从视觉、听觉、思维的层面看,"目力"、"耳力"、"心思",还只是人所具有的听、看、思等机能,作为"天与之"的先天禀赋,它们无法教、无法学;"明"、"聪"、"睿"则是真正意义上的感知和思维能力,这种能力唯有通过"竭"的努力过程才能形成。这里区分了两个方面,首先是"目力"、"耳力"、"心思"等先天的禀赋,这种禀赋属于"性相近"意义上的"性",它构成了能力形成和发展的根据,这种根据非通过教与学而存在。其次是"竭"的工夫,这种工夫构成了"习"的具体内容,其展开过程伴随着教和学的过程。中国哲学对能力形成过程的以上理解,同样注意到了内在根据与后天工夫的统一。

以德性和能力的形成为视域,学以成人具体表现为"性"和"习"的互动,这种互动过程,与前面提到的本体和工夫的互动,具有一致性,二者从不同方面构成了学以成人的相关内容。当然,如前所述,人的现实形态具有多样性,人的个性、社会身份、角色等也存在差异。然而,从核心的层面看,真实的人格总是包含德性和能力的统一,后者构成了人之为人的内在规定,并在一定意义上成为自由人格的表现形式。要而言之,一方面,学以成人以德性和能力的形成与发展为指向;另一方面,作为德性与能力统一的真实人格又体现于人的多样存在形态之中。

后　记

　　2006 年至 2007 年,应罗蒂的邀请,我作为富布来特学者在斯坦福大学作了近一年的学术研究,本书的研究,便开始于那一段时期。对相关问题的思考,当然可以追溯到我更早时期的工作,但研究的具体准备,则是在斯坦福期间展开的。那一段时间,除了利用斯坦福大学的丰富图书之外,与罗蒂的交谈、讨论,同样构成了学术活动的重要方面。交谈所及,既包括哲学的理论,也涉及哲学的历史。尽管对一些问题的具体看法我们并不完全一致,但这种讨论却不仅给我带来了智慧的愉悦,而且让我获益良多。不幸的是,就在我即将离开斯坦福之际,罗蒂却与世长辞,这使我深为悲痛。尽管与他接触的时间并不算很长,然而他的为人、为学,却给我留下了挥之难去的印象,本书的出版,可以看作是对他的一种独特纪念。

　　本书的部分内容,曾二次在华东师范大学博士研究生讨论班上作过讲授,讨论班中的提问与回应,使我有机会对书中涉及的一些问题作进一步的阐释。成书过程中,若干章节曾在《哲学研究》、《中国社会科学》、《学术月刊》、《文史哲》等刊物发表。由此,我对相关问题的思考,也从讨论班进一步走向更广的学术公共之域,后者无疑也为我参与不同形式的对话、讨论提供了可能。

　　　　　　　　　　　　　　　　　　　　　杨国荣
　　　　　　　　　　　　　　　　　　　　　2010 年 1 月

2021 年版后记

　　本书原由人民出版社在 2010 年出版。发行之后，便发现排印过程中出现了多处讹误。为恢复本书的原貌，重版便显得非常必要。2011 年作为《具体形上学》之一再版，校正了出版后发现的讹误，并对若干部分作了修订。2016 年，此书的英译本由 Indiana University Press 出版。此次出版的中文新版，正文之后略去了 2011 年版的附录，增补了一篇讨论如何成人的文稿，作为附录，其内容关乎价值层面的意义问题。在实质之维上，这或可以视为原书的修订版。方旭东、陈赟、陈乔见、许春博士等先后校读了原书，在此深致谢忱。

杨国荣

2021 年 2 月